G#PLi

D1935655

universität innsbruck

innsbruck university press

Erna Appelt, Sabine Gatt,
Marion Jarosch, Nina Kogler (Hg.)

Interdisziplinäre Perspektiven der Geschlechterforschung

Innsbrucker Gender Lectures II

Erna Appelt
Institut für Politikwissenschaft, Universität Innsbruck

Sabine Gatt
Interfakultäre Forschungsplattform Geschlechterforschung, Universität Innsbruck

Marion Jarosch
Interfakultäre Forschungsplattform Geschlechterforschung, Universität Innsbruck

Nina Kogler
Institut für Bibelwissenschaften und Historische Theologie, Universität Innsbruck

Gedruckt mit Unterstützung des Vizerektorats für Forschung der Universität Innsbruck.

Universität Innsbruck
1. Auflage

Layout: Ivan Leuzzi
www.uibk.ac.at/iup
ISBN 978-3-902936-02-8

Inhalt

Politische Transformationen

Aus der Praxis

Einleitung

Erna Appelt, Sabine Gatt, Marion Jarosch, Nina Kogler

Der Sammelband „Interdisziplinäre Perspektiven der Geschlechterforschung. Innsbrucker Gender Lectures II“ dokumentiert Vorträge, die im Rahmen der gleichnamigen Vortragsreihe im Studienjahr 2011/12 an der Universität Innsbruck gehalten wurden. Die vorliegende Publikation schließt damit an den 2012 druckgelegten Band „Innsbrucker Gender Lectures I“ an. Anliegen dieser Vortragsreihe sowie der Publikation der Vorträge ist es, Ergebnisse feministischer Forschung und geschlechterkritischer Auseinandersetzungen mit aktuellen, gesellschaftlich wie politisch relevanten Themen einer interessierten Öffentlichkeit zugänglich zu machen.

Das Diskursfeld *Geschlecht* wird in den Beiträgen des vorliegenden Bandes aus einer inter- bzw. multidisziplinären Perspektive abgehandelt. Dabei zeigt sich, dass die Begriffe *Geschlecht*, *Geschlechterkonstruktionen*, *Geschlechterpolitik* ein umkämpftes Terrain sind. Dass Geschlecht – immer aufs Neue sprachlich und politisch konstruiert – sich nicht vereindeutigen lässt, zeigt uns nicht nur die historische Geschlechterforschung, auch feministische Ansätze der literaturwissenschaftlichen, linguistischen und politikwissenschaftliche Forschung lösen die Eindeutigkeit der Kategorie Geschlecht auf. Wichtiges Anliegen dabei ist es, die Verschränkungen von sexistischem Denken mit essentialistischen, biologistischen oder auch rassistischen Argumentationsstrategien zu thematisieren. Zielen letztere doch immer auf hierarchisierende oder gar gewaltförmige Vereindeutigungen. Dem stellt feministische Geschlechterforschung die Vielfältigkeit von Geschlechterkonzeptionen und deren Überschneidungen mit den Kategorien Klasse und Ethnie gegenüber, um damit sexistische, essentialisierende, rassistisch-biologistische Denk- und Argumentationsweisen zu dekonstruieren.

Aus den unterschiedlichen Perspektiven verschiedener wissenschaftlicher Disziplinen analysiert der vorliegende Band in den drei thematischen Blöcken *Sprach_Macht, De_Konstruktionen*, *Politische Transformationen* diese Diskursfelder. Der erste Teil *Sprach_Macht* thematisiert die Bedeutung von Sprache bei der Herstellung und Aufrechterhaltung von Hierarchien entlang der Kategorie Geschlecht, aber auch entlang ethnischer und Klassenhierarchien. Manfred **Kienpointner** setzt sich in seinem Beitrag „Gender: Eine Frage des Stils? – Bemerkungen zu geschlechtsspezifischen diskursiven Strategien" mit dem Streit um Sinnhaftigkeit und Notwendigkeit einer geschlechtergerechten Sprache auseinander. Dabei argumentiert er, dass es sich bei dieser Auseinandersetzung nicht um eine Stil-, sondern um eine Machtfrage handelt und dass die Bevorzugung von statusorientieren, kompetitiven Kommunikationsstrategien – dem prototypisch maskulinem Stil – zu einer Benachteiligung von Frauen etwa hinsichtlich beruflicher Aufstiegschancen führt.

Auch Elisabeth **Mairhofer** stellt in ihrem Beitrag „Worte können sein wie winzige Arsendosen ..." die performative Kraft der Sprache in den Mittelpunkt ihrer Analyse. Mairhofer weist nach, dass die im allgemeinen Sprachgebrauch dominierende Verwendung des generischen Maskulinums Frauen unsichtbar macht. Geschlecht, Geschlechterhierarchie und -dichotomie werden als sprachliche Konstruktionen wirksam: Werden Frauen nicht benannt, dann werden sie auch in Politik, Geschichte und Gesellschaft nicht oder nur sekundär wahrgenommen.

An Kienpointner und Mairhofer anschließend setzt sich Claudia **Posch** in ihrem Beitrag „Argumentationsstrategien bei der Herstellung von Biologismen" mit der gesellschaftlichen Relevanz von Sprache auseinander. Posch zeigt wie Argumentationsstrategien des „New Biologism" geschlechtsspezifizierendes Sprach-/Sprechverhalten durch Referenz auf die Evolution bzw. die Biologie legitimieren und damit sozio-kulturelle Erklärungen diskreditieren. Biologistische Argumentationsstrategien interpretiert Posch daher als Häufung sexistischer Äußerungsformen.

Mit dem Zusammenhang von Biologismus/Rassismus und Sexismus und v.a. mit der Frage, wie Sprachgewalt zu politischer Gewalt werden kann, beschäftigt sich der Beitrag von Anna **Bergmann** „Zur Reaktualisierung eines rassistischen Bevölkerungsdiskurses – Thilo Sarrazins Schrift ‚Deutschland schafft sich ab'". Bergmann analysiert die Argumentationsweisen dieses höchst erfolgreichen Bestsellers und weist nach, dass die instrumentelle Konstruktion von Frauen sowie die Verquickung rassistischer und sexistischer Diskurse in Sarrazins Publikation in einer diskursiven Traditionslinie mit dem eugenischen, rassehygienischen und rassistischen Denken des späten 19. und 20. Jahrhunderts stehen.

Die performative Macht der Sprache wird im zweiten Teil des Bandes unter dem Stichwort *De_Konstruktionen* aus einer geschichts-, einer literatur- sowie einer politikwissenschaftlichen Perspektive aufgegriffen und weitergeführt. Unterschiedliche wissenschaftliche Zugänge öffnen den Blick auf Überschreitungen der gesetzten Normen von Geschlechterkonzeptionen.

Antike literarische Überlieferungen lassen uns nicht nur ein Umfeld erschließen, das sehr klare Vorstellungen von Männlichkeit und Weiblichkeit hatte; demgegenüber arbeitet Kordula **Schnegg** an Quellenmaterialien, die sich über 300 Jahre erstrecken, beispielhaft heraus, wie die strikten Geschlechtergrenzen immer wieder über- bzw. durchschritten wurden. In ihrem Beitrag „Geschlechter-Transgression in der römischen Antike: Erzählungen von Eunuchenpriestern" demonstriert sie Lebensrealitäten und auch Visionen von Geschlecht jenseits der normativen Geschlechterdichotomie. Die Bedeutung der körperlichen Markierung für die Einordnung der als *Galli* bezeichneten Eunuchenpriester wird dabei ebenso verdeutlicht wie Funktionen, die mit den Geschlechter-Transgressionen im Zusammenhang stehen.

Die systematische Auflösung von Eindeutigkeiten ist geradezu programmatisch Thema der surrealistischen Kunst und Literatur. Alter, Geschlecht, Raum und Zeit sind Kategorien, die bei Leonora Carrington immer aufs Neue aufgelöst und neu figuriert werden, wie Doris G. **Eibl** in ihrem Aufsatz „Autofiktionale Figurationen im surrealistischen Zwischenraum ausgewählter Bilder und Texte von Leonora Carrington" illustriert. An der Künstlerin Carrington wird gezeigt, wie in ihrer Person gesellschaftliche Zuschreibungen dekonstruiert werden. Das künstlerische Medium zwischen Bild und Text, die „Bildsprache" entzieht sich vorgefertigten Schemata, darüber hinausgehend hebt das ineinander verwobene Schaffen und Leben Carringtons, das von Eibl mit dem Konzept Autofiktion gefasst wird, jegliche Kategoriengrenzen letztlich auf.

Eine Neuinterpretation nimmt auch Encarnación **Gutiérrez Rodríguez** vor. Der Beitrag "Decolonizing Feminization: On Precarity, Domestic Work and Migration in Western Europe" thematisiert den Bereich der weiblichen Hausarbeit, der migrantischen Hausarbeit in westeuropäischen Haushalten aus einer postkolonialen Perspektive. Die Autorin betont, dass Analysen, die auf Europa bezogen sind, immer auch globale Arbeitsverhältnisse mitreflektieren müssen. Die globalen Arbeitsverhältnisse sind historisch von Kolonialität geprägt. Die Prekarisierung in westeuropäischen Haushalten ist somit nicht nur durch eine Feminisierung, sondern auch durch Kolonialität gekennzeichnet. Es werden Arbeitsverhältnisse (re-)produziert, in die sowohl die Kategorie Gechlecht als auch koloniale Differenz eingeschrieben sind.

Die Beiträge des dritten Teils des Bandes schließen unter der Überschrift *Politische Transformationen* an die hier exemplarisch vorgenommenen Dekonstruktionen an. Dabei werden sowohl neue feministische Protest- und Widerstandsformen als auch politische Bearbeitungen des Geschlechterkonfliktes thematisiert. Zunächst befasst sich Barbara **Holland-Cunz** in ihrem Beitrag „Feminismus in postdemokratischen Zeiten" mit neuen Erscheinungsformen von feministischem Aktionismus. Der totgeglaubte Feminismus ist wieder lebendig und attraktiv. Und – postdemokratische Zeiten sind keineswegs Zeiten der politischen Apathie. Im Gegenteil: Politische Protestbewegungen melden sich lautstark zu Wort. In diesen Befund passt das Aufbegehren einer Generation junger Feministinnen. Mit Bedacht auf die historische Tradition des Feminismus stellt sich jedoch die Frage nach einer umfassenden Gesellschaftskritik. Denn Feminismus – so der Befund der Autorin – steht nicht nur vor der Herausforderung, sich auf theoretischer Ebene in die postdemokratische Debatte einzubringen, sondern hat darüber hinaus auch das Potenzial gegenwärtige Protestbewegungen geschlechterpolitisch zu sensibilisieren und feministisch zu „beflügeln".

Mit aktuellen gesellschaftspolitischen Transformationen befasst sich der Beitrag von Max **Preglau**: „Geschlechterpolitik im internationalen Vergleich: Österreich, USA und Schweden". Aus einer vergleichenden Perspektive diagnostiziert der Autor die Überwindung bzw. Modifizierung des Alleinernährer-Hausfrauen-Modells in hochentwickelten Dienstleistungsgesellschaften. Dabei wird Schweden als das geschlechtergerechteste System beschrieben, das am ehesten das Doppelversorgermodell mit staatlicher Kinderbetreuung realisiert. Auf Platz zwei folgen die USA, in welchen sich ein Doppelversorgermodell mit marktvermittelter Kinderbetreuung etablierte. Im Unterschied dazu setzte sich in Österreich als eine modernisierte Spielart des Alleinernährer-Hausfrauen-Modells das Vereinbarkeitsmodell der männlichen Versorgerehe mit teilzeitbeschäftigter Ehefrau/Mutter durch. Preglau kennzeichnet daher Österreich im Vergleich zu Schweden und den USA als das geschlechterungerechteste System.

Wie auf der Ebene der Unternehmen Politik gemacht und wie darüber geforscht wird, thematisiert Gertraude **Krell** in ihrem Beitrag „Geschlechterungleichheiten in Führungspositionen als Gegenstand von Deutungskämpfen". Die Autorin untersucht diskursanalytisch Forschungsergebnisse im Rahmen der Geschlechter- und Führungsforschung. Auch hier ist der Befund durchaus durchwachsen. Innovative Ansätze stehen hartnäckigen Traditionen und auch neuen Vorurteilen und neuen Unternehmensstrategien gegenüber. Die Autorin stellt essentialisierende Forschungsergebnisse konstruktivistischen gegenüber und macht deren diskursive Verschränkung deutlich. Krell hebt hervor, dass die Frage nach den (geschlechtsspezifischen) Unterschieden auf diese Weise selbst zur Frage nach der Praxis der Unterscheidung wird. Dies gelte es machtkritisch zu reflektieren.

Den Abschluss des Bandes bildet ein Bericht aus der politischen Praxis. Christine **Baur,** Abgeordnete der Grünen im Tiroler Landtag berichtet von ihren Erfahrungen und ihrer Tätigkeit in der Tiroler Politik, in der Tradition und Moderne oft unversöhnlich gegenüberstehen. Baur zeichnet das unterschiedliche parteipolitische Verständnis von Frauenpolitik im Tiroler Landtag anhand von konkreten Beispielen nach, zeigt aber auch auf, wie jenseits parteipolitischer Grenzen Solidarisierungen unter den weiblichen Abgeordneten stattfinden und gemeinsam an einem Ziel gearbeitet werden kann. Die Abgeordnete schließt ihre Einblicke in die Praxis mit der grün-internen Frauenpolitik und präsentiert ihr Modell der „kooperativen Konkurrenz".

Die hier präsentierten Beiträge fassen Geschlecht als diskursives Feld auf, auf dem Machtkämpfe ausgetragen werden. Dabei werden sowohl Erfolge als auch Rückschläge feministischer Geschlechterforschung und Politik thematisiert. In den hier präsentierten Beiträgen kommt die Überzeugung zum Ausdruck, dass wissenschaftliche Dekonstruktionen hierarchisierender Denkkategorien und Argumentationsweisen eine zentrale Voraussetzung für feministisches Handeln auf unterschiedlichen Ebenen darstellen können.

Zum Schluss noch ein Wort des Dankes: Dieser gilt zunächst den Autor_innen, die uns ihre Vorträge für die Veröffentlichung zur Verfügung gestellt haben. Ein besonderer Dank gilt dem Vizerektorat für Forschung, das die Durchführung der Vortragsreihe durch eine finanzielle Unterstützung möglich gemacht hat und weiterhin macht. Die Herausgeberinnen des Innsbrucker Gender Lectures I, Doris G. Eibl, Marion Jarosch, Ursula A. Schneider, Annette Steinsiek haben mit dem ersten Band wichtige Vorarbeit für die vorliegende Publikation geleistet. Für die Unterstützung beim Lektorat danken wir Julia Scherl. Besonderer Dank gilt auch Frau Dr. Birgit Holzner vom Verlag *innsbruck* university press.

Innsbruck, im Mai 2013

Sprach_Macht

Gender: Eine Frage des Stils? Bemerkungen zu geschlechtsspezifischen diskursiven Strategien

Manfred Kienpointner

Einleitung

Die Existenz eines weiblichen und männlichen Gesprächsstils wurde erstmals mit dem Entstehen der feministischen Gesprächsanalyse in den 70er-Jahren des 20. Jahrhunderts anhand empirischer Untersuchungen von authentischen Daten aus Dialogen von Frauen und Männern als wissenschaftliche Hypothese formuliert.
Dabei wurden unter anderem die Dominanzhypothese und die Differenzhypothese aufgestellt, um systematische Unterschiede im Gesprächsverhalten von Frauen und Männern zu erklären.
Später wurden diese Hypothesen hinsichtlich ihrer empirischen Haltbarkeit kritisiert und alternative Hypothesen wie die *Konstruktivistische Hypothese* und die *Konversationsanalytische Hypothese* formuliert.
Ich werde im Folgenden diese vier Hypothesen zu geschlechtsspezifischen Gesprächsstrategien kurz vorstellen und kritisch diskutieren,[1] um danach die Debatte um dialogische Gender-Differenzen durch einige Beobachtungen zu geschlechtsspezifischen diskursiven Strategien in monologischen Texten zu ergänzen, anhand eines Korpus empirischer Daten aus der Textsorte „Partnerschaftsanzeigen".

1 Vgl. dazu Speer/Stokoe, eds. (2011), 1–17, sowie Kienpointner (2011).

Dominanzhypothese und Differenzhypothese

Als Pionierin der feministischen Linguistik[2] geht Robin Lakoff[3] von der Existenz eines weiblichen Sprechstils aus, der durch eine größere Distanzhöflichkeit, die Verwendung von Euphemismen, häufige Abschwächungen („hedges", z.B. *vielleicht*, *wahrscheinlich*, *soweit ich weiß*, *etwas/ein bisschen X sein*, *so eine Art X*, etc.) sowie Signale von Unsicherheit wie Frageintonation bei Behauptungen gekennzeichnet sei.
In verschiedenen empirischen Untersuchungen[4] wurde im Anschluss an Lakoff die Dominanzhypothese vertreten, im Rahmen derer z.B. Senta Trömel-Plötz[5] anhand von Aufzeichnungen zu deutschen TV-Diskussionen feststellte, dass Männer in Gesprächen durchschnittlich öfter zu Wort kommen, länger sprechen, sich häufiger selbst das Wort erteilen, andere häufiger unterbrechen, die Gesprächsthemen initiieren und kontrollieren. Nach diesen Untersuchungen dominieren Männer also insgesamt Frauen im Gespräch.
Im Rahmen der bald einsetzenden Kritik an der Dominanzhypothese wurde von O'Barr/Atkins[6] gezeigt, dass der so genannte „weibliche" Gesprächsstil in Wirklichkeit oft der „machtlose" Gesprächsstil von statusniedrigen Personen beiderlei Geschlechts ist.
Ferner wurde deutlich gemacht, dass „weibliche" und „männliche" Gesprächsstile auch bezüglich unterschiedlicher sozialer Schichten und bezüglich unterschiedlicher Sprachen und Kulturen differieren. So hat Keenan[7] gezeigt, dass im traditionellen Gesprächsverhalten im Malagasy (=im Madegassischen, einer austronesischen Sprache) einer Dorfgemeinschaft auf Madagaskar die Männer einen konfliktvermeidenden, höflichen Stil an den Tag legen, die Frauen dagegen einen aggressiven, eher unhöflichen Stil. Bierbach[8] hat empirische Untersuchungen zum Gesprächsstil von spanischen Unterschichtfrauen in Nachbarschaftstreffen in der Peripherie von Barcelona angestellt, die ein dominantes kommunikatives Verhalten praktizierten. Miller[9] doku-

---

2 Zu deren Entwicklung vgl. Kienpointner (2000).
3 Vgl. Lakoff (1975) und Lakoff (2003).
4 Vgl. zum Englischen Zimmerman/West (1975); West/Zimmerman (1983); zum Französischen Yaguello (1978); zum Lateinischen Kienpointner (2001).
5 Vgl. Trömel-Plötz (1982), 171ff.
6 Vgl. O'Barr/Atkins (1980).
7 Vgl. Keenan (1974).
8 Vgl. Bierbach (1997).
9 Vgl. Miller (2008).

mentiert den aggressiven Gesprächsstil der „Kogals“, junger japanischer Frauen, die durch den Gebrauch vulgärer und beleidigender Ausdrücke systematisch traditionelle Verhaltensnormen für japanische Frauen übertreten.

Darüber hinaus haben empirische Studien gezeigt, dass nicht alle Unterbrechungen als destruktiv-kompetitiv anzusehen sind, da manche von ihnen auch in kooperativer Weise emotionales Interesse sowie starke Involviertheit signalisieren können.[10]

Deborah Tannen stellte daraufhin die Differenzhypothese auf, nach der weiblicher und männlicher Gesprächsstil grundsätzlich gleichwertig sind bzw. nicht einfach und eindeutig als positiv oder negativ zu bewerten sind. Kommunikation zwischen Frauen und Männern ist demnach „interkulturelle“ Kommunikation. Anzustreben wäre ein flexibles Verfügen über verschiedene Gesprächsstile.

Das Vorliegen eines weiblichen oder männlichen Gesprächsstils ist daher hinsichtlich bestimmter sozialer Schichten in verschiedenen Sprachen und Kulturen differenziert zu beschreiben, wobei Tannen[11] der Tendenz nach folgende prototypische Merkmale weiblichen und männlichen Sprechens annimmt, die teilweise mit kooperativen und kompetitiven Kommunikationsstilen[12] zusammenfallen:

Tabelle 1

Weiblicher Gesprächsstil:	Männlicher Gesprächsstil:
unterstützende Rückmeldungen	*aggressive Unterbrechungen*
indirekte (implizite) Äußerungen	*direkte (explizite) Äußerungen*
versöhnende/vermittelnde Sprechweise	*konfrontierende/kompetitive Sprechweise*
Kooperation betonend	*Autonomie betonend*
personenorientiert	*ziel- bzw. resultatorientiert*
beziehungsorientiert	*sachorientiert*

10 Vgl. Tannen (1991), 214ff.; Ahrens (1997).

11 Vgl. Tannen (1995), 17ff.; Tannen (2004), 228ff., 348ff.; vgl. ähnlich Holmes (2006), 6.

12 Zum Zusammenhang von Kooperativität und Kompetitivität mit höflichen und unhöflichen Kommunikationsstilen vgl. Kienpointner (1997), 255–260; Kienpointner (2008), 244–245.

Eine Tendenz in Richtung solcher Gesprächs- bzw. Kommunikationsstile wurde z.B. auch in empirischen Untersuchungen zu Gesprächen im Neugriechischen und Türkischen bestätigt.[13]
Auch zur Differenzhypothese wurde jedoch empirische Evidenz beigebracht, die ihre Gültigkeit zumindest teilweise relativiert: Janet Holmes[14] führte umfangreiche Untersuchungen von Gesprächen am Arbeitsplatz unterschiedlicher neuseeländischer Unternehmen und Institutionen durch. Empirische Grundlage für Holmes' Untersuchungen waren Audio- und Video-Aufzeichnungen von ca. 2500 Dialogen, geführt von ca. 500 Personen. Zu den dabei vertretenen Gesprächstypen gehörten Arbeitsbesprechungen, Telefongespräche, sowie Konversationen in Arbeitspausen und in der Kantine.
Die Untersuchungen Holmes' zeigen, dass prototypisch männliche bzw. weibliche Gesprächsstile zwar tief verwurzelten kognitiven Stereotypen über das Gesprächsverhalten von Frauen und Männern entsprechen,[15] aber in konkreten Gesprächen die beiden Stile sowohl bei Frauen als auch bei Männern auftreten.

Konstruktivistische Hypothese

Aufgrund der oben dargestellten Probleme der Dominanzhypothese sowie der Differenzhypothese wurde im weiteren Verlauf die Konstruktivistische Hypothese aufgestellt, die u.a. von Deborah Cameron[16] vertreten wird. Nach dieser Hypothese ist „Gender" nicht „essentialistisch" als vorgegebene Kategorie anzusehen, deren Auswirkungen man im Gespräch nur noch zu registrieren bräuchte. Insbesondere wird kritisiert, dass die Annahmen der Differenzhypothese empirisch unhaltbare Übergeneralisierungen seien. Gender wird in der Sicht der Konstruktivistischen Hypothese diskursiv erzeugt (*doing gender*). Dabei können sich dynamische Verschiebungen von Gender ergeben, z.T. auch fließende Übergänge, sowie multiple und kontradiktorische Gender-Identitäten.
Zur Konstruktivistischen Hypothese lassen sich die folgenden kritischen Anmerkungen machen: Auch wenn man grundsätzlich der Auffassung zustimmt, dass Gender

13 Vgl. Antonopoulos (2001); Ruhi/Doğan (2001).
14 Vgl. Holmes (2006); für einen detaillierten Überblick über diese Untersuchung vgl. Kienpointner (2011).
15 Vgl. Frank (1992).
16 Vgl. Cameron (2007).

„diskursiv gemacht" wird, ist es legitim, von der relativen Stabilität der so erzeugten Gender-Stereotype auszugehen.
Denn die wieder und wieder diskursiv erzeugten und im Anschluss daran institutionell „verfestigten" sozialen Rollen und Gender-Stereotype wirken (dialektisch) auf die diskursiven Praktiken von Frauen und Männern zurück und bestimmen sie so zumindest bis zu einem gewissen Grad. Im Sinne der Wiener Schule der Kritischen Diskursanalyse[17] kann man sagen: Diskurse sind sowohl sozial konstitutiv als auch durch soziale Bedingungen (u.a. Gender-Rollen, Gender-Stereotype) konstituiert.

Konversationsanalytische Hypothese

Eine weitere Annäherung an die theoretische und empirische Erfassung weiblichen und männlichen Gesprächsverhaltens stellt die Konversationsanalytische Hypothese dar, die u.a. von Elizabeth Stokoe[18] vertreten wird. In dieser Perspektive hat die Diskussion um Gender als Kategorie ausschließlich an empirisch beobachtbaren kommunikativen Aktivitäten der am Gespräch beteiligten Personen anzusetzen. Das Auftreten von gender-spezifischen Ausdrücken (*girl*, *woman*, *lady* etc.) allein genügt noch nicht für feministisch-linguistische Konklusionen im engeren Sinn, nach denen weibliche und männliche Gesprächsstile entscheidend für die Machtverteilung und die Rollenzuweisung sind. Die konversationelle Relevanz und die prozeduralen Auswirkungen von solchen Ausdrücken im Gespräch sind nämlich stets empirisch zu prüfen. Wird hingegen bereits zu Beginn der Analyse Gender als omnipräsente Kategorie angenommen, werden aus der Sicht der Konversationsanalytischen Hypothese die empirischen Befunde verzerrt.
Die grundsätzliche Wichtigkeit, alle expliziten Äußerungen der am Gespräch Beteiligten minutiös zu dokumentieren und zuallererst an ihnen für die Analyse anzusetzen, kann nicht bestritten werden. Kritisch zur Konversationsanalytischen Perspektive lässt sich jedoch Folgendes anmerken: Es besteht die Gefahr, dass implizit gender-relevante Aktivitäten – als im Gespräch nicht manifest gender-relevante und nicht un-

17 Vgl. Wodak et al. (1998), 42; Reisigl/Wodak (2001), 36; Wodak (2011), 51.
18 Vgl. Stokoe (2011) sowie weitere einschlägige Beiträge in Speer/Stokoe, eds. (2011) wie z.B. Land/Kitzinger (2011).

mittelbar prozedural-wirksame Phänomene – insgesamt in der Analyse unzureichend berücksichtigt werden. Damit besteht ferner die Gefahr, dass die Präsenz und Relevanz von Gender als Einflussfaktor in Gesprächen auf diese Weise unterschätzt wird.

Vorläufiges Fazit

Grundsätzlich sind in verschiedenen institutionellen Kontexten vor dem Hintergrund unterschiedlicher Sprachen und Kulturen zunehmend Frauen wie Männer imstande, sich auch des prototypischen Gesprächsstils des jeweils anderen Geschlechts zu bedienen, d.h. sich eine größere Flexibilität in Bezug auf Gesprächsstile anzueignen und diese auch strategisch umzusetzen.
Dennoch kann vorsichtig die folgende Generalisierung vertreten werden: Frauen haben anders als Männer noch immer die größeren Nachteile bezüglich ihrer beruflichen Aufstiegschancen zu erwarten, wenn sie den für ihr Geschlecht prototypischen Gesprächsstil in einer hierarchischen, an patriarchalischen und kapitalistischen Strukturen orientierten Arbeitsumgebung einsetzen, da der prototypisch weibliche Stil in dieser Arbeitsumgebung weniger Erfolgs- und Aufstiegschancen verspricht. Dies erklärt auch teilweise den sehr langsamen Aufstieg von Frauen in Führungspositionen („gläserne Decke"). Denn die Arbeitswelt in weiten Teilen der Welt favorisiert hierarchische Strukturen, und damit den prototypisch maskulinen Stil mit seiner Bevorzugung von statusorientierten, kompetitiven Kommunikationsstrategien.[19]

Geschlechtsspezifische Strategien des Formulierens in beschreibenden Texten

Im Folgenden soll die Existenz von geschlechtsspezifischen diskursiven Stilen auch am Beispiel monologischer Texte festgestellt werden. Dabei ist auf allgemeiner Ebene festzuhalten, dass letzten Endes alle Textsorten, auch die so genannten „Monologe", eine dialogische Dimension aufweisen.[20] Anders als Gespräche im privaten Kontext

19 Vgl. Lakoff (2003); Holmes (2006), 221.
20 Vgl. Dressler (2004), 14.

oder am Arbeitsplatz sind „monologische“ Textsorten jedoch von einer Person verfasst. Diese nimmt allerdings indirekt auf das hörende oder lesende Publikum sowie auf früher produzierte Texte Bezug und steht damit ebenfalls in einem dialogischen Zusammenhang.

Grundsätzlich lassen sich alle Texte auf eine Handvoll Texttypen zurückführen, die grundlegende kommunikative Funktionen erfüllen, wie z.B. die deskriptive Funktion (Beschreiben), die narrative Funktion (Erzählen), die instruktive Funktion (Handlungsanweisungen geben), die expressive Funktion (das emotionale Innenleben zum Ausdruck bringen), die argumentative Funktion (strittige Thesen begründen bzw. widerlegen) und die poetische Funktion (alternative Welten etablieren).[21]

Die zum deskriptiven Typ gehörenden Texte bilden die Phänomene der Realität in einer mehr oder weniger umfassenden Beschreibung ab, die informell-alltagssprachlich oder technisch-fachsprachlich erfolgen kann. Zu jedem Texttyp gehören ferner eine Vielzahl von Textsorten, d.h. in einer bestimmten Sprachgemeinschaft gebräuchliche Unterarten eines Texttyps.

Eine solche Textsorte (ein Genre), die als eine hybride Kombination des deskriptiven und des instruktiven Texttyps fungiert, stellen die Partnervermittlungsanzeigen dar (neben primär deskriptiven Textsorten wie Lebensläufen, Reiseführern, Artikeln in Enzyklopädien, wissenschaftlichen Texten etc. oder primär instruktiven Textsorten wie Gebrauchsanweisungen, Kochrezepten, militärischen Kommandos etc.). Texte des Genres Partnervermittlungsanzeigen bzw. Kontaktanzeigen, die seit dem 17. Jahrhundert im Englischen, seit dem 18. und 19. Jahrhundert auch im Deutschen und Französischen vorkommen,[22] weisen unter anderem als wesentliches Element beschreibende Passagen auf, in denen dargestellt wird, wie die VerfasserInnen sich selbst sehen (Eigenbeschreibungen) und wie typische Partnerinnen und Partner auszusehen haben (PartnerInnenbeschreibung) und welche psychosozial relevanten Eigenschaften sie aufweisen sollten.

Daneben sind für Partnerschaftsanzeigen allerdings auch Elemente des instruktiven Texttyps wesentlich, mit dem andere Personen zu bestimmten Verhaltensweisen und Handlungen veranlasst werden sollen, was in diesem Fall heißt, mit den VerfasserInnen Kontakt aufzunehmen. Die handlungsauffordernde Funktion von Kontaktanzeigen

---

21 Vgl. ähnliche Typologien bei Werlich (1983), 39–41; Heinemann/Viehweger (1991), 150–153.

22 Vgl. Eckkrammer (1999), 133f.; Rutkowski (1999), 1f.

sieht Eckkrammer sogar als primär an und definiert sie wie folgt: „Bei der Kontaktanzeige handelt es sich eindeutig um einen handlungsauffordernden Text, der monologisch, schriftlich und nicht spontan mit einem deutlich stratifizierten Lexembestand formuliert wird“. [23]

Die grundlegende inhaltliche Struktur von Kontaktanzeigen (= ihre „Makrostruktur“ bzw. „Superstruktur“ im Sinne van Dijks[24]) enthält die folgenden Elemente, zu denen bei einzelnen Kontaktanzeigen noch weitere fakultative Elemente hinzukommen können: „Wer (Eigenbezeichnung/Eigenbeschreibung) sucht zu welchem Zweck (Ziel des Kontakts) wen (PartnerInnenbezeichnung/PartnerInnenbeschreibung)?“.[25]

Im Folgenden soll ein Korpus von Kontaktanzeigen auf geschlechtsspezifische diskursive Strategien bei der Selektion von adjektivischen Lexemen untersucht werden.[26] Diesbezüglich zeigt die Analyse des Adjektivgebrauchs in ca. 130 Partnervermittlungsanzeigen (in der Tiroler Regionalzeitung „Bezirksblatt“, Bezirk Kufstein, September 2010–Juni 2011), dass in diesen Texten in beträchtlichem Ausmaß Gender-Stereotype diskursiv reproduziert und strategisch eingesetzt werden. Frauen und Männern schreiben sich dabei in jeweils unterschiedlicher Weise physische und psychische Eigenschaften zu, die sie für das jeweils andere Geschlecht in positivem Licht erscheinen lassen.

Dabei werden bestimmte beschreibende Adjektiva (z.B. *nett, treu, ehrlich, liebevoll*) durchaus geschlechtsübergreifend sowie sowohl in Eigen- als auch in Fremdbeschreibungen verwendet. Manche hoch frequente Adjektiva tauchen jedoch nur in Wünschen bezüglich der gegengeschlechtlichen Partnerinnen bzw. Partner auf, nicht in der Eigenbeschreibung. Ebenso gibt es hoch frequente Adjektiva, die nur in der Eigenbeschreibung jeweils eines Geschlechts verwendet werden.

Aufschlussreich sind in diesem Zusammenhang besonders die am häufigsten auftretenden von allen in diesem Korpus vorkommenden selbst- und partner-beschreibenden Adjektiva (insgesamt ca. 160 Adjektiva bei den 101 Anzeigen von Frauen, ca. 60

---

23 Vgl. Eckkrammer (1999), 137; vgl. auch Rutkowski (2003), 11f., wo die Kontaktfunktion, die Appellfunktion und die Selektionsfunktion als grundlegende kommunikative Zwecke von Kontaktanzeigen angesehen werden.

24 Vgl. z.B. die Superstruktur narrativer Texte in van Dijk (1980), 142.

25 Vgl. Rutkowski (2003), 13.

26 Weitere Aspekte von Kontaktanzeigen wie intermediale Kontraste, Text-Bild-Beziehungen und der Metapherngebrauch müssen im Rahmen dieses Beitrags außer Betracht bleiben, vgl. dazu Rutkowski (2003), 13ff.

Adjektiva bei den 28 Anzeigen von Männern). Die folgende Tabelle zeigt die am häufigsten verwendeten Adjektiva, gereiht nach den „Top five" hinsichtlich der Frequenzrangstufe in der Eigenbeschreibung und in der Beschreibung der erwünschten PartnerInnen, jeweils getrennt aufgelistet nach physischen und psychischen Eigenschaften von Frauen und Männern (in runden Klammern steht die Anzahl der Verwendungen der jeweiligen Adjektiva im Korpus; bei gleicher Frequenz wird alphabetisch gereiht):

Tabelle 2

FRAUEN	Eigenbeschreibung physisch:	Eigenbeschreibung psychisch:	Partnerbeschreibung physisch:	Partnerbeschreibung psychisch
1.	*schlank* (16)	*treu* (12)	*groß* (2)	*ehrlich* (16)
2.	*sportlich* (9)	*fleißig* (9)	*dunkelhaarig* (1)	*nett* (14)
3.	*weiblich(e Figur)* (6)	*einfühlsam* (8)	*fit* (1)	*treu* (9)
4.	*attraktiv* (5)	*häuslich* (7)	*gepflegt* (1)	*lieb* (8)
5.	*blond* (5)	*warmherzig* (7)	*schlank* (1)	*aufrichtig* (7)

MÄNNER	Eigenbeschreibung physisch:	Eigenbeschreibung psychisch:	Partnerinnenbeschreibung physisch:	Partnerinnenbeschreibung psychisch:
1.	*sportlich* (15)	*naturverbunden* (5)	*sportlich* (2)	*aufgeschlossen* (4)
2.	*fesch* (2)	*niveauvoll* (4)	*attraktiv* (1)	*humorvoll* (4)
3.	*gutaussehend* (2)	*ruhig* (3)	*hübsch* (1)	*liebenswert* (3)
4.	*schlank* (2)	*sympathisch* (3)	*mollig* (1)	*liebevoll* (3)
5.	*attraktiv* (1)	*treu* (3)	*reif* (1)	*spontan* (3)

Der geringe Umfang dieser empirischen Daten erlaubt keine weitgehenden Generalisierungen. Insbesondere ist zu vermuten, dass sich die ungleiche Verteilung auf die beiden Geschlechter in einem größeren Korpus, das auch die nationale Presse einbezieht, ausgleichen würde. So ergab sich in einem Korpus von 240 deutschen Kontaktanzeigen in der österreichischen und bundesdeutschen Presse mit regionaler und nationaler Reichweite, das Eckkrammer untersucht hat, eine ungefähr gleiche

Verteilung von Anzeigen von Männern und Frauen (jeweils ca. 50%), ebenso wie in ihrem französischen Korpus von 200 Kontaktanzeigen. Hingegen waren in ihren italienischen und spanischen Korpora mit je 200 Kontaktanzeigen die Männer mit 62% (Italienisch) und 67% (Spanisch) deutlich in der Überzahl.[27]

Trotzdem zeigen sich in meinem Korpus einzelne Tendenzen, die deutliche Auswirkungen von Gender-Stereotypen und entsprechenden geschlechtsspezifischen Stilstrategien (der Selektion von beschreibenden Adjektiven) sind, und sich wohl auch bei umfangreicherem Belegmaterial bestätigen ließen.

So ist z.B. interessant, dass bei den psychischen Beschreibungen die Adjektiva *fleißig* (9), *häuslich* (7) und *warmherzig* (7) in der Selbstdarstellung der Frauen unter den Top Five aufscheinen, in meinem Korpus bei den Selbstbeschreibungen der Männer aber gar nicht vorkommen. Umgekehrt stehen bei den Selbstbeschreibungen der 28 Männer die Adjektiva *naturverbunden* (5) und *niveauvoll* (4) an der Spitze der Frequenzreihung, während sie bei der Selbstdarstellung der 101 Frauen im Korpus proportional (d.h. relativ zur Zahl der Anzeigen) viel niedriger frequent aufscheinen. So kommt *naturverbunden* nur viermal vor, *niveauvoll* sogar nur ein Mal.

Bei den psychischen Eigenbeschreibungen ist in diesem Zusammenhang auch aufschlussreich, dass von den 101 Frauen in ihrer Selbstdarstellung das Adjektiv *schüchtern* immerhin sechsmal verwendet wurde, während es bei den 28 Männern nur ein einziges Mal aufscheint.

Physische Beschreibungen spielen generell eine weit geringere Rolle als psychische Beschreibungen, insbesondere in der Fremdbeschreibung.[28] Trotzdem zeigen sich auch hier auffällige Tendenzen, z.B. dass Sportlichkeit bzw. das Adjektiv *sportlich* sowohl bei den Frauen (9) als auch bei den Männern (15) eine große Rolle spielt. Ein starker Kontrast zeigt sich bei der Verwendung von *schlank*, das bei der Eigenbeschreibung von Frauen das häufigste Adjektiv (16) ist, bei den Männern dagegen nur zweimal vorkommt. Angesichts verbreiteter Stereotype über blonde Frauen ist auch bemerkenswert, dass das Adjektiv *blond* nicht weniger als fünfmal von Frauen, dagegen nie von Männern verwendet wird.

Was Angaben zum sozialen Status (z.B. *Single, ledig, verwitwet, allein, einsam*) und

---

27 Vgl. Eckkrammer (1999), 139, 157.

28 Die geringere Spezifizierung bei der Fremdbeschreibung könnte damit zusammenhängen, dass der Kreis der potentiellen InteressentInnen nicht allzu stark eingeschränkt werden soll, vgl. Eckkrammer (1999),141.

zum Alter betrifft, so finden sich ebenfalls auffällige Kontraste. Bei den Frauen zeigt sich, dass zur Beschreibung des sozialen Status je achtmal *allein* und *einsam* verwendet wird, bei den Männern nur einmal *alleinstehend* sowie zweimal *ungebunden*, mit jeweils deutlich kontrastierender, nämlich weniger negativer bzw. deutlich positiverer Konnotation. Hinsichtlich des Alters ist festzustellen, dass von den 31 Frauen, die konkrete Zahlenangaben machen, die weit überwiegende Mehrheit (28 Frauen) 10–20 Jahre ältere Männer akzeptieren würden, nur drei machen Zahlenangaben, die auch gleich alte bzw. geringfügig jüngere Männer erfassen. Bei den Männern (7), die vergleichende Zahlenangaben machen, finden sich zwei, die fünf bis zehn Jahre jüngere Partnerinnen suchen, während drei Männer auch bis zu sieben Jahre ältere Partnerinnen akzeptieren würden; zwei Männer erwarten ein zu ihrem Lebensalter (32 bzw. 29 Jahre) „passendes Alter“. Dies entspricht Alterskonstellationen, die zu einer traditionell-patriarchalen Perspektive passen.[29]

Als Fazit könnte man auf der Grundlage des Korpus eine prototypische Kontaktanzeige „generieren“, nach der die „typische Frau“ schlank, sportlich, weiblich, attraktiv, (wesentlich) jünger als der Partner ist, und dabei psychisch und mental dadurch gekennzeichnet ist, dass sie treu, fleißig, einfühlsam, häuslich, warmherzig, aufgeschlossen, liebevoll und humorvoll ist. Der „typische Mann“ ist dagegen sportlich, groß, (wesentlich) älter als die Partnerin, dabei psychisch und mental dadurch gekennzeichnet, dass er ehrlich, nett, treu, naturverbunden und niveauvoll ist.

Für weiterreichende Generalisierungen müsste natürlich die überregionale, nationale und internationale Presse im deutschen Sprachraum und darüber hinaus miteinbezogen werden und auch eine wesentlich größere Menge an Kontaktanzeigen untersucht werden. Es darf jedoch vermutet werden, dass sich zumindest einige der oben festgestellten Kontraste bei den geschlechtsspezifischen diskursiven Strategien in monologischen Textsorten wie Kontaktanzeigen auch bei großen Datenmengen bestätigen ließen.

---

29 Die spanischen Beispiele, die Eckkrammer (1999), 154–160 gibt, entsprechen diesem Trend.

Konklusion

Zur Frage der gender-spezifischen diskursiven Strategien in dialogischen und monologischen Texten lassen sich die folgenden Schlussfolgerungen ziehen:

1. Die Dominanzhypothese („Männer dominieren Frauen in Gesprächen") und die Differenzhypothese („Frauen und Männer folgen in Gesprächen deutlich unterschiedlichen diskursiven Strategien") müssen hinsichtlich ihrer universalen Gültigkeit und Reichweite eingeschränkt werden, erklären aber zumindest teilweise das kommunikative Verhalten vieler Frauen und Männer in nicht wenigen Sprachen und Kulturen.
2. Die konstruktivistische Hypothese kann den Blick für die empirische Variabilität von Gender in realen Konversationen schärfen, sowie die lokale Veränderbarkeit von Gender-Konzepten aufzeigen. Dennoch ist von einer relativen Beständigkeit von Gender als zwar nicht allein und ausschließlich, aber doch vielfach wirksamen Einflussfaktor in der Kommunikation auszugehen.
3. Die Konversationsanalytische Hypothese kann den Blick für relevante bzw. nicht relevante Verwendungen von gender-spezifischen Ausdrücken schärfen. Dies sollte jedoch nicht dazu führen, über-restriktiv potentiell feministisch relevante Interpretationen auszuschließen.
4. Auch in monologischen Texten, z.B. in deskriptiv/instruktiven Textsorten wie Partnerschaftsanzeigen, zeigen sich charakteristische geschlechtsspezifische diskursive Strategien, z.B. bei der Selektion von Adjektiven für die Eigenbeschreibung und Fremdbeschreibung, mit denen Frauen und Männern offenkundig verbreiteten positiv bzw. negativ besetzten geschlechtsspezifischen Stereotypen möglichst optimal gerecht werden wollen.

Bibliographie

Ahrens, Ulrike (1997): The Interplay between Interruptions and Preference Organization in Conversation, in: Kotthoff, Helga/Wodak, Ruth, eds.: *Communicating Gender in Context*. Amsterdam: Benjamins, 79–106.

Antonopoulou, Eleni (2001): Brief Service Encounters: Gender and Politeness, in: Bayraktaroğlu, Arın/Sifianou, Maria, eds.: *Linguistic Politeness across Boundaries. The Case of Greek and Turkish.* Amsterdam: Benjamins, 241–269.

Bayraktaroğlu, Arın/Sifianou, Maria, eds. (2001): *Linguistic Politeness across Boundaries. The Case of Greek and Turkish*. Amsterdam: Benjamins.

Bierbach, Christine (1997): Is Spain Different? Observations on Male-Female Communicative Styles in a Spanish Group Discussion, in: Kotthoff, Helga/Wodak, Ruth, eds.: *Communicating Gender in Context*. Amsterdam: Benjamins, 107–138.

Cameron, Deborah (2007): *The Myth of Mars and Venus: Do Men and Women Really Speak Different Languages?* Oxford: Oxford Univ. Press.

Eckkrammer, Eva M. (1999): Ich suche dich: Ergebnisse eines Pilotprojekts zur Kontaktanzeige in romanischen Medien, in: Eckkrammer, Eva M./Hödl, Nicola/Pöckl, Wolfgang, Hgg: *Kontrastive Textologie*. Wien: Edition Praesens, 131–175.

Frank, Karsta (1992): *Sprachgewalt. Die sprachliche Reproduktion der Geschlechterhierarchie*. Tübingen: Niemeyer.

Heinemann, Wolfgang/Viehweger, Dieter (1991): *Textlinguistik. Eine Einführung*. Tübingen: Niemeyer.

Holmes, Janet (2006): *Gendered Talk at Work. Constructing Gender Identity through Workplace Discourse*. Oxford: Blackwell.

Keenan, Elinor (1974): Norm-Makers, Norm-Breakers. Uses of Speech by Men and Women in a Malagasy Community, in: Bauman, Richard/Sherzer, Joel (eds.): *Explorations in the Ethnography of Speaking.* Cambridge: Cambridge Univ. Press, 125–143.

Kienpointner, Manfred (1997): Varieties of Rudeness. Types and Functions of Impolite Utterances, in: *Functions of Language* 4 (2), 251–287.

Kienpointner, Manfred (2000): Feministische Linguistik. Trends, Resultate, praktische Anwendungen, in: Klettenhammer, Sieglinde/Pöder, Elfriede, Hgg.: *Das Geschlecht, das sich (un)eins ist?* Innsbruck: Studienverlag, 228–245.

Kienpointner, Manfred (2001): Le latin classique - est-il une langue sexiste?, in: Moussy, Claude (ed.): *De lingua latina novae quaestiones*. Louvain: Peeters, 95–106.

Kienpointner, Manfred (2008): Impoliteness and emotional arguments, in: *Journal of Politeness Research* 4 (2), 243–265.

Kienpointner, Manfred (2011): Weiblicher und männlicher Gesprächsstil. Perspektiven feministischer Gesprächsanalyse, in: Antenhofer, Christina/Oberprantacher, Andreas/Schnegg, Kordula, Hgg.: *Kommunikation – Kunst – Politik: Perspektiven geisteswissenschaftlicher Forschung*. Innsbruck: Studienverlag, 229–247.

Kotthoff, Helga/Wodak, Ruth, eds. (1997): *Communicating Gender in Context*. Amsterdam: Benjamins.

Lakoff, Robin (1975): *Language and Woman's Place*. New York: Harper & Row.

Lakoff, Robin (2003): Language, Gender, and Politics: Putting "Women" and "Power" in the Same Sentence, in: Holmes, Janet/Meyerhoff, Miriam, eds.: *The Handbook of Language and Gender*. Oxford: Blackwell, 161–178.

Land, Victoria/Kitzinger, Celia (2011): Categories in talk-in-interaction: Gendering speaker and recipient, in: Speer, Susan A./Stokoe, Elizabeth, eds.: *Conversation and Gender*. Cambridge: Cambridge Univ. Press, 48–63.

Miller, Laura (2008): Those Naughty Teenage Girls: Japanese Kogals, Slang and Media Assessments, in: Ehrlich, Susan, ed.: *Language and Gender* III. London: Routledge, 259–289.

O'Barr, William/Atkins, Bowman (1980): Women's Language or "Powerless Language"?, in: McConnell-Ginet, Sally/Borker, Ruth/Furman, Nelly, eds.: *Women in Language in Literature and Society*. New York: Praeger, 193–210.

Reisigl, Martin/Wodak, Ruth (2001): *Discourse and Discrimination*. London: Routledge.

Ruhi, Şükriye/Dogan, Gürkan (2001): Relevance Theory and Compliments as Phatic Communication, in: Bayraktaroğlu, Arın/Sifianou, Maria, eds.: *Linguistic Politeness across Boundaries. The Case of Greek and Turkish*. Amsterdam: Benjamins, 341–390.

Rutkowski, Nicole (2003): *Kontaktanzeigen im intermedialen Vergleich*. Essen: LINSE (Linguistik-Server-Essen).

Speer, Susan A./Stokoe, Elizabeth (2011): An Introduction to Conversation and Gender, in: Idem, eds.: *Conversation and Gender*. Cambridge: Cambridge Univ. Press, 1–27.

Stokoe, Elizabeth (2011): ‚Girl – woman – sorry!': On the Repair and Non-repair of Consecutive Gender Categories, in: Speer, Susan A./Stokoe, Elizabeth, eds.: *Conversation and Gender*. Cambridge: Cambridge Univ. Press, 85–111.

Tannen, Deborah (1991): *Du kannst mich einfach nicht verstehen: Warum Männer und Frauen aneinander vorbeireden*. Hamburg: Kabel.

Tannen, Deborah (1995): *Job-Talk. Wie Frauen und Männer am Arbeitsplatz miteinander reden.* Hamburg: Kabel.

Tannen, Deborah (2004): *Laß uns richtig streiten. Warum Frauen immer widersprechen und Männer nur sich selbst zuhören.* München: Goldmann.

Trömel-Plötz, Senta (1982): *Frauensprache. Sprache der Veränderung*. Frankfurt/Main: Fischer.

Van Dijk, Teun A. (1980): *Textwissenschaft. Eine interdisziplinäre Einführung*. München: dtv.

Werlich, Egon (1983): *A Text Grammar of English*. Heidelberg: Quelle & Meyer.

West, Candace/Zimmerman, Don H. (1983): Small Insults. A Study of Interruptions in Cross-Sex Conversations between Unacquainted Persons, in: Thorne, Barrie/Kramarae, Cheris/Henley, Nancy, eds: *Language, Gender and Society*. Rowley, Mass.: Newbury House, 102–117.

Wodak, Ruth (2011): Critical Linguistics and Critical Discourse Analysis, in: Zienkowski, Jan/Östman, Jan-Ola/Verschueren, Jef, eds.: *Discoursive Pragmatics*. Amsterdam: Benjamins, 50–70.

Wodak, Ruth/de Cillia, Rudi/Reisigl, Martin/Liebhart, Karin/Hofstätter, Klaus/Kargl, Maria (1998): *Zur diskursiven Konstruktion nationaler Identität.* Frankfurt/Main: Suhrkamp.

Yaguello, Marina (1978) : *Les mots et les femmes: essai d'approche socio-linguistique de la condition féminine*. Paris: Payot.

Zimmerman, Don H./West, Candace (1975): Sex Roles, Interruptions and Silences in Conversations, in: Thorne, Barrie/Henley, Nancy, eds.: *Language and Sex: Difference and Dominance*. Rowley, Mass.: Newbury House, 105–129.

Worte können sein wie winzige Arsendosen...

Elisabeth Mairhofer

Wir Frauen sind es immer noch gewohnt, sprachlich zur Nebensache degradiert zu werden. Die Sprache sei unwesentlich – versucht mann uns einzureden –, es gehe um Wichtigeres und nicht um linguistische Spitzfindigkeiten. Demgemäß lautet ein oft gehörter Einwand, Feministinnen sollten sich besser um wirkliche Ungleichheiten kümmern, praktische Arbeit tue Not, nicht rhetorische Haarspalterei. Eine rechtliche und soziale Gleichstellung solle unser Ziel sein, nicht sprachliche Spielerei.[1]

Manchmal scheint es sogar, dass ausgerechnet jene, die sprachliche Gleichberechtigung fordern, verantwortlich gemacht werden für alle anderen Formen weiblicher Unterdrückung. Weil wir uns mit dem Binnen-I beschäftigen, während Frauen in der Realität benachteiligt werden. Während wir die Sprache verhunzen und unleserlich machen, arbeiten andere Frauen für niedrige Löhne und kämpfen mit sozialen Problemen.

Ist Sprache aber wirklich so unwichtig? Wir werden zeigen, dass das Gegenteil der Fall ist und dass auch die sprachliche Dominanz des Männlichen über das Weibliche eine Form der Diskriminierung mit gravierenden Folgen ist.

---

1 Mit dieser Aussage wird behauptet, es könne nur das eine oder das andere gelten. Dem Gedankengang liegt ein logischer Fehlschluss zugrunde, in dem ein einschließendes *oder* (vel) mit einem ausschließenden (contra) verwechselt wird.
Das aussagenlogische „oder“:
a) Disjunktion: einschließendes *oder* = vel = v, bedeutet: „oder auch“; Beispiel: Ich mag den Frühling *oder* den Herbst (entweder das eine oder das andere oder beides).
b) Exklusion: ausschließendes *oder* = exkludiert = /, bedeutet: „entweder-oder“, eines von beiden, nicht jedoch beides; Beispiel: Ich bin Christin *oder* Atheistin (nicht beides gleichzeitig, aber eine dritte Möglichkeit ist gegeben, hier z.B. Buddhistin).
c) Kontravalenz: ausschließendes oder = kontravalent = ›–‹, bedeutet: strenges „entweder-oder“, keine dritte Möglichkeit ist gegeben; Beispiel: Ich bin lebendig *oder* tot.

Die Impressionisten

Zum Einstieg eine Frage: An wen denken Sie jetzt, wenn ich von den Impressionisten spreche? Ich bin mir ziemlich sicher: An Monet, Manet, Cézanne, Renoir ... Oder hat eine/r zuerst an folgende Personen gedacht: Morisot, Cassatt, Gonzalés, Bracquemond? Höchstwahrscheinlich nicht – es handelt sich ja auch nicht um Impressionisten, sondern um Impressionistinnen. Warum sind diese Malerinnen nicht so bekannt wie ihre männlichen Kollegen? An ihrer Kunst kann es jedenfalls nicht liegen. Ist es vielleicht deshalb, weil es sich um Frauen handelt? Oder umgekehrt: Wissen wir von den Frauen weniger, weil sie sprachlich untergeordnet sind und wir immer nur von den Impressionisten hören?

Wäre der Begriff Impressionistinnen geläufig und bekannt, dann wären es vermutlich auch ihre Bilder. Und würden wir diese Bilder kennen, dann wüssten wir, dass Frauen dieselbe künstlerische Begabung haben können wie Männer. Wir wüssten, dass Genialität keine Frage des Geschlechts ist.

Bereits dieses Beispiel zeigt, dass der Sinn von Sprache keinesfalls als Nebensache abgetan werden kann. „Sprache erzeugt Vorstellungen, Vorstellungen beeinflussen unsere Handlungen, Handlungen beeinflussen unsere politische und wirtschaftliche Situation [...] Ändern wir die Sprache, so ändern wir unzweifelhaft die Vorstellungen, und damit den ganzen Rest."[2]

Wahrnehmung, Weltsicht, Sprache

Das führt zur prinzipiellen Frage, wie weit Sprache, Denken und Wahrnehmung unsere Sichtweisen bestimmen. Sind Menschen überhaupt in der Lage, die Welt an sich zu erfassen? Das heißt, kann unser Erkenntnisapparat die Realität so abbilden, wie sie wirklich ist? Es ist evident, dass das unmöglich ist.

Wie sehr allein die biologische Konstruktion eines Auges das wahrgenommene Sein beeinflusst, wird am simplen Beispiel einer Fliege deutlich. Ein Facettenauge verändert das gesamte Leben. Fliegen leben sowohl in einem anderen Raum als auch in einer anderen Zeit. Für sie ist das menschliche Auge ein ziemlich banales System,

2 Pusch (1999), 20f.

das den Blick ins Wesentliche versagt und keine Zeit für Feinheiten hat: Durch die niedrige Auflösung ist alles schon vorbei, während es passiert. Fliegen sehen im selben Zeitabschnitt ca. zehnmal so viel (lange) wie wir. Die Welt eines Adlers weicht erheblich von der eines Delphins ab, meine Welt ist anders als die einer Massai. Es ist offenbar, wie viel Subjektives in allen Sinneseindrücken enthalten ist. Was also ist wirklich und richtig? Wir wissen es nicht.

Eine Wahrheit an sich und für sich allein, unabhängig von jeglicher Beurteilung, kann es nicht geben. Wahrheit und Wirklichkeit sind vom Standpunkt der Betrachtung abhängig, Subjekt und Objekt gestalten sich gegenseitig. Wir selbst sind in jeder Sichtweise enthalten, wir können nicht aus uns heraustreten. Die Frage nach einer vollkommen bedingungslosen, objektiven Realität erweist sich als sinnlos. Sprache und Denken, Weltsicht und Wahrheit hängen zusammen. Lebewesen und Wirklichkeit sind immer aufeinander bezogen.

Wenn wir etwas beobachten oder beschreiben, beschreiben wir immer bloß unsere Wahrnehmungen und Empfindungen, die wir von den Sachverhalten haben.[3] „In dem Moment, in dem man versucht, die Eigenschaften des Beobachters zu eliminieren, entsteht ein Vakuum"[4], es bleibt nichts mehr übrig. Es gibt weder ein reines Subjekt noch ein reines Objekt – beide fallen im Erkenntnisvorgang zusammen. Eine unbeeinflusste Außenwelt ohne erkennendes Subjekt ist nicht denkbar. „Niemand vermag einen privilegierten Zugang zu einer externen Wirklichkeit oder Wahrheit zu beanspruchen."[5] All unser Wissen ist perspektivisch. Wir sind es, die der Welt Gestalt geben und sie zu unserem Bild formen. Welterklärungen sind ein menschliches Konzept. Wir selbst schaffen alle vermeintlichen Gewissheiten. Unser Gehirn interpretiert bloß irgendwelche Reize und konstruiert daraus eine (subjektive) Welt. „Das Hirn ist eine Sinnmaschine, die alles erzeugt, was der Mensch wissen kann. Sie erschafft beständig eine taugliche Simulation der Realität – die ganze Welt, wie der Mensch sie kennt."[6] Diese so entstandenen Welten stehen auf dem Fundament der Sprache. Was schließlich richtig sein soll, wird unter den Menschen ausgemacht, von ihnen festgesetzt und sprachlich gestaltet. „Wir glauben etwas von den Dingen selbst zu wissen,

---

3 Vgl. Maturana/Pörksen (2002), 24: „Alles, was gesagt wird, wird von einem Beobachter gesagt." (Maturana)

4 Förster (2002), 21.

5 Maturana/Pörksen (2002), 24.

6 Bahnsen (2010), 40.

wenn wir von Bäumen, Farben, Schnee und Blumen reden und besitzen doch nichts als Metaphern der Dinge."[7] Wir schildern unsere Eindrücke, benennen die so entstandenen Dinge und gießen sie in eine sprachliche Form. Die Welt wird durch Sprache, Denken und Wahrnehmung organisiert, die Wahrheit durch sie definiert. „Was also ist Wahrheit? Ein bewegliches Heer von Metaphern, Metonymien, Anthropomorphismen, kurz eine Summe von menschlichen Relationen."[8]

Sprache ist demgemäß kein reines Verständigungsmittel, das eine gegenständliche, unabhängige Welt abbildet. Sie ist die wesentliche Substanz zur Beschreibung unserer sozialen Wirklichkeit und ebenso zur Herstellung derselben. „Sprache ist grundsätzlich immer Handlung. Es gibt kein Nicht-Sprechen, denn auch das ist eine sprachliche Handlung."[9] Somit ist Sprache das entscheidende Instrument des Denkens, Erkennens und Handelns. „Was immer man über diese Wahrheit oder Wirklichkeit zu sagen vermag, ist stets auf die Verwendung von Sprache verwiesen; das von uns angeblich Unabhängige wird nur durch Sprache überhaupt beschreibbar, es taucht erst in einem Akt der Unterscheidung in der Sprache auf."[10]

Sprachliche Macht ist also umfassend. Victor Klemperer mahnt in seinem Buch LTI: „Worte können sein wie winzige Arsendosen: sie werden unbemerkt verschluckt, sie scheinen keine Wirkung zu tun, und nach einiger Zeit ist die Giftwirkung doch da."[11] Klemperer zeigt, wie sich während des Dritten Reiches zunächst die Sprache veränderte, wie gewisse Wörter eingeschleust und andere verschwiegen wurden, wie Verbrechen euphemistisch beschönigt wurden – er zeigt, wie das Gift des Nationalsozialismus zuerst sprachlich verspritzt und schließlich bittere Realität wurde.

Sprache und Geschlecht

Wenn Sprache aber eine derart grundlegende Bedeutung hat, dann ist ein sorgfältiger Umgang mit ihr geboten. Frauen können es nicht ohne weiteres hinnehmen, in diesem essentiellen Wirklichkeitsbereich als Nebensächlichkeit abgetan zu wer-

7 Nietzsche (2000), 14.
8 Nietzsche (2000), 15.
9 Hornscheidt (2011).
10 Maturana/Pörksen (2002), 27.
11 Klemperer (1996), 27.

den. Sprache ist gestaltend für Lebensbedingungen, daher ist die Frage nach dem Zusammenhang von Sprache, Denken und Wirklichkeit, von Subjekt und Objekt auch für die Feministische Linguistik bedeutend. Es steht fest, „dass Sprache ein maßgeblicher Faktor ist, wie wir die Welt wahrnehmen und – in unserem speziellen Fall – wie wir mit der Kategorie Geschlecht umgehen.“[12] Wenn „sprachliche Macht das fundamentale Konstruktionsprinzip der Wirklichkeit ist“[13], dann ist es umso schwerwiegender, Frauen im Diskurs zu benachteiligen. „Das heißt, dass wir nicht länger behaupten können, der Feminismus sei ein theoretisches Projekt mit praktischen Zielen, denn das Theoretische und das Praktische können nicht sauber voneinander geschieden werden.“[14] Werden Frauen sprachlich hintangestellt, so ist auch ihr Platz in der Realität zweitrangig, denn Sprache stellt Sexismus her. Ein Teil der weiblichen Welt wird erst gar nicht geschaffen bzw. geht ganz verloren.

Die sog. Non-dualistische Philosophie[15] negiert ein Jenseits des Diskurses überhaupt: Sprachliche Äußerungen verschmelzen mit der Realität, Sprache und Wirklichkeit sind zwei Seiten derselben Medaille, beide Bereiche werden unnötig verdoppelt. Wir legen bloß Beschreibungen über die sog. Dinge, können uns aber immer nur auf die Beschreibungen beziehen und nicht auf die Realität selbst. Unser Wissen ist bloß Wissen über das Wissen und kann keine Aussage über eine Welt an sich machen. Alles bleibt sprachimmanent, es gibt keine extralinguistische Realität. Auf den Bereich Sprache und Geschlecht bezogen, fällt mit den jenseitigen Instanzen auch alles, was über das sogenannte Wesen der Frau gesagt wird. Die Natur der Frau, durch welche u.a. auch versucht wird, weibliche Diskriminierung zu erklären, kann nicht länger als Rechtfertigungsgrund hierfür herangezogen werden.[16] Es gibt keine zwingenden kulturellen Gegebenheiten, auf die sich die Dominanz des Männlichen berufen kann.

---

12 Wetschanow (2007), 211.
13 Bublitz (2002), 8.
14 Derra (2011), 217.
15 Mitterer (2001).
16 Vgl. Derra (2011), 223f.

Das generische Maskulinum

Zusammenfassend kann gesagt werden, dass Sprache, Denken und Lebenswelt in einem engen Zusammenhang stehen. Frauen haben demgemäß mit fatalen Folgen zu rechnen, wenn sie aus diesem grundlegenden Wirklichkeitsbereich ausgeblendet werden. Genau das aber passiert vielfach durch das sog. generische Maskulinum (im Folgenden GM). Die Auffassung, dass das Weibliche dem Männlichen untergeordnet sei, findet in der deutschen Grammatik ihren Niederschlag in dieser Sprachform. Das GM rechtfertigt unter bestimmten Bedingungen den Ausschluss der Frauen aus dem Diskurs, denn es erlaubt, weibliche Personen nicht explizit benennen zu müssen, falls sie sich in einer Gruppe von Männern befinden. In solchen Fällen darf die männliche Sprachform für beide Geschlechter verwenden werden – also z.B. zur Bezeichnung von gemischtgeschlechtlichen Gruppen. Das GM darf in allen Fällen stehen, wo es nicht direkt um ein spezielles Geschlecht geht, sondern wo alle Individuen gemeint sind. Wenn ich z.B. den Begriff Bürger verwende, dann sind damit sowohl Bürger als auch Bürgerinnen gemeint – so lautet zumindest die Regel.[17] Wir Frauen dürfen uns dann je nach Kontext darauf verlassen, mitgemeint zu sein.

Spreche ich hingegen von Bürgerinnen, so ist klar, dass es sich dabei ausschließlich um weibliche Personen handelt – denn selbst wenn sich in einer Gruppe von x-tausend Frauen nur ein einziger Mann befindet, ist es grammatikalisch unrichtig, das Femininum zu verwenden. Demgemäß wäre es auch korrekt, wenn die TT (2005) zur Langen Nacht der Forschung an der Universität Innsbruck berichtet: „Statt Studenten saßen Väter mit Söhnen, Opas mit Enkerln im Hörsaal", während ein Professor dozierte.[18]

Zurück zum GM: Neben der Bezeichnung für gemischtgeschlechtliche Gruppen kann die männliche Form auch immer dann verwendet werden, wenn das Geschlecht unwichtig ist oder von diesem abstrahiert werden soll. Auf Frauen darf daher sowohl mit dem Maskulinum als auch mit dem Femininum referiert werden (z.B. Erna ist Politologe oder Erna ist Politologin). Männer hingegen dürfen niemals mit der weiblichen Form angesprochen werden (Werner ist Wissenschaftlerin – das wäre absurd!).

---

17 Oder wie H.C. Strache (2008) erklärt: „Der Begriff *Bürger* umfasst beide Geschlechtsteile." Die feministische Linguistik sei unnötig, weil „das groß geschriebene I eine reine lächerliche Symbolik darstellt."

18 Fasser (2005), 10.

Die männliche Form wird für Frauen im Allgemeinen aber nur in höheren Funktionen verwendet – eine gehobene gesellschaftliche Stellung trägt uns quasi über die Zweitrangigkeit unseres Geschlechtes hinaus. Frauen dürfen sich Wissenschaftler, Landeshauptmann, Arzt oder Künstler nennen, nicht aber Sekretär, Krankenpfleger, Hausmann oder Verkäufer.

Die Sprachform des GM kann auch paradoxe Blüten treiben und literarisch ironisiert werden. So schreibt z.B. Kurt Tucholsky folgenden Satz: „Das Treffen war geplant mit zwei Berlinern, von denen einer eine Frau aus Potsdam war."[19] Der Witz dabei ist, dass Potsdam Berlin genauso zugerechnet wird wie die Frau dem Mann. In diesem Fall ist die Frau doppelt niedrig, weil sie ja (nur) aus Potsdam kommt.

Grammatikalisch korrekt ist es jedoch, von den Berlinern zu sprechen, da die männliche Form ja sowohl geschlechtsspezifisch als auch geschlechtsindifferent verwendet werden kann. Solche Konstruktionen zeigen, dass das GM nicht wirklich verallgemeinernd und neutral ist. Es ist bestenfalls ein pseudogenerisches Genus, welches oft auch geschlechtsspezifisch gemeint ist. Gleichzeitig wird deutlich, wie schwer es ist, diese Sprachform durchgängig zu verwenden.

Mischtexte und die Fixierung von Rollenbildern

Demgemäß finden sich in beinahe allen Textsorten Mischungen von GM und Femininformen. Dazu folgende Beispiele: „An der Universität Ulm sind in den Fakultäten insgesamt 586 Personen beschäftigt (Professoren, technische Assistenten, Tierpfleger, Gärtner, Sekretärinnen)."[20] Oder: „Das Burnout-Syndrom erwischt nicht nur Manager. Zu den Betroffenen gehören vor allem auch Krankenschwestern, Lehrer, Hausfrauen und Journalisten."[21] Derartige Konstruktionen erzeugen ein zweifaches Problem: Zum einen ist es besonders schwierig, bei den Maskulinformen auch Frauen mitzudenken, und zum anderen wird der Genuswechsel zur Fixierung althergebrachter Rollenbilder verwendet. Daher wäre es besser, die Flucht nach vorne zu ergreifen und die femininen Formen samt und sonders zu streichen – d.h. anstatt Sekretärinnen

19 Tucholsky, aus der Erinnerung zitiert, gehört in Ö1 (Datum nicht mehr eruierbar).
20 Brennicke (2004), 40.
21 Bauer (2005), 33.

auch Sekretäre zu verwenden, statt Krankenschwestern auch Krankenpfleger und statt Hausfrauen Hausmänner. So könnte auf das Fehlen der Frauen dezidiert hingewiesen werden und die Rollenfixierungen wären eliminiert. (Dann könnte eher von einer verallgemeinernden männlichen Form, von einem generischen Maskulinum gesprochen werden.)

Generalklausel: Im Interesse einer besseren Lesbarkeit

Ein holpriger Versuch, die problematischen Folgen einer männerzentrierten Grammatik zu lösen, ist die sog. Generalklausel am Anfang bzw. Ende eines Textes. Die Erklärung lautet in etwa: „Im Interesse einer besseren Lesbarkeit wird auf weibliche Personenbezeichnungen verzichtet. Selbstverständlich sind Damen und Herren gleichermaßen angesprochen."[22] Diese Floskel findet sich auch heute noch in vielen Texten.[23] Hier wird die Schieflage zwischen Frauen und Männern zwar irgendwie zur Kenntnis genommen, um sie im gleichen Moment jedoch wieder zu negieren, wenn nicht gar zu verstärken. Die Phrase nötigt Frauen, sich unter das Männliche zu subsumieren – wir sind ja schließlich mitgemeint, dürfen froh darüber sein und damit basta! Aber dieses Mitmeinen ist ja gerade das Problem. Experimente haben gezeigt, dass die Generalklausel den Schaden für Frauen in keiner Weise zu reduzieren vermag, im Gegenteil – weibliche Personen werden im Verlauf des Lesens eher noch weniger mitgedacht. „Die Explikation der Begriffsverwendung in einer Fußnote, mit der ja eine mögliche Benachteiligungswirkung des GM unterbunden werden soll, scheint die Benachteiligungsdynamik sogar noch zu verschärfen. Dies legt die Annahme nahe, dass die Fußnote durchaus rezipiert wurde, die Vpn jedoch keineswegs dazu veranlasst hat, Frauen mitzudenken, sondern sie im Gegenteil davon entlastet hat, gegen eine Frauen-benachteiligende Wirkung des GM anzudenken."[24]

Zudem suggeriert die Floskel, die gute Lesbarkeit eines Textes stehe an erster Stelle – der Inhalt hingegen sei von untergeordneter Bedeutung. Ich mache einen provo-

---

22 Eine neuere Form der Generalklausel sieht folgendermaßen aus: *Ihr Arzt/Ihre Ärztin (im Folgenden Arzt).*

23 So z.B. in ILS-Mail 2/10, 2: „Wegen der besseren Lesbarkeit wurde in den Artikeln auf die konsequente Verwendung weiblicher und männlicher Personenbegriffe verzichtet. Gemeint und angesprochen sind natürlich immer beide Geschlechter."

24 Rothmund/Scheele (2004), 50.

kativen Vergleich: Man stelle sich eine wissenschaftliche Arbeit vor, die im Interesse der besseren Lesbarkeit Tatsachen verfälscht und dies zu allem Überfluss am Beginn des Textes klarstellt. Genau das aber ist Vorgangsweise der Generalklausel: Sie verbannt Frauen um der sog. Form willen aus einem Text und bekennt sich zu dieser Manipulation. „Eine Formulierungspraxis, in der das Männliche absolute Priorität besitzt, bedeutet für Frauen jedoch, sprachlich einfach weggewischt zu werden.“[25] Und auch diese Form der Zurücksetzung hat ihre Entsprechung in der absoluten Privilegierung des Männlichen. „Die Ent-Nennung (Ent-Erwähnung) im GM als sprachliche Handlung diskriminiert die Frau.“[26]

Eine frauenlose Sprache bringt oft auch frauenlose Geschichten mit sich, in denen das Männliche die absolute Dominanz besitzt. So wird z.B. Horst Seehofer in der Wochenzeitung *Die Zeit* als „Sohn eines Lastwagenfahrers und Bauarbeiters“[27] bezeichnet.

Frauenlose Geschichten

Eine andere einfache Illustration für eine frauenlose Geschichte ist die Beschreibung der Lebensweise der Pfahlbauer auf einer Internetseite zur Geschichte der Schweiz.[28] Dort steht:

„Die Pfahlbauer errichteten ihre Wohnhäuser aus Holz als Ständerbauten im flachen ufernahen Wasser oder am Ufer.“

„Sie sorgten als Ackerbauern, Viehzüchter, Jäger und Fischer für ihren Lebensunterhalt.“

„Die Pfahlbauer verzehrten auch wild wachsende Früchte, Beeren und Nüsse sowie Gemüse.“

„Nach und nach verfeinerten sie die Herstellung von Werkzeugen, erfanden das Beil und begannen, erste Haustiere zu zähmen (Hunde) und Pflanzen zu züchten.“

„Aus den Funden kann man schließen, dass die Pfahlbauer mit Pfeil und Bogen, Speeren, Fallen und Netzen jagten.“

„Sie waren aber auch Ackerbauern und Viehzüchter.“

---

25 Ender/Mairhofer (2005), 7.

26 Hornscheidt (2011).

27 Krupa (2006), 2.

28 Vgl. „Schweizer Geschichte. Teil *Pfahlbauer und Pfahlbauten*“, online.

Ich bin zwar keine Historikerin, dennoch wage ich zu behaupten, dass in solchen Schilderungen etwas fehlt. Könnte eine außerirdische Existenz – ohne Ahnung von menschlichen Familienverbänden – diesen Text lesen, hätte sie wahrscheinlich ein ziemlich absurdes Bild von den Pfahlbauern. Zudem stellt sich die Frage: Wie sind sie entstanden? Sind sie wie Pilze aus der Erde geschossen?[29]

Die enorme Wichtigkeit einer unparteiischen Sprache wird demgemäß auch für historische Texte deutlich. Denn, wird nur die Hälfte der Menschen beschrieben, ergibt sich bestenfalls auch nur eine halbe Wahrheit. Allein schon um einem wissenschaftlichen Anspruch gerecht zu werden, kann die weibliche Seite der Welt nicht einfach ignoriert und das Geschichtsbild derart verfälscht werden. (Oder geschieht auch das im Interesse der besseren Lesbarkeit?)

Ich kehre zurück zur anfangs gestellten Frage: Wird die Lebenswelt der Frauen vergessen, weil sie im wahrsten Sinn des Wortes nicht zur Sprache kommen? Empirische Studien bestätigen jedenfalls die Hypothese: Die sprachliche Ausblendung führt auch zu einer mentalen Verdrängung, da eine indifferente gedankliche Repräsentation schwer möglich ist. Die Verwendung des GM aktiviert das Konzept Mann im Gehirn schneller als das Konzept Frau.

Es gibt also gute Gründe, den patriarchalen Sprachgebrauch zu kritisieren und eine gerechte Präsenz von Frauen im Diskurs zu fordern.

Empirische Befunde

„Der Frage nach der Interpretation des generischen Maskulinums [wird] schon ab Beginn der siebziger Jahre empirisch nachgegangen".[30] Im Wesentlichen wird unter-

29 Dementsprechend finden sich womöglich auch Fehler in den Rekonstruktionen. Bei einem Besuch dieses Freilichtmuseums mit meiner Mutter hat sie eine interessante Frage gestellt: „Wie gelang es den Frauen, ihre Kinder groß zu ziehen? Warum sind die Kleinen nicht ins Wasser gefallen? Die Brücken zwischen den Häusern sind nur mit dünnen und für Kinder viel zu hoch angebrachten Latten versehen. Und auch vor den Häusern fehlen entsprechende Zäune." Die Frage hat einiges für sich: Sind die entsprechenden Rekonstruktionen korrekt, dann hatten die Frauen tatsächlich erhebliche Probleme, die Kinder zu hüten. Viele wären höchstwahrscheinlich ertrunken. Als meine Mutter auf einer Antwort des Museumsführers beharrte, erklärte er schließlich: „Gut, einige werden schon hineingefallen und untergegangen sein."

30 Stahlberg/Sczesny (2001).

sucht, welche Folgen ein patriarchaler Sprachgebrauch nach sich zieht und ob er sich nachteilig für Frauen bzw. privilegierend für Männer auswirkt.
Es gibt sehr viele derartige Versuchsreihen:[31] z.B. die Tests von Rummler (1995) mit Grundschulkindern;[32] die Experimente von Rothmund/Scheele (2004), welche neben den Wirkungen des GM und alternativer Formen u.a. auch die sog. Generalklausel untersuchten; weiters die Versuche von Heise (2000 und 2003), die ein Hauptaugenmerk auf die Frage nach der mentalen Repräsentation von Frauen bei der Verwendung des GM richtete. Andere Forscherinnen wiederum untersuchten die Reaktions- und Lesezeiten bei der Verarbeitung von Texten, so z.B. Irmen/Kaczmarek (2000) bzw. Irmen/Roßberg (2004).
Alle Tests zur Wirkung des GMs bzw. alternativer Ausdrucksweisen zeigen im Wesentlichen, dass eine männliche Sprachform auch männliche Vorstellungen impliziert.
Bekannt geworden sind z.B. auch die Tests von Stahlberg/Sczesny (2001), die hier – pars pro toto – ausführlicher behandelt werden sollen.[33] Die beiden Sozialpsychologinnen analysierten unter dem Titel Effekte des generischen Maskulinums und alternativer Sprachformen auf den gedanklichen Einbezug von Frauen die „Sichtbarkeit von Frauen in Bereichen der Gesellschaft wie Politik oder Kultur"[34]. Zu diesem Zweck wurden vier verschiedene Studien durchgeführt, welche die mentale Repräsentation von Personenbezeichnungen in verschiedenen Formen klären sollten. Es stellte sich also die Frage, wie GM, neutrale bzw. abstrakte Formulierungen, Beidnennung und Binnen-I interpretiert werden bzw. welche Wirkung sie haben.
– Studie 1: Nennung von beliebten Persönlichkeiten: 96 Testpersonen beteiligten sich an einer Untersuchung, „in der angeblich die Unterschiede zwischen Studierenden und Nicht-Studierenden in einem Fragebogen zu persönlichen Meinungen und Vorlieben

31 Vgl. dazu die ausführliche Darstellung dieses Themas bei Kusterle (2010).
32 Die Autorin ließ Grundschulkinder Bilder zu Personenbezeichnungen malen. Untersucht werden sollte u. a., „welche Merkmale [...] Begriffe in der Vorstellungswelt der Kinder besitzen". Rummler (1995), 179. Die Kinder sollten z. B. Sportler oder Verkäufer zeichnen. Es stellte sich heraus, dass der Gebrauch der Sprachform einen großen Einfluss auf die Vorstellungen der Kinder hatte.
33 Die Kenntnis dieser Experimente liefert im Alltag stichhaltige Argumente für einen geschlechtergerechten Sprachgebrauch. Ich habe die Erfahrung gemacht, dass selbst Personen, welche die Notwendigkeit einer unparteiischen Sprache absolut negieren, durch den Hinweis auf experimentelle Befunde zugeben, die Verwendung einer androzentrischen Sprache könnte „gewisse Probleme" machen.
34 Stahlberg/Sczesny (2001), 134.

erkundet werden sollten [...] Die kritischen sechs Fragen betrafen dabei die Aussagen der Befragten über ihren liebsten Romanhelden, ihren Helden in der Wirklichkeit, ihre Lieblingsmaler, -musiker und -sportler. Neben der im generischen Maskulinum formulierten Fragebogenvariante gab es zwei weitere Sprachversionen: Geschlechtsneutrale Formulierungen der kritischen Items (Ihre liebste heldenhafte Romanfigur) und die Beidnennung (Ihre liebste Romanheldin, Ihr liebster Romanheld)."[35]

Das Ergebnis von Studie 1 zeigte, dass sich das GM nachteilig für Frauen auswirkt, denn die Befragten nannten mehr weibliche Personen, wenn die Frage – statt des GM – mit neutralen Formulierungen oder in der Beidnennungsform gestellt wurde. „Das Experiment zeigt, daß der Abruf weiblicher und männlicher Exemplare aus dem Gedächtnis [...] durch die Verwendung der verschiedenen Sprachversionen beeinflußt wird."[36]

– Studie 2: Die Kandidatur für eine Wahl: In dieser Versuchsreihe wurden 120 Studierende aufgefordert, eine Wahlempfehlung abzugeben. Sie sollten angeben, welche Person sie der SPD bzw. der CDU zur Kandidatur für das Kanzleramt vorschlagen würden – also wer bei der nächsten Wahl kandidieren solle. Dabei wurden die Fragen entweder im GM gestellt oder als Beidnennung formuliert.

Ergebnis: Wie bei Studie 1 konnte auch hier nachgewiesen werden, dass das GM schädliche Folgen für Frauen haben kann. „Hier erwies sich die Sprachversion als ein signifikanter Einflußfaktor[37] [...] Wurden in der Frage explizit beide Geschlechter angesprochen, wurden deutlich mehr Frauen als Männer genannt."[38]

– Studie 3: Aufzählung berühmter Persönlichkeiten: „Während in Studie 1 nach persönlichen Präferenzen bei der Nennung berühmter Persönlichkeiten gefragt wurde,"[39] lag das Interesse der 3. Versuchsreihe darauf, „ob die bloße kognitive Verfügbarkeit von weiblichen und männlichen berühmten Persönlichkeiten davon abhängt, in welcher Sprachform um eine Aufzählung gebeten wird."[40] Die kritischen Fragen wurden daher wechselweise in den Sprachformen GM, Beidnennung oder Binnen-I gestellt.

---

35 Stahlberg/Sczesny (2001), 134.

36 Stahlberg/Sczesny (2001), 135.

37 „Eine häufigere Nennung von Frauen bei geschlechtergerechter Sprache [...] erfolgt [nur dann], wenn in der abgefragten Kategorie Frauen plausiblerweise vertreten sind". Stahlberg/Sczesny (2001), 135.

38 Stahlberg/Sczesny (2001), 135.

39 Stahlberg/Sczesny (2001), 136.

40 Stahlberg/Sczesny (2001), 136.

Zu diesem Zweck sollten 90 Personen einen Fragebogen ausfüllen, „in dem angeblich der Zusammenhang von Medienkonsum und Gedächtnispräsenz von berühmten Persönlichkeiten untersucht werden sollte.“[41]
Ergebnis: Auch dieses Experiment bestätigte eine diskriminierende Wirkung des GM für Frauen, denn bei der Verwendung dieser Sprachform „wurden weniger Frauen genannt als in der Bedingung ‚Beidnennung‘ und insbesondere als in der Bedingung ‚Großes I‘“.[42] Alternative Sprachformen begünstigen den gedanklichen Einbezug von Frauen in signifikanter Weise. Besonders positiv wirkt sich das Binnen-I aus – womöglich auch deshalb, weil es irrtümlich als reines Femininum verstanden werden kann.
– Studie 4: Zuordnung von Personen: Diese Versuchsreihe prüfte, ob Frauen als Teil einer gemischtgeschlechtlichen Gruppe gleich schnell mitgedacht werden, wenn diese Gruppe im GM beschrieben wird. Zur Klärung des Sachverhaltes wurden Bild-Text-Aufgaben ausgearbeitet. 96 Befragte sollten so schnell wie möglich beurteilen, ob Bild und Text zusammenpassen. Beim Test wurde zunächst ein Wort eingeblendet (z.B. Sportler?) und darauf ein Bild (z.B. von Margaret Thatcher). Die Versuchspersonen hatten zu entscheiden, ob „diese Stimulusperson der genannten Kategorie zugeordnet werden kann oder nicht“[43]. Die Zuordnung erfolgte durch Betätigen einer Ja- oder Nein-Taste, wobei die Reaktionszeiten erfasst wurden.[44] Die Einblendung der Kategorienbegriffe erfolgte in den Sprachversionen GM, Beidnennung oder Binnen-I. Abschließend mussten die Versuchspersonen noch einen Fragebogen ausfüllen, der ihre Einstellung zu einem geschlechtergerechten Sprachgebrauch sichtbar machen sollte.
Die Auswertung lieferte zwei verschiedene Ergebnisse:
1) Bei Personen mit einer positiven Einstellung zu einem geschlechtergerechten Sprachgebrauch wirkte sich das GM ungünstiger für Frauen aus, denn hier wurde auf weibliche Personen langsamer reagiert als auf männliche.[45] Das Binnen-I hingegen zeigte, dass auf männliche Stimuluspersonen langsamer reagiert wurde.[46] Bei Beidnennungen hingegen kam es zu keinen Verzögerungszeiten.

41 Stahlberg/Sczesny (2001), 136.
42 Stahlberg/Sczesny (2001), 136.
43 Stahlberg/Sczesny (2001), 136.
44 Zur Ermittlung der individuellen Reaktionszeit wurden *neutrale* Fragen gestellt (z.B. Wort: *Geschirr?*/Bild: Tasse).
45 Stahlberg/Sczesny (2001), 137.
46 Stahlberg/Sczesny (2001), 137.

2) Bei Personen mit negativer Einstellung zu einem geschlechtergerechten Sprachgebrauch ergaben sich in keinem Fall verzögerte Reaktionszeiten. Dieser Befund bedeutet u.U., dass „Änderungen in der gesellschaftlichen Einstellung zum Gebrauch geschlechtergerechter Sprache [...] zu unterschiedlichen Interpretationen des generischen Maskulinums führen können. Je selbstverständlicher und gesellschaftlich akzeptierter der Gebrauch alternativer Sprachformen"[47] wird, umso missverständlicher kann das GM werden.
Die umfangreichen Studien von Stahlberg/Sczesny beweisen wie auch andere diesbezügliche Untersuchungen insgesamt die diskriminierende Wirkung des GM für Frauen. Eine partriarchale Sprachform kann „dazu führen, dass Frauen gedanklich in einem geringeren Maße einbezogen oder repräsentiert werden. Dieser Befund kann als gesichert gelten. In allen vier vorgestellten Studien führte der Gebrauch des generischen Maskulinums zu einem geringeren gedanklichen Einbezug von Frauen im Vergleich zu alternativen Sprachformen."[48]
Eine neue und sehr detaillierte Untersuchung zu diesem Thema wurde von Kusterle (2010) durchgeführt. Sie geht von der Annahme aus, „dass der Sprachgebrauch einen Einfluss auf die in einer konkreten Kommunikationssituation evozierte Wahrnehmung und das Denken hat und dass ein sexistischer Sprachgebrauch daher zu einer dementsprechenden Konstruktion der Wirklichkeit führt."[49] Diese Hypothese bestätigt die Autorin durch mehrere empirische Befunde.

Resümee

Die Sprachform wirkt sich in allen Bereichen entscheidend auf die Konzeptualisierung aus.[50] Frauen sind bei der Verwendung maskuliner Formen gedanklich keineswegs in gleicher Weise präsent wie Männer. Wir werden eben nicht entsprechend mitgedacht. Durch einen patriarchalen Sprachgebrauch werden Frauen mental zurückgestellt. Wir haben demgemäß auch keinen gleichwertigen Platz in der Wirklichkeit.
Damit schließt sich der Kreis und ich komme zurück auf die anfängliche These: Sprache

47 Stahlberg/Sczesny (2001), 138.
48 Stahlberg/Sczesny (2001), 137.
49 Kusterle (2010), 117.
50 Vgl. Kusterle (2010), 137.

ist weit mehr als ein Ausdrucksmittel, das eine vorgefundene Wirklichkeit bloß passiv abbildet. Lebenswelten sind diskursiv erzeugt. Werden Frauen sprachlich vernachlässigt, vernachlässigt mann eine gerechtere Welt. Das generische Maskulinum erweist sich als die erlaubte und regelhafte Diskriminierung des Weiblichen.[51]

Bibliographie

Bahnsen, Ulrich (2010): Die Formel Sapiens, in: Die Zeit 5/2010, Hamburg.

Brennicke, Axel (2004): Eine Mimose für vierzehn Studenten, in: Die Zeit 39/2004, Hamburg.

Bauer, Brigitte (2005): Raub der Flammen, in: active beauty 3/2005, Hg. dm drogeriemarkt GmbH.

Bublitz, Hannelore (2002): Judith Butler zur Einführung. Hamburg: Junius.

Derra, Aleksandra (2011), Nicht-dualisierende Redeweise und weibliche Subjektivität, in: Riegler, Alexander/Weber, Stefan, Hg.: Die Dritte Philosophie. Kritische Beiträge zu Josef Mitterers Non-Dualismus, 2. Aufl. Weilerswist: Velbrück Wissenschaft, 215–227.

Ender, Andrea/Mairhofer, Elisabeth (2005): Nur ein Streit um Worte? Überlegungen zum generischen Maskulinum, in: AEP Informationen. Feministische Zeitschrift für Politik und Gesellschaft 3/2005, Innsbruck: Hg. und Verlag Arbeitskreis Emanzipation und Partnerschaft, 7–11.

Fasser, Manuel (2005): Ein Stück Disney-Land an der Uni, in: Tiroler Tageszeitung, Montag, 3. Oktober 2005, Innsbruck.

Förster, Heinz von (2002): In jedem Augenblick kann ich entscheiden, wer ich bin, in: Pörksen, Bernhard, Hg. (2002): Die Gewissheit der Ungewissheit. Gespräche zum Konstruktivismus. Heidelberg: Carl-Auer-Systeme Verlag.

---

51 Natürlich ist die Diskriminierung durch das GM nur ein Teil der sprachlichen Diskriminierung. Sprachliche Unterdrückung findet sich ebenfalls in sexistischen Redewendungen und Metaphern, in Witzen oder auch im generellen Verschweigen von weiblichen Leistungen. „Die sexistische Tendenz betrifft nicht [nur] das Sprachsystem an sich, sondern die Sprachnorm, also den allgemein üblichen Sprachgebrauch. Deshalb ist auch der Umkehrschluss nicht zulässig, dass Frauen in Gesellschaften mit Sprachen ohne Genusmarkierung bei Personenbezeichnungen (z.B. Türkisch, Englisch, Neu-Persisch) gerechter behandelt werden". Ender/Mairhofer (2005), 9.

Heise, Elke (2000): Sind Frauen mitgemeint? Eine empirische Untersuchung zum Verständnis des generischen Maskulinums und seiner Alternativen, in: Sprache & Kognition 19, 3–13, Bern: Verlag Hans Huber.

Heise, Elke (2003): Auch einfühlsame Studenten sind Männer. Das generische Maskulinum und die mentale Repräsentation von Personen, in: Verhaltenstherapie und Psychosoziale Praxis 35, 285–291.

Hornscheidt, Antje Lann (2011): Gastvortrag am 30. Mai 2010: Rassismus auf gut deutsch, gehalten an der Universität Innsbruck (eigene Mitschrift).

ILS-Mail (2/2010): fehlerhaft, hg. von Schratz, Michael, Innsbruck: Institut für LeherInnenbildung und Schulforschung.

Irmen, Lisa/Kaczmarek, Nadja (2000): Beeinflusst das grammatische Geschlecht die Repräsentation von Personen in einem mentalen Modell? Ein Vergleich zwischen einer englischsprachigen und einer deutschsprachigen Stichprobe. Vortrag auf dem 42. Kongress der Deutschen Gesellschaft für Psychologie, 24.–28.09.2000, Jena.

Irmen, Lisa/Roßberg, Najda (2004): Gender markedness of language. The impact of grammatical and nonlinguistic information on the mental representation of person information, in: Journal of Language and Social Psychology 23, 272–307.

Kargl, Maria/Wetschanow, Karin/Wodak, Ruth (1999): Kreatives Formulieren. Anleitungen zu einem geschlechtergerechten Sprachgebrauch. 2. Aufl., Wien: Institut für Sprachwissenschaft der Universität Wien, Angewandte Sprachwissenschaft (= Schriftenreihe der Frauenministerin 13).

Klemperer, Victor (1996, Erstveröffentlichung 1947): LTI. Notizbuch eines Philologen. Leipzig: Reclam Verlag.

Krupa, Matthias (2006): Furchtbar populär, in: Die Zeit 38/2006, Hamburg.

Kusterle, Karin (2010): Die Macht der Sprachformen. Perzeptionsanalysen zur sprachlich beeinflussten Konzeptualisierung von Gender. Graz: Unpubl. Phil. Diss, Institut für Germanistik.

Maturana, Umberto R./Pörksen, Bernhard (2002): Vom Sein zum Tun. Die Ursprünge der Biologie des Erkennens. Heidelberg: Carl-Auer-Systeme Verlag.

Mitterer, Josef (2001): Die Flucht aus der Beliebigkeit. 2. Aufl., Frankfurt am Main: Fischer.

Nietzsche, Friedrich (2000, Erstausgabe 1873): Über Wahrheit und Lüge. Ein Essay, Aphorismen und Briefe, hg. von Dietzsch, Steffen. Frankfurt am Main: Insel.

Pusch, Luise (1999): Die Frau ist nicht der Rede wert. Frankfurt am Main: Suhrkamp.

Rothmund, Jutta/Scheele, Brigitte (2004): Personenbezeichnungsmodelle auf dem Prüfstand. Lösungsmöglichkeiten für das Genus-Sexus-Problem auf der Textebene, in: Zeitschrift für Psychologie 212 (1), 40–54.

Rummler, Ulrike (1995): Ärztin oder Arzt? Eine psycholinguistische Untersuchung zum generischen Gebrauch des Maskulinums bei Grundschulkindern, in: OBST – Osnabrücker Beiträge zur Sprachtheorie 51: Schriftaneignung und Schreiben, 173–189.

Stahlberg, Dagmar/Sczesny, Sabine (2001): Effekte des generischen Maskulinums und alternativer Sprachformen auf den gedanklichen Einbezug von Frauen, in: Psychologische Rundschau 52 (3), Göttingen: Hogrefe, 131–140.

Wetschanow, Karin (2007): Über das Verhältnis von Sprache und Geschlecht, in: Buchmayr, Maria, Hg.: Geschlecht lernen – gendersensible Didaktik und Pädagogik. Innsbruck: Studien Verlag (= Studien zur Frauen- und Geschlechterforschung 6).

Online-Quellen

„Schweizer Geschichte. Pfahlbauer/Pfahlbauten", online unter:
http://www.geschichte-schweiz.ch/pfahlbauer-pfahlbauten.html (Zugriff am 06.07.2011).

Strache, H.C. (2008): „Strache's Geschlechtsteile-Sager", online unter:
http://www.youtube.com/watch?v=i_bfpVZix-w (Zugriff am 26.03.2013).

Argumentationsstrategien bei der Herstellung von Biologismen[1]

Claudia Posch

In ihrem 2010 in Applied Linguistics erschienenen Aufsatz *Sex/Gender, Language and the New Biologism* zeichnet die schottische Linguistin Deborah Cameron ein Bedrohungsszenario für das Gebiet der Linguistik, insbesondere aber für den Teilbereich der Feministischen Linguistik bzw. der *Language and Gender* Ansätze. Sie stellt ein Erstarken von biologistischer Argumentation in den Geisteswissenschaften fest, welches in erster Linie die Psychologie, die sogenannten kognitiven Wissenschaften und die Kulturwissenschaften betrifft. Augenscheinlich wird der Trend zu biologistischer Argumentation laut Cameron besonders in Debatten um das Verhältnis von Sprache und Geschlecht. Sie sieht durch den Gebrauch von Biologismen als Argumentationsstrategie die Ergebnisse einer ganzen Forschungsrichtung in Frage gestellt, deren Resultate bisher hauptsächlich mit kulturellen Erklärungsmodellen interpretiert wurden.[2]

Was ist unter Biologismen zu verstehen?

Mit dem Begriff „New Biologism" fasst Cameron unterschiedliche Ansätze zusammen, die versuchen geschlechtsspezifizierende Verhaltensweisen (insbesondere

1 Eine Kurzfassung des Beitrags ist erschienen in Posch (2010).
2 Cameron (2009), 173.

Sprach-/Sprechverhalten) durch Referenz auf *die Evolution* bzw. *die Biologie* zu erklären. Gleichzeitig würden von den VertreterInnen solcher Ansätze sozio-kulturelle Erklärungen abgelehnt und teilweise sogar diskreditiert:

> „High-profile commentators like Steven Pinker (2002) cite new discoveries in rapidly advancing fields such as genetics and neuroscience to argue that biologism is now the 'cutting edge' approach to sex/gender, while socio-cultural approaches are outmoded and discredited, maintained more for reasons of 'political correctness' than because the evidence supports them."[3]

Gerade populäre Wissenschaftspersönlichkeiten wie eben Pinker werden wiederum häufig und gerne in den Massenmedien zitiert. So erlangen die von Cameron als kritisch gewerteten Aussagen dieser „High-profile commentators" weite Verbreitung. Die Ansätze, auf die sich Cameron bezieht, sind sehr heterogen, jedoch liegen ihnen gemeinsame Implikationen zugrunde und sie argumentieren auf ähnliche Art. Auch diverse Ansätze des „neuro-turn"[4] in den Natur- und Geisteswissenschaften bedienen sich ähnlicher Argumentationsschemata.
Folgende drei Inhalte werden von Cameron[5] als gemeinsame Argumentationsgrundlage der unterschiedlichsten Ansätze festgestellt:

1) Die Evolutionstheorie sei die „plausibelste Erklärung für die Art wie Menschen denken, fühlen und handeln"[6]. Vor allem die Evolutionspsychologie (EP) argumentiere auf diese Weise in Bezug auf das menschliche Verhalten. Diese „Wissenschaft der menschlichen Natur" setze das menschliche Bewusstsein ebenso wie den menschlichen Körper als ein Produkt Darwinistischer Evolution. Daraus folge unter anderem, dass der menschliche Geist darauf ausgelegt sei, sich in eine für das Überleben vorteilhafte Richtung zu entwickeln. Aufgrund „natürlicher Selektion" würden bestimmte genetische Eigenschaften, die einen Überlebensvorteil bringen, bevorzugt weitergegeben und auf diese Weise verbreitet.

---

3 Cameron (2009), 174; Pinker (2002).
4 Gallotti et al. (2012).
5 Cameron (2009), 176 f.
6 Ebd.

2) „Für die EP sind die Bedingungen, um die menschliche Natur zu verstehen, aber nicht diejenigen, in denen wir heute leben, sondern diejenigen, in denen sich unsere Spezies entwickelt hat vor vielen, vielen tausend Jahren.“ [7] Diese *Out-of-Africa-Story*[8] der evolutionären Entwicklung, wie sie aus populären Medien geläufig ist, fußt auf den von Cameron beschriebenen Ansätzen: Der moderne Mensch bestehe aus den Genen unserer Vorfahren, welche als kleine Gruppen von *Jägern und Sammlern* die Ebenen Afrikas durchstreiften und sich dabei ständig in Lebensgefahr befanden. Unsere menschliche Natur sei weiters noch immer auf diese Weise geformt, an diese vergangenen Umstände angepasst. Heutige Verhaltensweisen seien somit Artefakte einer längst vergangenen Zeit.

3) In Bezug auf Genderung findet sich eine weitere implizite Grundaussage in biologistischen Diskursen, nämlich die, dass in dieser frühen Menschheitszeit die Rollen, die Männer und Frauen einnahmen, ganz klar und scharf getrennt gewesen seien: Frauen sammelten/Männer jagten; Frauen erzogen die Kinder/Männer kämpften gegen andere Männer. Deshalb hätten die zwei Geschlechter sich im Lauf der Evolution so angepasst, dass sie über unterschiedliche Fähigkeiten und Eigenschaften verfügen, so wären zum Beispiel Frauen demnach einfühlsamer, Männer aggressiver. Besonders gerne werden hier Geschichten über die Urmenschen und Jäger-und-Sammler-Geschichten als Erklärung für das heutige Sprachverhalten herangezogen.[9]

Die Diskussionen gerade über sprachbezogene Unterschiede zwischen den Geschlechtern stützen sich dabei auf zwei Arten von Beweisen:

> „One is the laboratory-based work of neuro- and psycholinguists investigating male–female differences in verbal ability and/or the functional organization of language in the brain. The other is research – often conducted originally by socio- or applied linguists and linguistic anthropologists – on naturally occurring verbal behaviour among men and women in modern speech communities.“[10]

---

7 Cameron (2009), 176 f.

8 Die eurozentrische Rezeption der *Out of Africa*-Theorien ist außerdem geprägt von zahlreichen Rassismen. In diesem Zusammenhang wäre ein ähnliches Modell vorstellbar, basierend auf Hornscheidts Modell der Äußerungsformen von Rassismen. Für eine differenzierte Analyse des Begriffs „Afrika“ im deutschen Kontext siehe: Nduka-Agwu/Hornscheidt (2010), 223 ff.

9 Cameron (2009), 176 f.

10 Cameron (2009), 176 f.

Die Argumentation mit *Biologismen* ist daher als Häufung sexistischer Argumentationsstrategien zu werten, welche in unterschiedlichen Diskursen zum Vorschein kommen, unterschiedliche Äußerungsformen von Sexismen beinhalten und bestimmte Argumentationsmuster aufweisen. Basierend auf Camerons Aufsatz soll hier nun ein Analysemodell für Biologismen dargestellt und durch einige ausgewählte Beispiele illustriert werden. Folgende drei Analysesäulen sind zentral für das vorgestellte Modell:

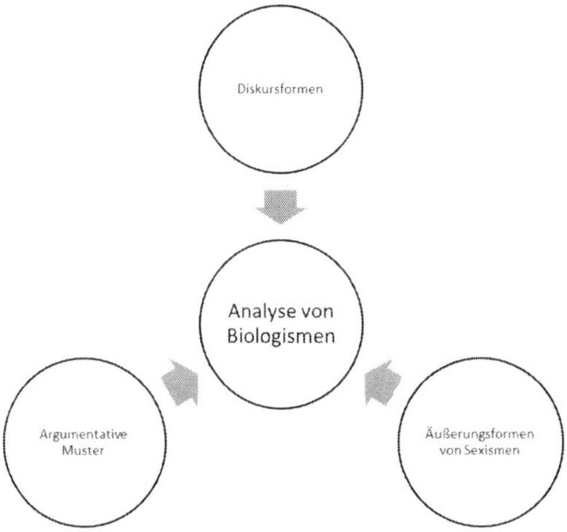

Abb. Analysemodell für biologistische Argumentation

1) Aufschlüsselung unterschiedlicher Diskursformen, welche Biologismen beinhalten

Nicht näher unterschieden wird bei Cameron die textuelle Einbettung der Biologismen in unterschiedlichen, jedoch auf einander bezugnehmenden Diskursen. Gemeint sind hiermit zwei Diskursarten: Einerseits konkrete Forschungsliteratur, die biologistisch argumentiert und dadurch sexistische Vorstellungen reKonstruiert; andererseits die populärmediale Aufarbeitung der Ergebnisse der Forschungsliteratur und ihre eigene Argumentation, welche die Interpretation der Forschungsergebnisse zusätzlich stützen soll. Der Rückbezug geht also explizit von den populärwissenschaftlichen Texten auf die Forschungsliteratur. Umgekehrt bezieht sich die Forschungsliteratur nicht direkt auf populärwissenschaftliche Interpretationen. Durch die weite Verbreitung von Mediendiskursen werden stereotype Genderungen als „normal“ gesetzt und dadurch gefestigt und wiederhergestellt. Sie festigen sich als *Bias* im Weltwissen und treten auch in der Forschungsliteratur in Erscheinung. Dadurch ist es möglich, dass sie als solches *Bias* in Forschungsergebnisse einfließen und Prämissen bilden.

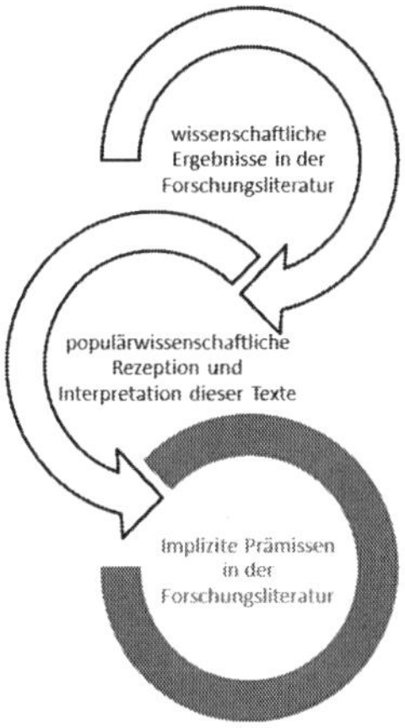

Abb. Diskurszyklus von Biologismen

Daraus ergibt sich ein wiederkehrendes Herstellen der von Cameron aufgezeigten Biologismen. Auf beiden Textebenen entsteht dadurch ein doppeltes Bias:

1) Die wissenschaftliche Forschungsliteratur reflektiert Gender-Bias überhaupt nicht und schreibt damit Stereotype in ihren Resultaten bzw. in den angebotenen Erklärungen der Resultate fort.

2) Populärwissenschaftliche Rezeptionen der Forschungsergebnisse übernehmen das Bias und rücken es in den Mittelpunkt der Erklärungen darüber, was die rezipierten Forschungsergebnisse aussagen.

Kaiser (2006) interessiert sich in diesem Zusammenhang besonders für Studien über Sprachverarbeitung. Die in diesem Zusammenhang wissenschaftlich entdeckten Unterschiede seien nicht einfach objektiv vorhanden, da bereits die Auswahl der Tests eine gewisse stereotype Vorerwartung zeige. So würden beispielsweise nicht Gedächtnisleistungen untersucht, um Sprachverarbeitung zu zeigen, sondern vor allem Tests des räumlichen Denkens und Textverständnisses gemacht. Diese sind aber bereits stark stereotyp besetzt und dadurch besonders geeignet, stereotype Verhaltensweisen zu reproduzieren.[11] Die meisten der fMRI-Experimente[12] kommen so zu dem Ergebnis, dass es gegenderte Unterschiede in der Lateralisierung des Gehirns

11 Auch werden diese beiden kognitiven Aktivitäten stets als Binäropposition konstruiert, die sich gegenseitig auszuschließen scheinen.

12 fMRI steht für funktionelle Magnetresonanztomographie (functional magnetic resonance imaging) und wird häufig zur Untersuchung kognitiver Phänomene herangezogen. Eine Übersicht über die verschiedenen Möglichkeiten kognitive Experimente mit dieser Methode durchzuführen findet sich bei Amaro/Barker (2006)

bei Sprachdaten gibt. So passiere Sprachverarbeitung bei Frauen vernetzter („bilaterality") und sei bei Männern links-hemisphärisch.[13] In einer eigenen Studie gelang es Kaiser ein genau umgekehrtes Ergebnis mit fMRI-Experimenten zu erzielen.[14] Kaiser verweist in diesem Zusammenhang auf die Unkenntnis von NeurowissenschaftlerInnen hinsichtlich ihrer Rolle beim Herstellen von Gender. Populärwissenschaftliche Beiträge übernähmen gerne Material aus neurowissenschaftlichen Studien, ohne jedoch wirkliche wissenschaftliche Erkenntnisse zu rezipieren.[15] Sie kritisiert, dass genau jene Studien, die die erwarteten Unterschiede beweisen, viel häufiger publiziert werden (bzw. in höher gerankten Journals) als diejenigen, die keine Unterschiede finden. Zu einer ähnlichen Auffassung gelangt Schmitz:

> „Detaillierte Analysen der Genderforschung haben systematisch ‚methodische Verzerrungen' (u.a. Anzahl der Versuchspersonen, Auswahl/Weglassen von Befunden, Differenzstatistik) aufgezeigt, die einen Vergleich von Studien fraglich machen. Unzulässige Generalisierungen von Einzeluntersuchungen auf generelle Gesetzmäßigkeiten (alle Frauen – alle Männer – die generellen Fähigkeiten) wurden deutlich. Insbesondere in der populärwissenschaftlichen Verbreitung tauchen weder die gegensätzlichen Befunde noch die methodischen Variationen auf. Die Wissensproduktion ist fokussiert auf die ‚Entdeckung' von Geschlechterdifferenzen, nicht auf Überschneidungen oder Variabilitäten."[16]

Die Suche nach und das Finden von Geschlechterdifferenzen führt zu grundlegenden Sexismen in beiden Diskursformen: den wissenschaftlichen und noch viel stärker den populärwissenschaftlichen.

13 Kaiser (2006), 12.
14 Vgl. Kaiser et al. (2007).
15 Kaiser (2006), 3.
16 Schmitz (2012), 243.

2) Realisierungsebenen von Sexismen

Folgende sprachliche Realisierungsebenen von Sexismen (z.T. nach Hornscheidt[17]) kommen in biologistischen Diskursen besonders häufig vor:

a) AndroGenderung
b) FemGenderung[18]
c) ZweiGenderung
d) CisGenderung
e) KategorialGenderung

ad a) Der Begriff AndroGenderung, wie von Hornscheidt vorgeschlagen, entspricht in etwa dem in der Literatur als MAN-bias bezeichneten Phänomen: „In other words, just as a robin is a more prototypical bird than is a chicken [...] a male is a more prototypical human than is a female.“[19] Gemeint ist mit AndroGenderung also die repetitive Herstellung des Mannes als dem prototypischen Menschen. In Analogieargumenten, wie sie sich häufig in biologistischen, evolutionistischen Diskursen finden, führt das Prinzip der AndroGenderung häufig zu einer fehlerhaften Prämisse. Durch Verdrehung von Implikans und Implikat entsteht ein „error fundamentalis“, aus dem im Diskurs weitere Irrtümer folgen:
Es gilt: Wenn etwas ein Mann ist, dann ist es ein Mensch.
Daraus folgt jedoch nicht: Wenn etwas ein Mensch ist, dann ist es ein Mann.
ad b) FemGenderung: Dem Konzept der AndroGenderung hinzuzufügen wäre hier noch FemGenderung: Gemeint ist hier die Setzung *Female-As-Norm* (FAN). In Bezug auf weibliche Generika spricht Motschenbacher davon, dass das Potential der FAN-Setzung „seems to be restricted to certain domains such as childcare, dancing, appearance and low-status occupations.”[20] Das heißt also, diese FAN-Setzungen sind nicht als bloße Umkehrung von MAN-Setzungen zu werten, sondern sie wirken ebenfalls sexistisch gegen Frauen, weil Frauen nur in jenen Bereichen als Norm gesetzt werden, in denen Männer stereotyperweise nicht als Norm gelten wollen.

17 Für eine ausführliche Beschreibung siehe: AG Einleitung (2011); Hornscheidt unterscheidet außerdem noch HeteraGenderung und ReproGenderung.
18 Nach Motschenbacher (2010).
19 Hamilton (1991), 394.
20 Motschenbacher (2010), 104.

ad c) ZweiGenderung[21] ist ein implizites Prinzip in Diskursen, die biologistisch argumentieren. Dieser Begriff meint das Beharren darauf, dass es zwei ganz klar und genau abtrennbare Geschlechter gibt, und zwar entweder Frauen oder Männer, *tertium non datur*. Als universal gesetzt werden dabei die zwei Aussagen, dass es die Kategorien *Frau* und *Mann* gibt und diese ganz klar voneinander abgrenzbar sind. ZweiGenderung bildet zusammen mit CisGenderung (s.u.) eine Grundlage für biologistische Argumentationen. Oftmals sind die Implikationen der ZweiGenderung die Voraussetzung für Vergleiche wie sie gerne als in „Neuro-Studien" gestellte Forschungsfragen formuliert werden, welche wiederum mit ZweiGenderung beantwortet werden.

Letztlich können Vergleichskonstruktionen, die mit männlich/weiblich operieren, häufig als fehlerhafte Binarisierungen gewertet werden. Wenn man Geschlecht eben nicht als „strictly binary identity – i.e. female and male seen as biologically based, mutually exclusive and monolithic categories"[22] betrachtet.

ad d) CisGenderung setzt ZweiGenderung voraus und bedeutet, dass das Geschlecht einer Person unveränderbar und stabil ist. Zumeist wird CisGenderung implizit angenommen und nicht als solche erwähnt.

ad e) KategorialGenderung ist nach Hornscheidt schließlich die Grundlage für eine häufige Schlussfolgerung, die in biologistischen Argumentationen gezogen wird: Es gibt nichts außer Geschlecht. Im Fall biologistischer Argumentation heißt das, dass angenommen wird, Forschungsergebnisse seien ausschließlich durch biologische Geschlechtsunterschiede zu erklären und nicht etwa durch kulturelle Unterschiede, Unterschiede des Milieus usw.

Ein Beispiel für die sprachliche Äußerung der oben genannten Realisierungsformen von strukturellen Sexismen ist die Formulierungstechnik des „Mitmeinens". Der Begriff „mitgemeint sein" impliziert bereits klar AndroGenderung, indem der Mann als Norm gesetzt wird. Die Formulierungsnorm, das sogenannte generische Maskulinum wird in deutschsprachigen, populärwissenschaftlichen Diskursen standardmäßig verwendet, besonders wenn es darum geht auf Ergebnisse wissenschaftlicher Studien zu verweisen, wie etwa in folgenden Beispielen (1–3):[23]

---

21 Vgl. AG Einleitung (2011), 19–34.

22 Motschenbacher (2010), 62.

23 Unterstreichungen durch die Autorin, Rechtschreibung und Fehler im Original

(1) „Forscher-Fazit"[24]
(2) „Evolutionstheoretiker fahnden derweil nach dem Hintergrund unterschiedlicher Anlagen der Geschlechter."[25]
(3) „Uneinig sind die Gelehrten über die Ursachen der Befähigungsunterschiede. Sind es Eltern und Lehrer, die den Nachwuchs – oft unbewußt – in althergebrachte Geschlechterrollen pressen und das Interesse auf vermeintlich typisch männliche oder weibliche Domänen lenken?"[26]

Frauen und Männer werden an einigen Stellen doch explizit benannt und zwar dann, wenn Geschlechtsunterschiede erklärt werden. Auch wenn bewiesen werden soll, dass die Geschlechter zwar „anders aber gleich gut"[27] seien, so wird dieser Anspruch nicht etwa durch geschlechtergerechte Sprache umgesetzt, durch welche konsequent Frauen und Männer benannt werden könnten. Frauen und Männer werden nur explizit genannt, wenn es um das Auseinanderdividieren von Fähigkeiten, Eigenschaften oder Verhaltensweisen geht. Damit stünde das Verzichten auf konsequente Beidnennung der Geschlechter sogar der Zwei- und CisGenderung, die sich ansonsten in biologistischen Texten findet, entgegen. Bei Referenzen auf „Forscher" und „Wissenschaftler" verzichten biologistische Texte jedoch auf Genderspezifizierung. Dittmann stellt beispielsweise fest, dass auch wissenschaftliche Texte häufig das Gendern der Sprache unterlassen, obwohl es der wissenschaftlichen Genauigkeit zuwider läuft.[28] Damit verweisen die Texte auf alle Realisierungsformen von Sexismen: AndroGenderung durch die Verwendung des generischen Maskulinums im Text. Zwei- und CisGenderung wird durch das Voneinander-abgrenzen von männlich/weiblich bei den Versuchspersonen/Untersuchungsergebnissen angezeigt. KategorialGenderung zeigt sich schließlich darin, dass „Geschlecht" als einzige mögliche Erklärung für Unterschiede angeboten wird.

24 Jones (2004).
25 o. A. (1996).
26 Ebd.
27 Vgl. Braun (2004).
28 Dittmann (2002), 65.

3) Argumentationsmuster

Wie gezeigt wurde, kann aus falschen Prämissen, auch wenn logisch richtig operiert wird, keine absolute Wahrheit folgen. Besonders häufig finden sich in wissenschaftlichen Publikationen (vor allem aber in deren populärmedialer Aufarbeitung) Analogieargumente und Komparation. In Kombination mit den als falsch einzustufenden Prämissen sind diese jedoch trugschlüssig, wie im Folgenden gezeigt werden kann.

Analogieargumentation:

Analogieargumentationen finden sich auch häufig dort, wo mit der „Evolution" als Schlüsselwort argumentiert wird. Cameron nennt diese Art von Argumentation „just-so-stories". Analogieargumente sind nicht automatisch trugschlüssig, sondern können als *informal fallacies* oder „falsche (schwache) Analogien" problematisch[29] sein.
Analogie-Argument: Grundschema nach Walton[30]

Similarity Premise:	Generally, case C1 is similar to case C2.
Base Premise:	A is true (false) in case C1.
Conclusion:	A is true (false) in case C2.

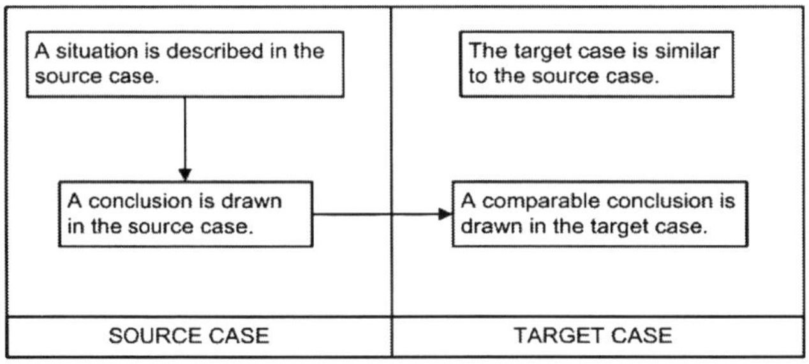

Transferprozess des Analogiearguments[31]

29 „fallacious": vgl. Govier (1997), 342 ff.; Kienpointner (2012) verweist auf Lumer, welcher Analogieargumente generell als *fallacious* einschätzt.

30 Walton (2012), 2.

31 Walton (2012), 2.

Die von Cameron angesprochenen Implikationen in den biologistischen Argumentationen lassen sich also folgendermaßen aufschlüsseln:

Similarity Premise:	Grundsätzlich waren die Urmenschen (case C1) ähnlich oder gleich wie die gegenwärtigen Menschen (case C2).
Base Premise:	A is true (false) in der Urzeit (case C1).
Conclusion:	A in der Gegenwart (case C2).

Ein Beispiel (4) verdeutlicht, wie diese Art des Analogiearguments verwendet wird, um gängige Stereotype zu erklären:

> (4) „Der Neurologe Ruben Gur: ‚Frauen mussten früher erkennen, wie die Laune der stärkeren, aggressiveren Männer war. Männer dagegen hatten von Frauen nichts zu befürchten'.
>
> Forscher-Fazit: Weil das Gehirn ein Produkt der Evolution ist, werden sich Männer immer lieber freiwillig vor den Bären stellen, um die Frau vor ihm zu beschützen, als mit ihr über Probleme zu reden."[32]

Weil Männer früher stärker und aggressiver waren und nichts von den Frauen befürchten mussten, sie also Konflikte nicht durch Kommunikation lösen mussten, tun sie es auch heute noch ungern. Ein solches Analogieargument ist nicht per se trugschlüssig, meist aber schwach.[33] Schwache Argumente werden deshalb in der angloamerikanischen Argumentationstheorie als „fallacious" gewertet.[34] Denn es ist, wie das Beispiel (4) zeigt, oft unmöglich zu prüfen ob die zwei Vergleichsglieder C1/C2 wirklich vergleichbar sind. Zudem ist außerdem die Richtigkeit der *Base Premise* niemals überprüfbar.

32 Jones (2004).

33 Vgl. Govier (1997); vgl. auch kritische Fragen für Vergleichsargumentation Kienpointner (1996): 103; siehe FN 29.

34 Vgl. Govier (1997).

Komparation als Grundlage für Analogieargumentation

Die semantische Voraussetzung für einen Vergleich ist, dass er „notwendigerweise mindestens zwei Objekte, zwischen denen hinsichtlich einer bestimmten Eigenschaft eine Gleichheits- oder Ungleichheitsbeziehung besteht“[35], beinhaltet. Wenn Frauen und Männer in biologistisch argumentierenden Texten miteinander verglichen werden, gelten folgende implizite Prämissen: Es gibt nicht nur mindestens zwei Vergleichsobjekte, sondern genau zwei (ZweiGenderung). Das männliche Element ist der Maßstab, wenn es sich um die Herausstreichung positiv konnotierter Handlungskompetenzen handelt (AndroGenderung). Das weibliche Element gilt als Maßstab, wenn es sich um positiv konnotierte emotionale Kompetenzen handelt oder um generell nachteilige Eigenschaften (FemGenderung). Linguistisch werden Vergleiche durch das morphologisch-syntaktische Mittel der Komparation hergestellt. Die Komparation besteht aus zwei Komparationskorrelata, von denen eines die Komparationsbasis und das andere das Komparandum ist: „Während die Komparationsbasis die Grundlage bzw. den Maßstab für den Vergleich bildet, ist das Komparandum die zu messende Entität, d.h. das Komparandum wird zur Komparationsbasis in Beziehung gesetzt.“[36] Die syntaktische Funktionsweise der Komparation wird dadurch zu einem geeigneten Mittel für die Herstellung von Andro- und FemGenderung. Bei AndroGenderung ist üblicherweise das „männliche“ (und alle Eigenschaften, die dem stereotyp anhaften) die Komparationsbasis während das „weibliche“ (wiederum mit allen stereotypen Eigenschaften) das Komparandum bildet.[37]

Komparation als Kombination von Andro- und FemGenderung lässt sich vereinfacht mit einer Überschrift von Braun (2004)[38] beschreiben. In ihrem Aufsatz *Reden Frauen anders? Entwicklungen und Positionen in der linguistischen Geschlechterforschung* nennt sie diese Positionen, die solche Vergleiche ziehen: „Frauen reden anders aber gleich gut“. Die Positionen, die Braun unter dieser Überschrift zusammenfasst, gehen von starken Unterschieden zwischen den Geschlechtern aus. Diese Unterschiede sei-

---

35 Albers (2007), 4.

36 Albers (2007), 5.

37 Dies gilt besonders für Vergleiche in den *Just-So-Stories*, die auf diese Weise gezogen werden, um für evolutionäre Entwicklungen zu argumentieren. Frauen sind nur dann Komparationsbasis, wenn es gilt Eigenschaften, die als typisch weiblich gelten, hervorzuheben, also wenn FAN gilt.

38 Braun (2004).

en aber gleichwertig. Die Vergleiche, die auf diese Weise gezogen werden, sind meistens mehrstrahlig. Dadurch wird versucht einer einfachen AndroGenderung zu entkommen und den Eindruck von „Geschlechtergerechtigkeit“ zu erwecken. Folgendes Muster ist oft Basis für solche Analogieargumente:

Analogietyp „Anders aber gleich gut“:

Vergleichselement 1	Vergleichselement 2
Case A) besser ist wahr	Case C) besser ist wahr
Case B) schlechter ist wahr	Case D) schlechter ist wahr

Mit diesen „anders, aber gleich gut“-Vergleichen wird versucht gewöhnlicher AndroGenderung zu entkommen, indem unterschiedliche Elemente gegenüber gestellt werden und deren Gleichwertigkeit behauptet wird. Die Schwäche der Analogie rührt also daher, dass Frauen und Männer miteinander verglichen werden (somit wird ihre Vergleichbarkeit behauptet), jedoch unterschiedliche Fähigkeiten genannt werden (somit wird Unvergleichbares verglichen).

Anwendung des Modells

Im Folgenden soll anhand einiger ausgewählter Beispiele gezeigt werden, wie die obigen Realisierungsformen von Sexismus als Prämissen für Argumentationen auf beiden Textebenen verwendet werden.
Beispielhaft wird hier die populärwissenschaftliche Rezeption einer Studie zu Geschlechtsunterschieden bei Gehirnaktivität skizziert. Der kurze Online-Artikel *Gender Differences in Language Appear Biological. Researchers have found that the areas of the brain associated with language work harder* wurde im Newscenter der Northwestern University am 11. März 2008 von Wendy Leopold veröffentlicht. Es findet sich darin auch eine Referenz auf die ursprünglich veröffentlichte Studie, auf die sich der Artikel bezieht, welche in der Zeitschrift *Neuropsychologia* unter dem Titel *Sex differences in neural processing of language among children* erschienen ist.[39] Diese

39 Burmana/Booth (2008).

Studie kommt zum Ergebnis, dass es geschlechtliche Unterschiede in der Aktivierung des Gehirns bei der Sprachverarbeitung im Kleinkindalter gibt. Einschränkend wird allerdings festgestellt, dass diese Unterschiede im Erwachsenenalter verschwinden. Interessant ist, wie die Newscenter-Meldung diese Studie reflektiert. Die Methoden und Ergebnisse der Studie werden kurz vereinfacht dargestellt, die Sprachverarbeitung bei männlichen Kindern laufe mehr über audiovisuelle Reize, während sie bei Mädchen auf einer abstrakteren Ebene funktioniere.[40] Die wichtige Information, dass diese Unterschiede sich auswüchsen, wird jedoch nicht genannt. Erwähnenswert sind die Narrationen, die in der Pressemitteilung in weiterer Folge als Begründungen für die gefundenen Unterschiede genannt werden:

> (5) „While the second explanation puts males at a disadvantage in more abstract language function, those kinds of sensory associations may have provided an evolutionary advantage for primitive men whose survival required them to quickly recognize danger-associated sights and sounds. If the pattern of females relying on an abstract language network and of males relying on sensory areas of the brain extends into adulthood – a still unresolved question – it could explain why women often provide more context and abstract representation than men. Ask a woman for directions and you may hear something like: 'Turn left on Main Street, go one block past the drug store, and then turn right, where there's a flower shop on one corner and a cafe across the street.' Such information-laden directions may be helpful for women because all information is relevant to the abstract concept of where to turn; however, men may require only one cue and be distracted by additional information."[41]

Diese Mitteilung ist in verschiedenen Internetformaten mit identischem Wortlaut erschienen und gibt nur teilweise die Ergebnisse der Studie von Burmana/Booth wieder. Die populäre Interpretation der Ergebnisse folgt der von Cameron postulierten *just-so-story*. Um Nachteile für heutige moderne Buben im Schulalter zu erklären und sie

40 Die ursprüngliche Studie kommt auch zu dem Ergebnis, dass sich genau dieser Unterschied wohl auswächst.

41 Leopold (2008), online.

letztlich aufzuwerten, wird das Analogieargument des evolutionären Vorteils erzählt. Wir seien modern, aber unsere Gehirne alt.

Similarity Premise:	Grundsätzlich waren die Urgehirne (case C1) ähnlich oder gleich wie die gegenwärtigen Gehirne (case C2).
Base Premise:	A (Frauen sprechen besser) is true (false) in der Urzeit (case C1).
Conclusion:	A (Frauen sprechen besser) in der Gegenwart (case C2).

Die Originalstudie kommt allerdings zu dem Ergebnis, dass sich Buben minimal langsamer entwickeln und die gefundenen Unterschiede wohl mit der Zeit verschwinden. Dieses Faktum wird in der populären Erklärung nicht nur ignoriert, sondern als „a still unresolved question" dargestellt. Komparative wie „langsamer" in Bezug auf die Kategorie „männlich" werden nicht ohne weiteres akzeptiert, vor allem wenn das zu vergleichende Satzelement „weiblich" heißt. Aus diesem Grund wird der gegenwärtige Nachteil in einen evolutionären Vorteil umgemünzt. Ein zusätzlicher Beweis dafür, dass „weiblich" in der Komparation „schlechter" sein muss, wird erbracht, indem auf ein weiteres altbekanntes Stereotyp verwiesen wird, nämlich Frauen seien schlechter im Geben von Richtungsanweisungen. Dadurch wird die sexistische Position der AndroGenderung im Sinne von Hornscheidt[42] wieder hergestellt: In einer Komparation habe der Mann die (positiv konnotierte) Komparationsbasis – das Element, mit dem verglichen wird – zu sein und nicht umgekehrt. Dies wird in dem Text folgendermaßen untermauert. Eine als Illustration dienende, erfundene Aussage einer Jederfrau wird als „informationsgeladen" bezeichnet. Im Unterschied zur als Norm angenommenen männlichen Art, Richtungsanweisungen zu geben wird diese Aussage als abweichend gewertet. Dies zeigt sich besonders deutlich in der Phrase: „men may require only one cue and be distracted by additional information". Auch hier wird die informationsarme Aussage als Norm konzipiert, während die informationsreiche „additional" also zusätzlich, nicht notwendig (=schmuckes Beiwerk) dargestellt wird.
Die Information ist im folgenden Beispiel noch mehr verkürzt und stammt laut Angaben von der Zeitschrift *Glamour*[43] aus dem *Lexikon der Irrtümer über Männer und Frauen*.

42 AG Einleitung (2011).
43 Hertzer/Wolfrum (2001).

> (6) „Jüngste neurotische Untersuchungen lassen vermuten, dass Männer nicht immer zuhören können. Die Sprachverarbeitung findet bei Frauen in der rechten und bei Männern in der linken Gehirnhälfte statt. Männer konzentrieren sich beim Zuhören eher auf das Wesentliche einer Mitteilung, sind zielorientierter und filtern heraus, während Frauen mehr Fantasie entwickeln."[44]

Hier fällt gleich zu Beginn der amüsante Verschreiber „neurotisch" auf. Satz Nr. 3 zeigt, dass auch in diesem Beispiel die AndroGenderung auf die gleiche Weise vorgenommen wird, mittels Komparation. Der Vergleich fällt nach dem Muster „Anders aber gleich gut" aus, wobei den Männern drei positiv konnotierte, sehr konkrete Eigenschaften zugesprochen werden. Die Attribute des Zuhörens sind automatisch positiv konnotiert und entsprechen in der Vernunft-Emotion-Dichotomie der den Männern zugesprochenen Vernunft. Die Komparation wird einerseits morphologisch geformt „zielorienter" und andererseits mit dem Element „eher", wobei ein Vergleichsglied mit „als" nicht notwendig ist. Das Weibliche wird mit „Fantasie" in Zusammenhang gebracht, wobei Fantasie natürlich nicht per se negativ konnotiert sein muss, es sehr wohl aber sein kann. „Fantasie entwickeln" fällt definitiv nicht in den Bereich der Ratio und ist auch ein weitaus abstrakterer Begriff als die dem männlichen Zuhören zugeordneten („auf das Wesentliche konzentrieren", „zielorientierter", „herausfiltern"). Die Argumentation dient also nicht in erster Linie der Erklärung „neurotischer" Forschungsergebnisse, sondern hauptsächlich der Wiederherstellung von AndroGenderung. In diesem Fall geschieht dies dadurch, dass Frauen und Männer miteinander nach dem obigen Muster verglichen werden.

Fazit

Basierend auf Camerons Ansatz wurde ein Analysemodel für biologistische Argumentationen entwickelt. Es beinhaltet folgende drei Säulen, auf denen biologistische Argumentation aufgebaut ist: (1) unterschiedliche Diskursformen, (2) Äußerungsformen von Sexismen, (3) bestimmte Argumentationsmuster. Das Modell behauptet weder alle Formen von Sexismen darstellen zu können, noch dass die dar-

44 o. A. (2009).

gestellten Argumentationsmuster als exklusiv zu verstehen sind. Zweifellos finden sich in den vorgeschlagenen Diskursformen viele weitere häufige Argumentationsmuster, auf die hier jedoch aus Platzgründen nicht eingegangen werden kann.[45] Zu prüfen wäre ebenfalls, welche weiteren Diskursformen anzunehmen sind bzw. ob vielleicht zwischen verschiedenen Medien (Internet, Druck usw.) unterschieden werden müsste.

Bibliographie

AG Einleitung (2011): Feminismus, in: AK Feministische Sprachpraxis, Hg.: *Feminismus schreiben lernen*. Frankfurt am Main: Brandes & Aspel, 12–56.

Albers, Janine (2007): *Der absolute Komparativ*. Göttingen, Münster: Cuvillier.

Amaro, Edson/Barker, Gareth J. (2006): Study design in fMRI: Basic principles, in: *Brain and Cognition* 3/60, 220–232.

Braun, Friederike (2004): Reden Frauen anders? Entwicklungen und Positionen in der linguistischen Geschlechterforschung, in: Eichhoff-Cyrus, Karin M., Hg.: *Adam, Eva und die Sprache*. Beiträge zur Geschlechterforschung. Mannheim: Duden, 9–26.

Brylla, Charlotta (2003): *Die schwedische Rezeption zentraler Begriffe der deutschen Frühromantik. Schlüsselwortanalysen zu den Zeitschriften Athenräum und Phosphoros*. Acta Universitatis Stockholmiensis. Stockholmer germanistische Forschungen. Stockholm: Almqvist & Wiksell.

Burmana, Douglas D./Bitan, Tali/Booth James R. (2008): Sex differences in neural processing of language among children, in: *Neuropsychologia*, 46, 1349–1362.

Cameron, Deborah (2009): Sex/Gender, Language and the New Biologism, in: *Applied Linguistics* 31, 173–192.

Dittmann, Jürgen (2002): Personenbezeichnungen und opake Geschlechtsreferenz am Beispiel von Wissenschaftstexten, in: Cheauré, Elisabeth u.a., Hg.: *Geschlechterkonstruktionen in Sprache, Literatur und Gesellschaft. Gedenkschrift für Gisela Schoenthal*. Freiburg im Breisgau: Rombach, 63–92.

45 Dies wird in einem Folgeprojekt anhand einer Korpusstudie überprüft.

Gallotti, Mattia/Bourgeois-Gironde, Sacha/Levallois, Clement (2012): *The Neuro-turn in European Social Sciences and Humanities: Impact of neuroscience on economics, marketing and philosophy.* Online unter: http://www.nesshi.eu/ (Zugriff am 02.11.2012).

Govier, Trudy (1997): *A practical study of argument*. 4. Aufl., Belmont: Wadsworth Pub. Co.

Hamilton, Mykol C. (1991): Masculine Bias in the Attribution of Personhood. People = Male, Male = People. In: *Psychology of Women Quarterly*, 15, 393–402.

Kaiser, Anelies/Kuenzli, Esther/Zappatore, Daniela/Nitsch, Cordula (2007): On females' lateral and males' bilateral activation during language production: A fMRI study, in: *International Journal of Psychophysiology* 63, 192–198.

Kaiser, Anelis (2006): On Geschlecht in Brain Science Experiments, in: Centre for Interdisciplinary Studies, Hg.: *Conference Proceedings – Thinking Gender – the NEXT Generation*, 1–17, online unter: http://www.academia.edu/261687/A_Cyberian_In_the_Multiverse_Towards_A_Feminist_Subject_Position_for_Cyberspace (Zugriff am: 12.10.2012).

Kienpointner, Manfred (1996): *Vernünftig argumentieren. Regeln und Techniken der Diskussion*. Reinbek bei Hamburg: Rowohlt.

Kienpointner, Manfred (2012): When Figurative Analogies Fail: Fallacious Uses of Arguments from Analogy, In: van Eemeren, Frans H., Hg.: *Topical themes in argumentation theory. Twenty exploratory studies*, Dordrecht: Springer, 111–125.

Motschenbacher, Heiko (2010): *Language, gender and sexual identity. Poststructuralist perspectives*. Amsterdam, Philadelphia: Benjamins.

Nduka-Agwu, Adibeli/Hornscheidt, Antje Lann (2010): *Rassismus auf gut Deutsch. Ein kritisches Nachschlagewerk zu rassistischen Sprachhandlungen*. Frankfurt am Main: Brandes & Aspel.

Pinker, Stephen (2002). *The Blank Slate: The Modern Denial of Human Nature.* Allen Lane.

Pober, Maria (2007): *Gendersymmetrie. Überlegungen zur geschlechtersymmetrischen Struktur eines Genderwörterbuchs im Deutschen*. Würzburg: Königshausen & Neumann (Zugl.: Wien, Univ. Diss. u. d. T.: Überlegungen zur geschlechtersymmetrischen Struktur eines Genderwörterbuches im Deutschen).

Posch, Claudia (2010): Der Neue Biologismus in den Medien. Biologistische Debatten um Sprachverhalten und Geschlecht, in: *AEP-Informationen* 2–4, online unter: http://www.aep.at/heft/stories/200 (Zugriff am: 12.10.2012).

Schmitz, Sigrid (2012): Gehirnoptimierung – (k)ein geschlechtsloses Feld?, in: Eibl, Doris G./Marion Jarosch/Ursula A. Schneider/Annette Steinsiek, Hg., *Innsbrucker Gender Lectures*, Innsbruck: IUP, 241–262.

Walton, Douglas (2012): Story Similarity in Arguments from Analogy. [uncorrected pre-print posted]. in: *Informal Logic*, 32, 190–218, online unter: http://www.dougwalton.ca/papers%20in%20pdf/12StorySim.pdf (Zugriff am: 04.10.2012).

Quellen

Begley, Sharon (1995): *Warum Frauen anders Denken als Männer*. Focus Magazin, 14, online unter: http://www.focus.de/wissen/natur/hirnforschung-warum-frauen-anders-denken-als-maenner_aid_152388.html (Zugriff am 04.11.2012).

Hertzer, Karin/Wolfrum, Christine (2001): *Lexikon der Irrtümer über Männer und Frauen. Vorurteile, Mißverständnisse und Halbwahrheiten von Autofahren bis Zuhören.* Frankfurt am Main: Eichborn.

Jones, Ally (2012): *Verblüffende Erkenntnisse über den kleinen Unterschied im Kopf*. Online unter: http://www.onlinetagebuch.com/users/ally-jones/blog/verblueffende-erkenntnisse-ueber-den-kleinen-unterschied-im-kopf (Zugriff am 09.11.2012).

Leopold, Wendy (2011): *Boys' And Girls' Brains Are Different: Gender Differences, in Language Appear Biological.* online unter: http://www.northwestern.edu/newscenter/stories/2008/03/burmangender.html (Zugriff am 19.07.2011).

o. A. (2009): *Irrtümer über Männer von A bis Z*. Online unter: http://old.glamour.de/glamour/2/3/content/00627/12/index.php (Zugriff am 19.07.2011).

o. A. (1996): Brücke der Gefühle . Unterschiede in Aufbau und Funktion männlicher und weiblicher Gehirne, in: *Der Spiegel*, 19. Online unter: http://www.spiegel.de/spiegel/print/d-8921677.html (Zugriff am 09.11.2012).

Zur Reaktualisierung eines rassistischen Bevölkerungsdiskurses – Thilo Sarrazins Schrift „Deutschland schafft sich ab“[1]

Anna Bergmann

Für Elisabeth Katschnig-Fasch (1948–2012)

> „Deutschland wird nicht mit einem Knall sterben. Es vergeht still mit den Deutschen und mit der demografisch bedingten Auszehrung ihres intellektuellen Potentials. Das Deutsche in Deutschland verdünnt sich immer mehr, und das intellektuelle Potential verdünnt sich noch schneller. Wer wird in 100 Jahren ‚Wanderers Nachtlied' noch kennen? Der Koranschüler in der Moschee nebenan wohl nicht.“[2]

In dem 2010 erschienenen Bestseller beleuchtet Thilo Sarrazin die deutsche Gesellschaft auf Grundlage demografischer Daten und setzt statistische Modellrechnungen mit einer genetischen Bewertung der in Deutschland lebenden Bevölkerung in einen Beziehungszusammenhang. Die schichtdifferenzierte Geburtenentwicklung und demografische Zukunftsprognosen dienen ihm als Passepartout für die Erklärung von gesellschaftlich widersprüchlichen Entwicklungen, die vor allem auf der mit der Globalisierung verbundenen transnationalen Migration beruhen.
Sarrazin thematisiert zentrale Krisenentwicklungen ökonomischer Transformationspro-

1 Es handelt sich um einen Vorabdruck eines Artikels, der in dem von Claudia Bruns herausgegebenen Sammelband 2013 erscheint: „Rasse“ und Raum. Dynamiken, Formationen und Transformierung anthropologischen Wissens im Raum. (Trierer Beiträge zu den historischen Kulturwissenschaften), Wiesbaden: Reichert Verlag.

2 Sarrazin (2010), 393.

zesse, denen die Migration ureigen ist, ohne allerdings komplexe Ursachen in den Blick zu nehmen. Vielmehr sind es die Menschen selbst, die er als unerwünschte Eindringlinge in eine zuvor heile Welt zum eigentlichen Problem erklärt. Die ökonomischen, sozialen und kulturellen Konflikte sowie die Paradoxien der ansonsten so begrüßten Globalisierung, die sich momentan im Zeichen epochaler Transformationen abspielt,[3] macht Sarrazin implizit zum Sujet seines Buches *Deutschland schafft sich ab*.

Schon der Titel kündigt ein Bedrohungsszenario an, denn in Sarrazins Analyse geht es um Leben oder Tod der deutschen Bevölkerung und ihrer Kultur, teilweise auch um ganz Europa. Sarrazin nutzt eine aus der deutschen Geschichte nur allzu bekannte Untergangsmetaphorik: Er prophezeit den nationalen Tod, sollte der Staat der drohenden Gefahr nichts entgegensetzen. Der Tenor seines Buches – die Aufspaltung Deutschlands in gesellschaftlich hochwertige Bevölkerungsgruppen einerseits und Populationen mit einer gefährlichen, biologisch verwurzelten Charaktertypologie andererseits – durchzieht das 463 Seiten umfassende Werk.

Wie im Folgenden zu zeigen sein wird, benutzt er für seine Zukunftsprognostik das Kategorienbesteck der Genetik, der Darwinschen Selektionsgesetze und der im 19. Jahrhundert begründeten Eugenik. 1883 hatte in England der Anthropologe Francis Galton (1822–1911) unter dem Begriff ,,eugenics" („Eugenik") – die Lehre vom Wohlgeborensein – eine erbbiologische Perspektive auf gesellschaftliche Prozesse eröffnet, die er 1904 als „National Eugenics" präzisierte.[4] Zeitgleich begründete der sozialistisch gesinnte Arzt Alfred Ploetz (1860–1940)[5] 1895 mit seiner Schrift *Die Tüchtigkeit unsrer Rasse und der Schutz der Schwachen* die Rassenhygiene als eine naturwissenschaftliche Lehre, die zwischen 1909 und 1945 und nach dem Zweiten Weltkrieg als *Humangenetik* an deutschen Universitäten im Fach Medizin gelehrt werden sollte. Seit den 1920er-Jahren gewann sie zunehmend auch an politischem Einfluss. So wurde z.B. 1920 im Preußischen Innenministerium der *Beirat für Rassenhygiene* – ein Gremium mit 13 prominenten Wissenschaftlern – etabliert.[6] Eugeniker und Rassenhygieniker griffen auf ein und dasselbe Theoriegebäude des Darwinismus zurück und standen sich auch programmatisch nahe.[7]

---

3 Vgl. Sassen (2009).

4 Vgl. Bergmann (1992), 315 Anm.: 20.

5 Vgl. zum sozialistischen Engagement von Alfred Ploetz: ebd., 328f. Anm. 155.

6 Vgl. Bergmann/Czarnowski/Ehmann (1989), 123; Weindling (1989), 340ff.; Bergmann (1992), 327f.

7 Grundlegend auch für das Folgende: Vgl. Weindling (1989), 91ff; Bergmann (1992), 57ff., 91ff.; Kühl

Sarrazin beruft sich explizit auf diese Schule, die den seit dem letzten Drittel des 19. Jahrhunderts einsetzenden Geburtenrückgang zum Ausgangspunkt einer erbbiologischen Gesellschaftsutopie machte.[8] Ein genetisch homogener „Volkskörper", bestehend aus „gesunden", „arbeitsfreudigen" und daher „glücklichen" Menschen, war über eine Korrektur des Gebärverhaltens in dem Verhältnis von sogenannten „biologisch Minderwertigen" und „Höherwertigen" zu erzeugen. Rassenhygieniker und Eugeniker griffen die sozialen Probleme des kapitalistischen Industrialisierungsprozesses auf, verknüpften die Krisenentwicklungen des 19. Jahrhunderts mit der nationalökonomischen und staatlichen Diskussion um die sinkende Geburtenziffer und stellten diese Phänomene ins Zentrum ihrer eugenischen Ordnungsvorstellung.[9]

Um die Tradierung dieser Gesellschaftsbiologie in Sarrazins Bestseller nachzuvollziehen, werde ich im Folgenden die zentralen Argumentationsstränge seines Werkes vorstellen und deren innere Verwandtschaft mit der alten Eugenik und Rassenhygiene skizzieren.[10]

Eine These möchte ich voranstellen: Sarrazin hat, wie dies in der Tradition der Rassenhygiene und Eugenik, aber auch der Demografie begründet liegt, ein grundsätzlich instrumentelles Verhältnis zu Frauen als potentiell Gebärende. Unter dem Aspekt volkswirtschaftlicher Kalkulationen sind Frauen Hauptgegenstand von Berechnungen, gesellschaftlichen Prognosen und werden auf statistische Größen reduziert. Auf Grundlage dieses demografischen Forschungskonzepts sind Akademikerinnen von Sarrazin aufgerufen, für Deutschland mehr Kinder zu gebären, um die von ihm so unterstellte genetische Qualität der deutschen Bevölkerung möglichst zu reproduzieren, wenn nicht gar zu erhöhen. Über Frauen aus Armutsschichten hingegen verhängt er implizit ein Gebärverbot. Unter eugenischen wie ökonomischen Aspekten werden sie und die von ihnen geborenen Kinder disqualifiziert. So oder so: im Status quo wird

---

(1997), 18ff.

8 Sarrazin definiert allerdings die von ihm zitierten eugenischen Referenzen um: So bezeichnet er den Begründer der Eugenik Francis Galton (1822–1911) als „Vater der frühen Intelligenzforschung", Sarrazin (2010), 93.

9 Vgl. Bergmann (1992), 114ff., 277ff.

10 Hervorzuheben ist, dass es mir nicht um eine statistische Widerlegung der Sarrazinschen Belege gehen wird. Denn Sarrazin zieht demografische und andere wissenschaftliche Untersuchungen heran, die keineswegs als pseudowissenschaftlich abzutun sind und daher einer eigenen Forschung bedürfen. Vgl. Versuche, Sarrazin zu widerlegen bzw. gänzlich andere Forschungsperspektiven zu eröffnen: Haller/Niggeschmidt (2012); Saunders (2012).

Frauen allein aufgrund ihrer Gebärpotenz eine tendenziell tödliche Macht unterstellt: entweder die deutsche Nation durch Kinderlosigkeit aufs Spiel zu setzen oder *vice versa*: Deutschland durch Fertilität zu unterminieren und zu zerstören. Dieses Weiblichkeitskonzept hat eine lange Tradition und bildete auch im Nationalsozialismus das Fundament einer rassistischen Bevölkerungspolitik.[11]

Die geburtenpolitische Diskussion über „Qualität" und Quantität

Unter der Kapitelüberschrift „Mehr Kinder von den Klugen, bevor es zu spät ist",[12] fordert Sarrazin politische Maßnahmen gegen niedrige Geburtenraten in mittleren und höheren Schichten. Ins Visier nimmt er vor allem Akademikerinnen und folgert, dass „eine unterdurchschnittliche Fruchtbarkeit der intelligentesten Frauen [...] zwingend zu einem Absinken der durchschnittlich ererbten Intelligenz"[13] führe.

Umgekehrt postuliert Sarrazin eine staatliche Politik zur Reduktion der Kinderzahl in unteren Schichten, was schließlich den eigentlichen Schwerpunkt seines Buches bildet. Vorbildlich sei die in den USA unter Bill Clinton durchgeführte Reform des Wohlfahrtssystems, die zum Ziel hatte, „die Geburtenraten der ‚Welfare Mothers' zu senken".[14] Das Geburtenverhalten müsse insgesamt in eine andere Relation gebracht werden, so „dass die Unterschicht weniger Kinder bekommt und die Mittel- und Oberschicht deutlich mehr als bisher".[15]

Mit dieser Forderung legt Sarrazin den Fokus auf ein demografisches Phänomen der Hochindustrialisierung: auf den seit Ende des 19. Jahrhunderts, mit wenigen Unterbrechungen in allen Industrieländern registrierten, kontinuierlichen Geburtenrückgang und seine schichtspezifische Ausprägung.[16] Seit dem beginnenden 20. Jahrhundert wurde diese Geburtenentwicklung von einer Untergangsprophetie begleitet, in die auch Eugeniker und Rassenhygieniker einstimmten.[17] Bevölkerungswissenschaftler

11 Vgl. dazu grundlegend Bock (1986); Eschebach/Ley (2012).

12 Sarrazin (2010), 331.

13 Ebd., 357.

14 Ebd., 383.

15 Ebd., 373.

16 Vgl. Ehmer (2004), 118ff.

17 Vgl. z.B. für Deutschland, Frankreich und Österreich: Bock (1986); Byer (1988); Lehner (1989); Czarnowski (1991); Bergmann (1992); Usborne (1994); Dienel (1995); Wolf (2008).

sprachen in Deutschland am Vorabend des Ersten Weltkrieges von einer „völkischen Gefährdung des Deutschtums". Die „Frage der Fortpflanzung" wurde z.B. 1911 seitens der Politik zur „bedeutsamste(n) für die Kulturvölker"[18] erklärt.
Rassenhygieniker und Eugeniker spitzten die Diskussion über den Geburtenrückgang auf die bevölkerungspolitische Frage nach der Relation von Quantität und „Qualität" zu. Sie thematisierten das schichtspezifische Gebärverhalten unter dem Aspekt einer „Rassendegeneration" und beklagten vor dem Hintergrund der niedrigeren Geburtenziffern des Bürgertums im Vergleich zur Geburtenrate der Armutsbevölkerung eine „Überfruchtbarkeit" bei den „rassenbiologisch Minderwertigen"[19]. In der gesellschaftlichen Bewertung des so genannten Subproletariats legten sie das seit Mitte des 19. Jahrhunderts entwickelte, psychiatrische Degenerationstheorem zugrunde und griffen damit ein damals international dominantes Erklärungsmodell für Armutsphänomene auf. So wurden die negativen Auswirkungen der Industrialisierung, wie z.B. die Zunahme der Kriminalität, Massenprostitution, von Bettlern, unehelichen Müttern und „illegitimen Kindern" als medizinisch diagnostizierbare Symptome der „Entartung" subsumiert und in die Krankheitslehre von den Geisteskrankheiten integriert.[20] Die Verarmungsprozesse des 19. Jahrhunderts waren damit nicht nur psychiatrisiert, sondern galten zudem im Rahmen ihrer medizinischen Klassifizierung als vererbbar. Ihrer unterstellten besonderen Vermehrungspotenz wurde von Rassenhygienikern und Eugenikern der Kampf angesagt, ging es doch um die Abwendung einer gesellschaftlichen Gefahr durch die behauptete „Übervölkerung von Minderwertigen" und damit einhergehend: der nationalen „Degeneration". Mit Hilfe des Vererbungsparadigmas wurde, wie Michel Foucault hervorhebt, ein „Körper der Eltern", ein „Körper der Vorfahren", ein „Familienkörper", d.h. „ein Körper der Vererbung"[21] aufgebaut, der es erlaubte, eine Gruppe der unerwünschten „Anormalen" als „degenerierte Rasse" aus der Gesellschaft herauszufiltrieren und ihre Existenz als biologische Gefahr unter dem Topos „Verteidigung der Gesellschaft" durch ein rassistisches Konzept zu bekämpfen.

---

18 Zit. n. Bergmann (1992), 26f.
19 Zit. n. ebd., 47.
20 Vgl. Bergmann (1992), 135ff.; Foucault (2003), 380ff.; Bergmann (2009).
21 Foucault (2003), 413.

„Autochthone" versus „allochthone" Bevölkerungen und Globalisierung

Standen in der rassenhygienischen und eugenischen Programmatik die großen Verarmungsprozesse des 19. Jahrhunderts im Zentrum, so stellt Sarrazin neben der Zunahme von sozialhilfebedürftigen Menschen die seit den 1950er-Jahren staatlich angeworbenen Arbeitskräfte z.B. aus Jugoslawien oder der Türkei in den Mittelpunkt seiner negativen Bewertung der in Deutschland lebenden Bevölkerung. Seine Analyse bezieht sich auf die momentanen ökonomischen epochalen Wandlungsprozesse der Globalisierung. Während die Arbeitskräfteanwerbung seit den 1950er-Jahren in Zeiten der Prosperität stattfand, in denen die Mehrwertproduktion noch nicht überwiegend in die Länder der so genannten Dritten Welt verlagert war, ist mittlerweile das, was Hannah Arendt 1958 in ihrer Schrift *Human Condition* als das Problem der kommenden „Arbeitsgesellschaft" prophezeit hat, eingetreten. Wie auch schon Karl Marx die Rationalisierung und die Ersetzung menschlicher Arbeit durch Maschinen als eine der kapitalistischen Ökonomie eigene Dynamik analysiert hatte,[22] geht der hiesigen Arbeitsgesellschaft zunehmend die mehrwertproduzierende Arbeit aus. Kurzum: Sarrazin befasst sich implizit mit der politischen „Lösung" der von Arendt so gekennzeichneten Aporie der Arbeitsgesellschaft: „Was uns bevorsteht, ist die Aussicht auf eine Arbeitsgesellschaft, der die Arbeit ausgegangen ist, also die einzige Tätigkeit, auf die sie sich noch versteht. Was könnte verhängnisvoller sein?"[23]

Auf den Prinzipien der Arbeitsgesellschaft jedoch insistierend, fordert Sarrazin eine globalisierte Ökonomie ohne Migration von Menschen. Ausländer und Ausländerinnen dürften sich jeweils nur temporär als Arbeitskräfte in Deutschland aufhalten, auf keinen Fall einwandern und Familien gründen. Den strukturellen Widerspruch zwischen Nationalstaatlichkeit und der transnationalen Arbeitsmobilität versucht Sarrazin durch eine nationale „Bevölkerungsautarkie" im Sinne einer völkischen „Blut-und-Boden"-Ideologie zu lösen, die „Abstammung", Nationalität und Lebensraum in eine originäre Beziehungsebene stellt. Konsequent schwebt ihm eine globalisierte Ökonomie ohne Menschen vor:

22 Vgl. Marx (1972), 221ff.
23 Arendt (1981), 13.

> „In der globalisierten Welt können Kapital und Güter frei fließen, doch es ist ganz undenkbar, dass dies auch für Arbeitskräfte gelten soll, denn an diesen hängen Familien, Gesellschaften und Völker. Letztlich hat die Arbeitsmigration der 1960er Jahre eine neue europäische Völkerwanderung in Gang gesetzt, an deren Folgen wir laborieren."[24]

Unter der Prämisse einer nicht direkt ausgesprochenen „Blut-und-Boden"-Ideologie sei die Globalisierung der kapitalistischen Ökonomie neu zu strukturieren – ein Paradox, das *per se* nur rassistisch aufzulösen ist. Sarrazin pocht auf das Prinzip des „Einheimischen" und damit einhergehend auf die Reproduktion der in Europa vermeintlich existierenden „autochthonen Bevölkerungen", insbesondere der „deutschen autochthonen Bevölkerung".[25]

Wenn Sarrazin die deutsche Bevölkerung als Antipode zu Migranten und Migrantinnen in den Blick nimmt, benutzt er in der Regel die Kategorien der *autochthonen* und der *allochthonen* Bevölkerung. Die Begrifflichkeit „allochthon" leitet sich aus dem Altgriechischen ab und setzt sich aus der Wortbedeutung von ‚anders, verschieden' und ‚Erde' zusammen. Es wird übersetzt mit „fremd". Mit diesem Vokabular führt Sarrazin eine „Blut und Boden"-Dimension ein, die ein asymmetrisches völkisches Gegensatzpaar von „Deutschen" und „Fremden" suggeriert. Er verwendet diese Terminologie, wenn er ein Bedrohungsszenario durch höhere Geburtenziffern von Migrantinnen verschiedener Herkunft aufbaut und das Bild eines von Fremden besetzten Raumes ohne deutsche Bevölkerung zeichnet:

> „Mittlerweile haben 40 Prozent der in Deutschland geborenen Kinder einen Migrationshintergrund. Die Zahl der Geburten der autochthonen Bevölkerung beträgt jährlich noch rund 400 000. [...] Rein physisch gesehen ist die Bevölkerung, die Anfang der sechziger Jahre in Deutschland lebte, am Aussterben".[26]

24 Sarrazin (2010), 254f.
25 Ebd., 317.
26 Ebd., 341.

Mit der *Idee* eines sterbenden „Volkskörpers“ konstruiert Sarrazin eine biologische Logik und verknüpft seine Untergangsprophezeiung außerdem mit einer von mir so benannten *religionsbiologischen* Argumentationsfigur:

> „Dass die autochthonen Deutschen innerhalb kurzer Zeit zur Minderheit in einem mehrheitlich muslimischen Land mit einer gemischten, vorwiegend türkischen, arabischen und afrikanischen Bevölkerung werden, wäre die logische und zwingende Konsequenz aus dem Umstand, dass wir als Volk und Gesellschaft zu träge und zu indolent sind, selbst für ein bestanderhaltendes, unsere Zukunft sicherndes Geburtenniveau Sorge zu tragen, und diese Aufgabe quasi an Migranten delegieren.“[27]

Die Vorstellung von einer „Rassenreinheit“ wird mit diesem Wahrnehmungsmuster nahe gelegt. Hält Sarrazin sich zwar in seiner Schrift *Deutschland schafft sich ab* mit solch offensichtlichen Terminologien der Menschenzüchtung wie „Rasse“ und „Kreuzung“ zurück, so nicht auf seiner Lesetour in die sächsische Kleinstadt Döbeln. Dort trat er im September 2011 in der Stadthalle vor etwa 800 Menschen auf. Die „Kreuzung“ einer „edlen Pferderasse“[28] mit der eines belgischen Ackergauls diente hier zur Verdeutlichung seiner Vorstellung von einer menschlichen „Rassenmischung“:

> „Stellen Sie sich vor, ich habe ein Gestüt mit Lippizanerpferden [...] und irgendwie will es der Zufall, dass dort in jeder Generation einmal ein belgischer Ackergaul eingekreuzt wird. Völlig klar, die genetisch bedingte Fähigkeit zum Laufen sinkt. Gleichzeitig steigt die genetisch bedingte Fähigkeit, einen Karren durch den Lehm zu ziehen. Aber das ist eine andere Eigenschaft. Und genauso ist das bei dem Menschen.“[29]

Dieses Statement verweist auf die rassenanthropologische Hypothese von der biologischen Ungleichheit und von der Existenz einer „höherwertigen“ und einer „minderwertigen Rasse“, deren hierarchische Ordnung durch „Rassenkreuzung“ untermi-

---

27 Ebd., 360.
28 Zit. n. Schütz (2012).
29 Sarrazin, in: Adamek et al. (2012).

niert werden könne. Gabriele Czarnowski betont die „hochgradige Abstraktion des (hetero-)sexuellen Geschlechterverhältnisses“ und den „forschungsstrategischen wie sexual- und geburtenpolitischen Kern“,[30] der dem aus der Tier- und Pflanzenzüchtung übernommenen Konzept der *Kreuzung* und seiner Projektion auf menschliche Eigenschaften immanent ist.

Sarrazin greift in seinem Vortrag auf jenen Topos der „Kreuzung“ zurück, die im rassenanthropologischen Argumentationszusammenhang auch als „Rassenmischung“ gekennzeichnet wurde. In seinem Buch benutzt er zudem das rassenbiologische Begriffsrepertoire der „Verdünnung“[31] und meint genetisch bedingte Qualitäten des schichtspezifischen Gebärverhaltens feststellen zu können. Außerdem argumentiert er in der Manier der Rassenhygiene fälschlicherweise mit den Mendelschen Gesetzen: „Für einen großen Teil dieser Kinder (aus der Unterschicht, A.B.) ist der Misserfolg mit ihrer Geburt bereits besiegelt. Sie erben [...] gemäß den Mendelschen Gesetzen die intellektuelle Ausstattung ihrer Eltern“.[32]

Dieses Erklärungsmuster beruht auf einer Verknüpfung der Anthropologie mit der Mendelschen Vererbungslehre, das Pflanzen- und Tierversuche der „Bastardisierung“ auf den Menschen übertrug.[33] Führend auf diesem Forschungsfeld wurden in Deutschland der Rassenhygieniker und Vererbungswissenschaftler Erwin Baur (1875–1933), der 1911 den Lehrstuhl für Botanik an der Landwirtschaftlichen Hochschule Berlin inne hatte und seit 1927 als Direktor des *Kaiser Wilhelm-Instituts für Züchtungsforschung* in Müncheberg/Mark Brandenburg tätig war; dann der Anthropologe und Anatom Eugen Fischer (1874–1967) – er wurde 1912 zum außerordentlichen Professor an der Würzburger Universität berufen. Seit 1927 lehrte Fischer an der Berliner Universität als Ordinarius für Anthropologie. Der dritte Protagonist der deutschen Rassenhygiene war der Mediziner und seit 1922 Mitherausgeber der seit 1904 erschienenen Zeitschrift „*Archiv für Rassen- und Gesellschaftsbiologie*“ Fritz Lenz (1887–1976). Er besetzte in Deutschland 1923 den ersten Lehrstuhl für Rassenhygiene an der Münchner Universität, übte, wie auch Fischer, als Wissenschaftler im Nationalsozialismus rassenpolitische Funktionen aus und wurde ab 1946 außerordentlicher Professor für

30 Czarnowksi (1991), 30.

31 Z.B.: Sarrazin (2010), 60.

32 Ebd., 175. Die Mendelschen Gesetze beziehen sich allerdings ausschließlich auf die Vererbbarkeit morphologischer Merkmale (z.B. Haut-, Haar- und Augenfarbe).

33 Vgl. genauer zur Problematisierung dieses Forschungskonzepts: Czarnowski (1991), 28ff.; dies. 2008.

Humangenetik in Göttingen. Seit 1952 war er als ordentlicher Professor an der Göttinger Universität tätig.
Hatte Baur sich mit der Botanik und Grundlagenforschung der allgemeinen Genetik befasst, so stand bei Lenz die eugenische Bewertung der schichtspezifischen Geburtenstatistik im Zentrum. Fischer hingegen konzentrierte sich auf anthropologische Fragestellungen. In dem 1913 erschienenen Werk *Die Rehobother Bastards und das Bastardisierungsproblem beim Menschen* präsentierte er seine von der Humboldt-Stiftung der Preußischen Akademie der Wissenschaften in Berlin finanzierten Forschungen aus der deutschen Kolonie Deutschsüdwestafrika (heutiges Namibia). Darin verknüpfte Fischer die Vererbungslehre mit der bis dahin deskriptiven Anthropologie, indem er die Mendelschen Vererbungsgesetze mit geistigen Zuschreibungen von Schwarzen und Weißen verkoppelte und so zu einer Lehre über menschliche „Rasseneigenschaften" gelangte.[34]
Baur, Fischer und Lenz hatten 1921 den Klassiker der deutschen Rassenanthropologie, Eugenik und Rassenhygiene, das so genannte Dreimännerbuch verfasst: *Grundriss der menschlichen Erblichkeitslehre und Rassenhygiene*. Die während seiner Inhaftierung im Landsberger Gefängnis (1923–24) gelesene Lektüre der 1923 erschienenen Zweitauflage dieses wissenschaftlichen Standardwerkes inspirierte Adolf Hitler zum Thema *Volk und „Rasse"* in seiner Schrift *Mein Kampf*[35] (1. Band: 1925).[36] Als Politiker popularisierte Hitler mitunter auch die von Wissenschaftlern entwickelte Rassenlehre. So stellte er eine Verbindung zwischen Geburtenrückgang und Genetik her und warnte unter der Überschrift „Gefahren der Rassenmischung" vor der niedrigen Geburtenrate „der Allerbesten". „Man bemüht sich nicht mehr, das Beste für die Nachwelt heranzuzüchten, sondern läßt die Dinge laufen, wie sie eben laufen".[37]
Auf den rassenanthropologischen Diskurs rekurrierend mahnt Sarrazin im Jahre 2011 anhand des Beispiels eines „eingekreuzten" belgischen Ackergauls eine „Verschlechterung der Rasse" an. Dass in seiner Schrift das Wort „Rasse" nicht auftaucht, ist ganz allein dem Lektorat seines Verlages zu verdanken. In einem Interview mit Henryk M. Broder erklärte er im Dezember 2010: „Ich bin dann auch den meisten Textent-

34 Vgl. Bergmann/Czarnowski/Ehmann (1989); Schmuhl (2005).
35 Vgl. Fangerau (2000), 38.
36 Die im Sommer 1925 erschienene erste Auflage mit 10.000 Exemplaren war bis zum Jahresende verkauft. Vgl. Königseder (2012), 901.
37 Hitler (1933), 445.

schärfungsvorschlägen des Verlages brav wie ein Lamm gefolgt. Irgendwann in einer Spätphase meinte der Verlag, ich sollte doch überall das Wort ‚Rasse' durch ‚Ethnie' ersetzen. Das habe ich dann auch gemacht."[38]

„Eroberung durch Fertilität" - Die Vereinnahmung des „deutschen Raums"

Auf Basis einer Rassenvorstellung zentriert Sarrazin seine Perspektive auf die Geburtenstatistik der Migrantinnen. Als besonders gefährlich für die Weiterexistenz Deutschlands schätzt er das Gebärverhalten einer religiösen Gruppe ein: „Demografisch stellt die enorme Fruchtbarkeit der muslimischen Migranten eine Bedrohung für das kulturelle und zivilisatorische Gleichgewicht im alternden Europa dar."[39] Hohe Geburtenraten von muslimischen Migrantinnen konstatiert Sarrazin als ein generell europaweites Phänomen.[40] Unter der Überschrift „Eroberung durch Fertilität?"[41] resümiert er das Gebärverhalten der Musliminnen und zeichnet das Bild eines von einer fremden Macht besetzten Europas:

> „Wenn die beschriebenen Trends sich fortsetzen, dann wird die säkulare und aus unserer Sicht vorzuziehende Lebensform Europas letztlich unterlaufen durch die höhere Fertilität der muslimischen Migranten und den durch sie ausgelösten Nachzug. Wer sich stärker vermehrt, wird am Ende Europa besitzen."[42]

Zu der religiösen Gruppe der Musliminnen gesellt Sarrazin außerdem „Migranten aus der Türkei, dem Nahen Osten und aus Afrika", deren „enorme Fruchtbarkeit" er als hochgefährlich einschätzt. Außerdem, so betont er, „tendieren Frauen, die nicht so gut oder gar nicht in den Arbeitsmarkt integriert sind, stärker dazu, Kinder zu bekom-

38 Sarrazin, in: Broder (2010), 4.
39 Sarrazin (2010), 267.
40 Vgl. ebd., 318.
41 Ebd., 316
42 Ebd., 320.

men oder die Schar ihrer Kinder noch zu vergrößern".[43] Neben Müttern, die staatliche Sozialleistungen beziehen, Menschen, die in Deutschland der Religionsgemeinschaft des Islams angehören, türkischer Nationalität sind, aus der Region des Nahen Ostens oder vom afrikanischen Kontinent stammen, sind Sarrazin noch „arabische Familien" ein Dorn im Auge. Als weitere problematische Gruppen nennt er politische Flüchtlinge sowie „Zuwanderer aus dem ehemaligen Jugoslawien".[44]

Kurzum: die heterogene islamische Religion, die Türkei als Nation, der Nahe Osten sowie das ehemalige Jugoslawien als Regionen, Afrika als ganzer Kontinent und arabische Familien werden von Sarrazin zu einer gesellschaftlich gefährlichen Gruppe zusammengefasst.

Auch hier suggeriert Sarrazin „die Araber" als eine homogene Gruppe, gleichwohl es sich um etwa 230 Millionen Menschen handelt und wie Gideon Botsch betont: „22 Staaten gelten als arabische Staaten, in einem geographischen Raum, der vom westlichen Nordafrika bis an den Persischen Golf, vom Oberlauf des Nils und vom Südzipfel der arabischen Halbinsel bis nach Syrien reicht".[45]

Sarrazins Bestandsaufnahme beruht zum einen auf demografischen Vorausberechnungen, denen die so genannte *Nettoreproduktionsrate* zugrunde gelegt ist.[46] Dabei handelt es sich um eine Modellrechnung, welche die Zahl der neugeborenen Mädchen zur Grundlage nimmt, um deren Reproduktion durch die von ihnen zu erwartenden Töchter im gebärfähigen Alter (15 bis 45 Jahren) auf kommende Generationen hochzurechnen. In dieser von Menschen gänzlich abstrahierenden Brutto-Netto-Formel wird von zwei fiktionalen Grundannahmen ausgegangen: erstens, dass sich die aktuellen Geburten- und Sterberaten der weiblichen Bevölkerung nicht verändern, und zweitens bleiben Wanderungsbewegungen explizit ignoriert.

Zum anderen thematisiert Sarrazin die nach Schichtzugehörigkeit, „Abstammung" und Religionszugehörigkeit einzelner Migrantinnengruppen differenzierten Nettoreproduktionsraten und bewertet die in Deutschland lebende Bevölkerung nach Kriterien einer vermeintlich genetischen Qualität. Denn in der Sarrazinschen Bevölkerungsanalyse wird erst durch den Faktor der Vererbung geistiger Kapazitäten die „überdurchschnitt-

43 Ebd., 91, vgl. außerdem 372.
44 Ebd., 59.
45 Botsch (2009), 6.
46 Vgl. zur feministischen Kritik an der Nettoreproduktionsrate: Bock (1983), 32.

liche Fruchtbarkeit“[47] der genannten Gruppen zu einer wirklich gesellschaftlichen Bedrohung der „eigenen Kultur“ konstruiert:

> „Intelligenz ist [...] zu 50 bis 80 Prozent erblich. Deshalb bedeutet ein schichtabhängig generatives Verhalten leider auch, dass sich das vererbte intellektuelle Potential der Bevölkerung kontinuierlich *verdünnt.* Dieser qualitative Effekt wirkt sich langfristig entscheidend auf die Zukunftsfähigkeit einer Gesellschaft aus.“[48]

Mit dem rassenhygienischen Gesellschaftskonzept identisch, spaltet auch Sarrazin die in Deutschland lebende Bevölkerung in zwei polare Gruppen auf: „die Tüchtigen“ und „die Untüchtigen“. In seinem Vokabular sind auf der einen Seite „*die Tüchtigen*“ Synonyme für „*die Intelligenten“,* „*Talentierten*“, „*Begabten*“[49] – auf der anderen Seite „*die Untüchtigen*“ identisch mit „*den Dummen*“, „*Tumben und Faulen*“, „*Untalentierten*“, „*weniger Intelligenten*“, „*weniger Begabten“,* „*Unfähigen“* oder *den „moralisch und geistig Schwächeren“.*[50] Beide Gruppen zusammen genommen bildeten einen „Durchschnitts-Intelligenzquotienten von Nationen“,[51] der nationale „Durchschnitt-IQ“ wiederum korreliere mit dem „wirtschaftlichen Erfolg“ einer Nation und individuell mit dem Bildungsabschluss, dem Lebenserfolg und dem Einkommen einer Person.[52]
Auch reproduziert Sarrazin die aus dem 19. Jahrhundert stammende Hypothese von der genetischen Disposition einer höheren männlichen und niedrigeren weiblichen Intelligenz, obwohl er im Kontext des muslimischen Patriarchats stets auf Frauenemanzipation als Signum einer säkularisierten Gesellschaft pocht: „Männer sind in der Überzahl bei den Hochintelligenten“ und bei einem IQ von 145 und mehr „ist die Relation zwischen Jungen und Mädchen 8:1 und höher“.[53]
Die eugenische Perspektive, welche den Geschlechtern, gesellschaftlichen Schichten, Ethnien, Religionen und Nationen kollektive Intelligenzniveaus zuschreibt, erlaubt

---

47 Sarrazin (2010), 357.
48 Ebd., 91f. (Hervorhebung, A.B.); vgl. außerdem zur „Erblichkeit von Intelligenz“: z.B. ebd., 83.
49 Ebd., 84, 95, 55, 174 (Hervorhebung A.B.).
50 Ebd., 84, 218, 248, 53, 371, 148 (Hervorhebung A.B.).
51 Ebd., 100.
52 Vgl. ebd., 99f.
53 Ebd., 216.

Sarrazin von einem „Talentpool“, einem „Erbgut“ oder „Genmaterial“[54] zu sprechen. Um die Vererbung geistiger Attribute zu pointieren, wird ein Beispiel aus der Tierzüchtung eingestreut: „Jeder Hunde- und Pferdezüchter lebt davon, dass es große Unterschiede im Temperament und im Begabungsprofil der Tiere gibt und dass diese Unterschiede erblich sind.“[55]

„Daseinskampf“, „natürliche Selektion“ – „negative Auslese“ und „Dysgenik“

Die Vererbungshypothese genetisch bedingter Merkmale und Differenzen begründet Sarrazin mit den Darwinschen Selektionsgesetzen – er rekurriert auf Prinzipien des Daseinskampfes, der „natürlichen“ und „geschlechtlichen Selektion“. Darwin selbst hatte die Anpassungsfähigkeit im „Daseinskampf“ („struggle for life“) und dem daraus abgeleiteten Prinzip des „Überlebens der Tüchtigsten“ („survival of the fittest“) als Triebkräfte auch für die Menschheitsgeschichte beschrieben. Die im Daseinskampf gewonnenen besonderen Fähigkeiten würden im Rahmen der „sexuellen Selektion“ durch ihre Vererbung und einer entsprechend starken „Fortpflanzung der Tüchtigen“ potenziert. Auch Darwin interessierte die Evolution unter dem Aspekt der Zivilisationsgeschichte. Er verknüpfte daher seine Erkenntnisse aus der Tier- und Pflanzenwelt mit Kulturgeschichte, indem er die hohe Bedeutung der Vererbung von psychischen und sozialen Merkmalen betonte. In diesem Argumentationszusammenhang orientierte er sich an Schriften seines Cousins Francis Galton.[56]

Nicht zuletzt bildeten die Darwinschen Selektionsgesetze für die seit Ende des 19. Jahrhunderts international sich formierende rassenhygienische und eugenische Bewegung das theoretische Fundament einer Gesellschaftsbiologie – so auch für Thilo Sarrazin, der sich explizit auf Darwin beruft, ebenso auf den „Vater der Eugenik“, Francis Galton, den englischen Biologen Julian S. Huxley (1887–1975) und auf den schwedischen Ökonomen und Eugeniker Gunnar Myrdal[57] (1898–1987), der in den 1930er-

54 Ebd., 226, 320.

55 Ebd., 92.

56 Vgl. Bergmann (1992), 94ff., 324 Anm.: 44, 45.

57 Vgl. Sarrazin (2010), 92, vgl. außerdem die Selektionsgesetze auf gesellschaftliche Prozesse übertragen z.B.: ebd., 77, 84, 349ff.

Jahren zusammen mit seiner Ehefrau Alva Myrdal die Erzeugung „eines besseren Menschenmaterials“, die „Aussortierung von in höchstem Grade lebensuntauglichen Individuen“ eingefordert hatte. Außerdem qualifizierte Myrdal Immigranten im Vergleich zu schwedischen Arbeitern als „minderwertiges Volksmaterial“ und plädierte für die „Einschränkung der Fortpflanzungsfreiheit von Schwachsinnigen“[58] – in die psychiatrische Degenerationsdiagnostik „Schwachsinnigkeit“ fielen z.B. Frauen, deren Lebensstil nicht monogam orientiert war oder Männer, die als „arbeitsunfähige Taugenichtse“[59] klassifiziert wurden.

Sarrazin bezieht sich nicht zuletzt durch die genannten Referenzen sehr präzise auf das Denkgebäude der Eugenik. Prinzipien der Selektion dienen ihm als Generalschlüssel: In diesem Interpretationsschema ist die Konstitution von gesellschaftlichen Schichten im Sinne eines biologischen Ausleseprozesses mit den Gesetzen der Arbeitsgesellschaft eins. Die gesellschaftliche Hierarchie gilt idealtypisch als Abbild einer naturalen Ordnung, die sich nunmehr ausschließlich über Arbeit herstellt:

> „Während die Tüchtigen aufsteigen und die Unterschicht oder die untere Mittelschicht verlassen, wurden und werden in einer arbeitsorientierten Leistungsgesellschaft nach ‚unten' vor allem jene abgegeben, die weniger tüchtig, weniger robust oder ganz schlicht ein bisschen dümmer und fauler sind.“[60]

In der Logik dieses auf Vererbung zentrierten Konzepts einer Arbeitsgesellschaft wirkt am Ende das Prinzip der Chancengleichheit wie ein Motor der Selektion und erzeugt spiegelbildlich die gesellschaftlich vorhandenen genetischen Anlagen:

> „Die unteren Schichten gaben die Begabteren nach oben ab, und die oberen Schichten die weniger Begabten nach unten. [...] In einer wirklich chancengleichen Gesellschaft ist jemand nur noch aus Gründen ‚unten', die in seiner Person liegen.“[61]

---

58 Myrdal, Alva/Gunnar Myrdal: *Kris i befolkningsfrågan*. Stockholm 1935: 15, 257, 130, 263, zit. n. und übersetzt von Rabenschlag (2008), 60, 63, 59, 63.

59 Vgl. Rabenschlag (2008), 64.

60 Sarrazin (2010), 79f.

61 Ebd., 174.

Auch für Rassenhygieniker und Eugeniker galten Schichtzugehörigkeit und Besitz nicht *per se* als Kriterien für den gesellschaftlichen Status eines Menschen. Vielmehr begründete in ihrer Vorstellung die „natürliche Zuchtwahl" als die Voraussetzung für eine intensive „Fortpflanzung der Tüchtigsten" („sexuelle Selektion") und die Tendenz zur Höherentwicklung dynamisch die soziale Hierarchie. Vor diesem Hintergrund wird plausibel, warum Rassenhygieniker und Eugeniker nicht dem konservativen Lager zugeordnet waren, sondern im Gegenteil: sie verstanden sich als gesellschaftliche Avantgarde – unter ihnen befanden sich nicht wenige Sozialisten und Feministinnen.[62] Auch hier zeigt sich eine Parallele zu Thilo Sarrazin, der sich als sozialdemokratischer Politiker mit kulminierenden sozialen Konflikten befasst und diese am Ende unter der Prämisse der Chancengleichheit durch ein *biologisches Konzept der Arbeitsgesellschaft* aufzulösen sucht.

Zentral in diesem Begründungszusammenhang ist, dass Sarrazin das Thema *Integration* bzw. gesellschaftliche Inklusion und Exklusion auf eine Frage der im *Kampf ums Dasein* erworbenen Anpassungsfähigkeit zurückführt. Denn den *Daseinskampf* überstehen in diesem Erklärungsmodell nur jene siegreich, die befähigt sind, sich ihrer herausfordernden Umwelt maximal anzupassen. Attribute wie dumm, faul oder untalentiert, die Sarrazin als Wesensmerkmale der oben genannten Gruppen nennt, sind den Darwinschen Selektionsgesetzen zufolge einer biologischen Unfähigkeit zur Anpassung geschuldet. Ihre Existenz verdankten sie in der rassenhygienischen und eugenischen Deutung alleine der Tatsache, dass sie durch staatliche Sozialleistungen am Leben erhalten würden, während sie eigentlich der *natürlichen Selektion* zum Opfer fielen.

Sarrazin reproduziert die rassenhygienische Theorie der *Kontraselektion*: Die biologische Gesetzmäßigkeit der *natürlichen Selektion* werde durch sozialpolitische Maßnahmen neutralisiert, so dass die gesellschaftliche Evolution durch das Überleben und die übermäßige „Fortpflanzung der Untüchtigen" auf eine schiefe Bahn gerate. „Drängend wurde es mit dem Aufkommen der Industriegesellschaft und der Herausbildung des modernen Sozialstaates, weil dadurch jahrtausendalte Selektionsmuster außer Kraft gesetzt wurden."[63] Für die Kennzeichnung eines allgemeinen genetischen Verfalls verwendet Sarrazin den Begriff *Dysgenik*. Im Gegensatz zu *Eugenik – die Leh-*

62 Vgl. Bergmann (1992), 124ff, 86ff.

63 Sarrazin (2010), 92; vgl. außerdem ebd., 174f.

re vom Wohlgeborensein – bedeutet umgekehrt *Dysgenik* die Lehre von der Vermehrung *mangelhafter Gene und Eigenschaften in einer Population, Rasse, oder Art*. Sie ist mit der rassenhygienischen Grundannahme von der *Kontraselektion* identisch. Diese Lehre vertritt die Kernthese, dass allein die Existenz von Sozialhilfeempfängerinnen als Indiz einer „negativen Auslese" gelten könne. Bildungsdefizite, Arbeitslosigkeit und die Abhängigkeit von staatlichen Sozialleistungen sind in diesem Begründungszusammenhang die zentralen Indikatoren für die Unfähigkeit, sich im Sinne der Darwinschen Selektionsgesetze anzupassen. Analog zu eugenischen und rassenhygienischen Kosten-Nutzen-Berechnungen werden von Sarrazin Sozialhilfeempfängerinnen, Migranten und Migrantinnen ausschließlich unter dem Aspekt der Arbeitseffizienz wahrgenommen.

So kennzeichnet er die Anwerbung ausländischer Arbeiter aus dem Süden Europas seit den 1950er-Jahren als einen „gigantischen Irrtum"[64] und bezweifelt, „dass Gastarbeiter einen Beitrag zum Wohlstand geleistet haben"[65] – allerdings mit Ausnahme der Italiener, Portugiesen und Spanier. Sie seien in ihre Heimatländer zurückgekehrt und hätten auf Familiennachzug verzichtet. Kaufmännisch resümiert er:

> „In Zeiten des [...] Arbeitskräftemangels wirkte der Import von Arbeitskräften kurzfristig entlastend und steigerte den Wohlstand der Einheimischen. [...] Zweifel am Erfolg des Unternehmens stellte sich ein, als es um die Folgen ging, nämlich volle Integration der Gastarbeiter in den deutschen Sozialstaat und Familiennachzug. Grundsätzlich kann man sagen, dass gut gebildete migrantische Arbeitskräfte, die ihr Leben lang in Deutschland arbeiten oder nach Beendigung ihrer Beschäftigung Deutschland wieder verlassen, einen positiven Beitrag leisten."[66]

Im Gegensatz zu den USA, wo jeder einzelne Migrant, so Sarrazin, „sein Brot verdienen *muss* und es auch tut, [...] etablieren sich [in Deutschland, A.B.] ethnische Kolonien in großem Umfang durch den Zuzug in die Sozialsysteme".[67] Mit solchen Szenarien einer destruktiven Besatzungsmacht erzeugt Sarrazin unter dem Aspekt

64 Ebd., 259.
65 Ebd., 260.
66 Ebd., 366.
67 Ebd., 322.

der „negativen Auslese" die Vorstellung von einer überdimensional großen, homogenen Gruppe von „Sozialschmarotzern", die Deutschland immer mehr zu überziehen droht.
Auch im eugenischen Diskurs waren Kosten-Nutzen-Rechnungen gang und gäbe, stand hier eine Lebenswertbestimmung nach rein ökonomischen Kriterien der psychischen und körperlichen Arbeits- und Leistungsfähigkeit eines Menschen im Zentrum. Jedoch galten damals nicht Migranten und Migrantinnen als die Wurzel allen Übels, sondern in erster Linie die Armutsbevölkerung sowie behinderte Menschen, die unter dem Vererbungsparadigma in eine eigene unproduktive „Rasse der Degenerierten" zusammengefasst waren. So errechneten auch Eugeniker die Finanzierung der Pflege von als erbkrank diagnostizierten Menschen. Der linksliberale Politiker Heinz Potthoff von der Fortschrittlichen Volkspartei erklärte 1911:

> „Die Begründung sozialer Tätigkeit auf Mitleid [...] führt unwillkürlich dazu, daß man Geld und Mühe da verwendet, wo das Elend am größten ist. Aber sozial richtig ist das nicht. Die Humanität in diesem Sinne ist zweifach unwirtschaftlich. Sie ist teuer: mit dem Gelde, mit dem man einen Krüppel erhält, kann man zwei gesunde Kinder hochbringen. Sie ist unproduktiv: die vom Mitleid gepflegten Elenden werden niemals das angewandte Kapital dem Volke zurückerstatten. So rührend daher die Versorgung von [...] lebensunfähigen Elementen sein mag, man sollte nie übersehen, daß sie ein Luxus ist, und man sollte [...] sich fragen, ob unser Volk sich diesen Luxus erlauben kann."[68]

Auch Sarrazin thematisiert eine vermeintlich überdurchschnittliche Vermehrung von Erbkrankheiten durch türkische und kurdische Migrantinnen:

> „Ganze Clans haben eine lange Tradition von Inzucht und entsprechend viele Behinderungen. Es ist bekannt, dass der Anteil der angeborenen Behinderungen unter den türkischen und kurdischen Migranten weit überdurchschnittlich ist."[69]

---

68 Zit.n. Bergmann (1992), 131.
69 Sarrazin (2010), 316. Sarrazin belegt diese Behauptung mit dem SPIEGEL-Artikel: Wensierski, Peter: „Schlechtes Blut", in: Der Spiegel, Nr. 36 vom 31. August 2009, 52f.

Festzuhalten ist, dass in der Sarrazinschen Gesellschaftsanalyse Arbeitseffizienz und fiskalische Kosten im Zentrum stehen und in das Kategoriensystem des rassenbiologischen Ordnungsmodells gefasst sind. Pauschalisierend werden Bevölkerungsgruppen entweder als ökonomisch wertvoll oder als Schädlinge suggeriert und ihnen in der evolutionsbiologischen Skala positive bzw. negative Wesensmerkmale mit einem hohen oder niedrigen Intelligenzniveau und Arbeitsvermögen zugeschrieben.
Wie schon Rassenhygieniker vor „falscher Gefühlsduselei" mahnten, wenn es darum ging, eine konsequente Politik gegen die *Kontraselektion* ethisch zu rechtfertigen, so zieht sich auch durch das Buch *Deutschland schafft sich ab* die Mahnung vor einem falsch verstandenen Mitleid. „Empathie" sei „kein Ersatz für strukturelle Überlegungen",[70] geht es doch um das Ganze: „die deutsche Volkswirtschaft", „das gesamte Staatswesen, seine gesellschaftliche Stabilität und seine Zukunftsfähigkeit".[71] Häufig denunziert Sarrazin jede positive Vorstellung von einer multikulturellen Gesellschaft. So verhöhnt er ähnlich der rassenhygienischen Rhetorik des „Humanitätsdusels"[72] den „gutmenschelnden"[73] Tenor der Medien, wenn sie das Leitbild der „Integration" verfechten: „Zuwanderungsfragen werden oft mit mahnend erhobenem Zeigefinger behandelt und mit einer Attitüde, die wohl am treffendsten charakterisiert wird durch das Sprüchlein: ‚Piep, piep, piep, wir haben uns alle lieb.'"[74]

Evolutionsbiologie der drei monotheistischen Religionen

Sarrazin stellt außerdem eine biologische Variante der monotheistischen Religionsgeschichte vor und entwickelt einen religionsbiologischen Ansatz in der Logik der „natürlichen Selektionsgesetze". An oberster Stelle rangiert die jüdische, an zweiter die christliche und ganz unten die moslemische Religionsgemeinschaft.
Identisch mit dem Begründer der deutschen Rassenhygiene Alfred Ploetz, der 1895 Menschen jüdischen Glaubens als Angehörige einer „hochstehenden Culturrasse" klassifiziert und die „Vermischung" der „Nichtjuden mit Juden [...] als ein Mittel der

70 Sarrazin (2010), 87.
71 Ebd.
72 Zit. n. Bergmann (1992), 130.
73 Sarrazin (2010), 289.
74 Ebd., 257.

Steigerung der Rassentüchtigkeit"[75] proklamiert hatte, geht auch Sarrazin von einer hochwertigen genetischen Qualität der jüdischen Religionsgemeinschaft aus. Historisch stellt er seit dem Mittelalter bei „den Juden" „eine überdurchschnittliche Vermehrung der besonders Intelligenten"[76] fest. Diese Eigenheit erklärt er wiederum mit den Darwinschen Selektionsgesetzen. Der Daseinskampf habe „die Juden" extrem herausgefordert: „Wiederholt *überstanden* sie Pogrome."[77] Daraus folgert Sarrazin einen „*außerordentlichen Selektionsdruck*",[78] der ursächlich das Intelligenzniveau erhöht habe. Weiter heißt es in diesem religionsbiologischen Erklärungsmuster:

> „Der Rabbi hatte hohe Fortpflanzungschancen, weil er die reiche jüdische Kaufmannstochter heiraten konnte. Eine über Jahrhunderte betriebene Familien- und Heiratspolitik, die dem intellektuellen Element überdurchschnittliche Fortpflanzungschancen gab, führte allmählich zur Ausbildung der überdurchschnittlichen Intelligenz."[79]

„Bereits die frühe Intelligenzforschung", so Sarrazin, „hat bei den Juden *europäischer Provenienz* einen um 15 Punkte höheren IQ festgestellt, als bei anderen Mitgliedern *europäischer Völker* und deren Nachfahren in Nordamerika."[80] Auch hier greift Sarrazin auf ein historisches Wahrnehmungsmuster zurück und reproduziert die Konstruktion der jüdischen Religion als ein völkisches bzw. rassisches Phänomen. So nennt er die hohe Zahl von Nobelpreisträgern „jüdischer Herkunft", einen überproportionalen Anteil „im Bankwesen, in der Wissenschaft, in den Medien, unter den Ärzten und Rechtsanwälten", „80 Prozent der führenden Mitglieder der Berliner Börse",[81] und auch in der Geschichte des 19. und 20. Jahrhunderts eine überdurchschnittliche Repräsentanz von „Juden" in Kunst und Wissenschaft als Indikatoren für die „eugenische Hochwertigkeit" einer vermeintlich international homogenen jüdischen Bevölkerung.[82]

---

75 Zit. n. Bergmann (1992), 59.
76 Sarrazin (2010), 95.
77 Ebd. (Hervorhebung, A.B.)
78 Ebd. (Hervorhebung, A.B.)
79 Ebd., 95f.
80 Ebd., 93f. (Hervorhebung, A.B.).
81 Ebd., 94.
82 Vgl. ebd. Sander L. Gilman kommentierte jüngst diese genetische Konstruktion der jüdischen Glaubensgemeinschaft als eine homogen abgrenzbare Gruppe: „Das eigentlich Traurige daran ist, dass

Ein solches religionsbiologisches Argumentationsmuster steht in der Tradition des völkischen Antisemitismus. Seit Ende des 19. Jahrhunderts wurde auch die jüdische Religionsgemeinschaft, deren Mitglieder auf verschiedenen Kontinenten, in vielen Ländern mit diversen Nationalitäts- und Schichtzugehörigkeiten lebten, nicht mehr als heterogene Bevölkerungen mit einer gemeinsamen religiösen Zugehörigkeit wahrgenommen, sondern als „eine Rasse“ mit einer eigenen dominanten Charakterologie konstruiert.[83]
Auf den zweiten Platz der monotheistischen Religionen positioniert Sarrazin das Christentum, das ebenfalls einen Evolutionsprozess durchschritten habe. Er kombiniert die von ihm ausgebreitete schichtspezifische Genetik mit einer Evolutionsbiologie des Christentums und entdeckt einen „eugenischen Effekt“ in der Geschichte des Protestantismus:

> „Seit der Reformation hat sie [die evangelische Kirche, A.B.] die intelligentesten Knaben für die geistliche Laufbahn ausgewählt. Evangelische Pfarrersfamilien waren traditionell sehr kinderreich [...] Bei den Katholiken hat das Zölibat eine Vermehrung dieses Teils der intelligenten Bevölkerung verhindert [...]. Ein erstaunlich großer Teil der deutschen wissenschaftlichen Elite des 19. und 20. Jahrhunderts zählt deutsche Pfarrer zu ihren Vorfahren. Noch in den sechziger Jahren des letzten Jahrhunderts waren die deutschen Professoren zum weit überwiegenden Teil evangelisch.“[84]

Sarrazin kontrastiert den Islam mit dem Christentum als eine Religion, die sich säkularisierungsoffen dem Vernunftprinzip verschrieben habe, denn, so seine Begründung: „Die christlichen Kirchen wurden über die Jahrhunderte zu einem säkularen, pluralistischen Selbstverständnis gezwungen.“[85] Sarrazin vertritt in diesem Argumentationszusammenhang einen Säkularisierungsmythos, in dem systematisch die Tatsache ausgeblendet bleibt, dass die Verweltlichung des Christentums durch den Versuch,

---

Sarrazin im deutschen Kontext die Juden als Erfolgsbeispiel instrumentalisiert – und damit den Zeitpunkt markiert, von dem an der Holocaust in Bezug auf Minderheitenfragen im öffentlichen Bewusstsein (mit Ausnahme der wenigen deutschen Juden) keine Rolle mehr spielt.“ Sander (2012), 83.

83 Vgl. z.B. Mosse (1990); Ziege (2002); Junginger (2011).

84 Sarrazin (2010), 93.

85 Ebd., 272.

die Genesis naturwissenschaftlich zu übersetzen,[86] das Phänomen des wissenschaftlichen Rassismus seit Ende des 18. Jahrhunderts mit hervorbrachte.[87]
Schließlich kennzeichnet Sarrazin den Islam als eine atavistische Glaubensrichtung, die sich im Evolutionsprozess auf einer zurückgebliebenen Stufe befinde: „Die meisten islamischen Glaubensrichtungen haben den gesellschaftlichen Entwicklungsprozess noch vor sich, den die Richtungen des Christentums in den letzten 500 Jahren mehrheitlich hinter sich gebracht haben."[88]
Die muslimische Religion wird nunmehr exklusiv unter dem Aspekt der Migration thematisiert. „Migranten muslimischer Herkunft" betitelt Sarrazin ein Kapitel und behauptet mit dieser Überschrift einen islamischen Abstammungszusammenhang. Zunächst verwehrt er sich gegen ein „unterschiedsloses Zusammenwerfen aller Migranten"[89] und destilliert als exponiertes Negativbeispiel die religiöse Gruppe der Muslime heraus. Hier meint er eine ausgeprägte Unfähigkeit zur Anpassung feststellen zu können und listet die damit verbundenen, vermeintlichen kollektiven Charaktereigenschaften der Muslime auf. Die nun genannten Attribute würden europaweit gelten, also egal, wie er hervorhebt, ob sie in „England, Frankreich, Deutschland, Niederlande, Belgien, Dänemark oder Norwegen" lebten:

> „unterdurchschnittliche Integration in den Arbeitsmarkt – überdurchschnittliche Abhängigkeit von Sozialtransfers – unterdurchschnittliche Bildungsbeteiligung – überdurchschnittliche Fertilität – räumliche Segregation mit der Tendenz zur Bildung von Parallelgesellschaften – überdurchschnittliche Religiosität mit wachsender Tendenz zu *traditionalen beziehungsweise fundamentalistischen* Strömungen des Islam – überdurchschnittliche Kriminalität, von der ‚einfachen' Gewaltkriminalität auf der Straße bis hin zur Teilnahme an terroristischen Aktivitäten".[90]

---

86 Vgl. Blumenberg (1981), 88ff.
87 Vgl. z B. Mosse (1990), 23ff.; Lilienthal (1990).
88 Sarrazin (2010), 269. Bemerkenswert ist, dass sich in dem von Sarrazin glorifizierten Zeitraum die auf Grundlage der christlichen Hexentheologie erfolgten Hexenjagden auf dem Höhepunkt befanden (16./17. Jh.), ebenso die für die Frühaufklärung charakteristischen Gewalteskalationen wie Hinrichtungsexzesse und Intensivierungen von Kriegen.
89 Ebd., 262.
90 Ebd., 264.

Die Beschreibung der Muslime als potentielle Gewalttäter strapaziert Sarrazin seitenlang, indem er Kausalitäten zwischen der moslemischen Religion, Diktaturen, patriarchalen Strukturen und Kriminalität herstellt.
„Das westliche Abendland sieht sich durch die muslimische Immigration und den wachsenden Einfluss islamistischer Glaubensrichtungen mit autoritären, vormodernen, auch antidemokratischen Tendenzen konfrontiert, die nicht nur das eigene Selbstverständnis herausfordern, sondern auch eine direkte Bedrohung unseres Lebensstils darstellen.“[91]
War auch in der antisemitischen Propaganda „der jüdische Mann“ zum Erfinder des Patriarchats stilisiert,[92] so ignoriert Sarrazin konsequent die Patriarchalisierungsschübe in der christlichen Kultur seit dem 16. Jahrhundert, ebenso die Verwissenschaftlichung des Antifeminismus seit dem 19. Jahrhundert, die Implementierung christlich-patriarchaler Ehegesetzgebungen in den Familiengesetzbüchern sowie christlich begründete Unzuchtgesetze (z.B. Diskriminierung der unehelichen Mutterschaft und „illegitimer Kinder“, Homosexuellenverfolgung) bis Ende der 70er-Jahre des 20. Jahrhunderts. Patriarchale Strukturen und Gewalt meint Sarrazin hingegen als ureigene Wesenmerkmale dieser einen moslemischen Religion feststellen zu können. Seine Conclusio lautet: *„Bei keiner anderen Religion ist der Übergang zu Gewalt, Diktatur und Terrorismus so fließend.“*[93]
Im Zuge dieses radikal reduktionistischen Wahrnehmungsmusters von Menschen, die der moslemischen Glaubensgemeinschaft angehören, stellt Sarrazin Religionszugehörigkeit, Gebärverhalten, Genetik, Gewaltbereitschaft, Patriarchat und politische Gefährlichkeit in einen kausalen Zusammenhang. Er begibt sich mit diesem Argumentationsmuster strukturell auf das Gleis des *völkischen Antisemitismus*, der nunmehr als *völkischer* oder *rassischer Antiislamismus* formuliert ist. Religion wird hier zu einem Abstammungsmerkmal schlechthin und in der Logik der Evolutionsbiologie zu einer gefährlichen „Rasse“ erklärt.

91 Ebd., 266.
92 Vgl. Ziege (2002), 185ff.
93 Sarrazin (2010), 292 (Hervorhebung A.B.).

Die Sarrazinsche Lösung: „Workfare", Erziehung zur Arbeit, Jagd auf „Illegale" und deren Vertreibung

Aus dem dargelegten Deutungsmodell der globalisierten Arbeitsökonomie und den sich mit ihr verbindenden sozialen Krisen zieht Sarrazin nur logisch die historisch bekannten Konsequenzen. Unter der Überschrift „Was tun?", entwirft er einen Präventivschlag gegen die von ihm auf die Zukunft projizierten Horrorszenarien. Überspitzt formuliert: in der staatlich institutionalisierten Kindererziehung ab drei Jahren und auf dem Arbeitsmarkt sind die Gesetze der „natürlichen Selektion" zu installieren. Parallel dazu ist über Deutschland ein Fahndungsnetz zur Jagd auf „Illegale" zu spannen. Durch die Implementierung einer restriktiven Überwachungsstruktur schwebt Sarrazin die staatlich organisierte Selektion der deutschen und migrantischen Bevölkerung vor. Sein Programm zielt grundsätzlich darauf ab, eine radikale Assimilation an die deutsche Kultur durch das *Prinzip Arbeit* oder, wenn dieses nicht greift, die Vertreibung aus Deutschland zu organisieren. Wer dem durch staatliche Biopolitik erzeugten Anpassungsdruck nicht Stand hält, fällt durch die Sieblöcher der Selektion. Am Ende dieses Selektionsprozesses sind in der Sarrazinschen Lösung die noch verbliebenen Migranten und Migrantinnen zu Deutschen mutiert:

> „wir erwarten von euch, dass ihr die Sprache lernt, dass ihr euren Lebensunterhalt mit Arbeit verdient, dass ihr Bildungsehrgeiz für eure Kinder habt, dass ihr euch an die Sitten und Gebräuche Deutschlands anpasst und *dass ihr mit der Zeit Deutsche werdet* [...] Wer Türke oder Araber bleiben will und dies auch für seine Kinder möchte, der ist in seinem Herkunftsland besser aufgehoben. Und wer vor allem an den Segnungen des deutschen Sozialstaats interessiert ist, der ist bei uns schon gar nicht willkommen."[94]

Unter dem Kosten-Nutzen-Paradigma der Arbeitsgesellschaft fordert Sarrazin programmatisch statt „*Welfare – Workfare*". Auch die der Arbeit zugesprochenen Erziehungsfunktionen haben im Rahmen der Ökonomisierung christlicher Tugenden eine lange Tradition: Die seit Ende des 16. Jahrhunderts im Zuge der Protoindustrialisierung entstehenden Arbeits-, Korrektions- und Zuchthäuser waren als Orte der Strafe

94 Ebd. 326 (Hervorhebung A.B.).

und Umerziehung eingerichtet. Die Einübung christlicher Tugenden wie Sparsamkeit, Arbeitswilligkeit und Mäßigkeit wurden einer paradiesischen Faulheitsethik entgegengesetzt.[95] Die Umerziehung durch Arbeit war von vornherein als eine religiöse Praxis begründet, und die sich mit ihr verbindende militärische Disziplinierung wurde schließlich zu einer wesentlichen mentalen Voraussetzung für die Durchsetzung der kapitalistischen Ökonomie.[96]

Auf diese frühkapitalistische Tradition greift Sarrazin zurück und entwickelt ein Programm, das eine Kombination aus einem strafrechtlich sanktionierten Arbeitszwang und einer von früh morgens bis spät abends durchorganisierten, verstaatlichten Kindererziehung vorsieht – ein kurzes Zusammentreffen von Eltern und Kindern ist nur noch am Abend erlaubt.

Unter dem Motto: „*Das Reich der Arbeit ist das Reich der Sekundärtugenden*“[97] fordert Sarrazin ein staatliches Straf- und Umerziehungssystem. Für „autochthone“ wie für „allochthone“ erwachsene Menschen, die Sozialleistungen beziehen, entwirft er ein Regime des Arbeitszwangs, in dem eine Entlohnung nicht mehr vorgesehen und durch „Arbeitslosengeld II“ ersetzt ist:

> „jeder Arbeitsfähige muss sich an gesetzlichen Arbeitstagen zur festgesetzten Uhrzeit dort einfinden, wo er eingeteilt ist. [...] Unpünktlichkeit und Nichtteilnahme haben Abzüge beim Arbeitslosengeld II zur Folge, Krankmeldungen werden überprüft. [...] Für Kinder ab dem dritten Lebensjahr besteht Kindergartenpflicht. Der Ganztagskindergarten wird zur Regelleistung. Verkehrssprache im Kindergarten ist Deutsch, darauf achten die Erzieherinnen. Bei unentschuldigtem Fehlen wird die Grundsicherung für das Kind auf den anteiligen Regelsatz für Lebensmittel abgesenkt, abzüglich des Gegenwerts der Mahlzeiten im Kindergarten. Diese Abzüge werden tagesscharf berechnet. Ebenso wird an den Schulen verfahren. Die Ganztagsschule wird zum Regelbetrieb. [...] Die sprachlichen Voraussetzungen für den Erwerb der Staatsbürgerschaft werden verschärft. [...] Zuzug ist nur möglich, wenn der in Deutschland lebende Ehegatte in den vorangegangenen drei Jahren sei-

95 Vgl. Pfeisinger (2006), 157ff.

96 Vgl. Weber (1991); Foucault (1977), 173ff.; Dreßen (1982), 271ff.

97 Sarrazin (2010), 170 (Hervorhebung, A.B.)

nen Lebensunterhalt ohne Inanspruchnahme von Grundsicherung bestreiten konnte. Der zuziehende Ehegatte hat für zehn Jahre keinen Anspruch auf Grundsicherung. – Für die weitere Zuwanderung gelten äußerst restriktive Bedingungen, die im Prinzip nur noch Spezialisten am obersten Ende der Qualifikationsskala erfüllen. [...] Ein fälschungssicherer biometrischer Ausweis hält den Aufenthaltsstatus fest. Für alle, die nicht deutsche Staatsbürger sind, wird eine zentrale bundesweite Datenbank eingerichtet."[98]

Ausblick

Ende August 2010 erschien mit 25.000 Exemplaren die Schrift *Deutschland schafft sich ab*. Die erste und auch die zweite Auflage von 15.000 Exemplaren waren gleich am Tag nach Erscheinen verkauft, die vierte von 80.000 nach einer Woche. Mit der 16. Auflage hatte die *Deutsche Verlags-Anstalt* (DVA) bis Anfang des Jahres 2011 1,2 Millionen Exemplare auf den Markt gebracht. Dieses Buch avancierte nach dem Zweiten Weltkrieg neben der *Bibel* und dem *Duden* zu einem der erfolgreichsten Sachbücher. Es hat ein breites Lesepublikum vor allem in der Mitte der Gesellschaft angezogen, stieß in den Reihen akademischer Schichten auf positive Resonanz und wurde mehrfach von prominenten und intellektuellen Persönlichkeiten gewürdigt. Auch scheiterte aufgrund von Solidaritätsbekundungen prominenter Personen ein Ausschluss Sarrazins aus der Sozialdemokratischen Partei Deutschlands.[99] Arnulf Baring – emeritierter Professor für Geschichtswissenschaft – kommentierte das Buch *Deutschland schafft sich ab* mit dem Satz: „In der Sache könne niemand Sarrazin widerlegen".[100] Ähnlich argumentierten Repräsentanten der politischen Elite – so z.B. der ehemalige Bundeskanzler Helmut Schmidt[101] oder der momentan amtierende Bundespräsident Joachim Gauck.[102]

Der Erfolgsgeschichte dieser Schrift ging in Deutschland eine von den Medien, der Politik sowie dem Verfassungsschutz ignorierte Mordserie und ein Anstieg rassistisch

98 Ebd., 327ff.
99 Vgl. Haller/Niggeschmidt (2010), 7f.
100 Zit.n. ebd., 10.
101 Vgl. ebd., 10f.
102 Vgl. Sirleschtov/Haselberger (2010).

begründeter Tötungen genau von jenen Menschen voraus, die Sarrazin als gemeingefährlich kennzeichnet. Nur macht sich Sarrazin mit dem Instrumentarium des wissenschaftlichen Rassismus auf die Suche nach Sündenböcken. Sein logisches Erklärungsgebäude, das sich mit statistischen Hochrechnungen und als unvermeidlich suggerierten Schlussfolgerungen auszuweisen sucht, bringt eine tiefgründige Verachtung bestimmter Menschen aufgrund ihrer Herkunft, Nationalität, Schichtzugehörigkeit und Religion zum Ausdruck. Es liefert eine rationale Begründung für die Bereitschaft zu deren Beseitigung. Die rassistische Konsequenz dieses originär biopolitischen Konzepts hat Michel Foucault unter dem Topos der „Verteidigung der Gesellschaft"[103] gefasst. Gegen den gesellschaftsgefährlichen „Körper der Vererbung" muss sich staatliche Gewalt formieren. Die rassenhygienische Kernaussage, die gegen die Vermehrung der „Untüchtigen" zur rassistischen Gegenwehr aufruft, reproduziert Sarrazin, wenn er allein deren Existenz als eine tödliche Bedrohung der Gesellschaft zu einem staatlich beseitigbaren und biologisch begründeten Phänomen macht. Hannah Arendt hat „das eigentliche Wesen" einer Ideologie mit der Umwandlung einer Idee zu einer Prämisse erklärt, die schließlich „aus einer Einsicht in das, was ist, eine Voraussetzung für das, was sich zwangsmäßig einsichtig ereignen soll"[104] in eine stringente Logik fasst. Thilo Sarrazin bietet solch eine Umwandlung mit präzisen Handlungsanweisungen an, und sie scheint bisweilen zu fruchten.

Bibliographie

Adamek, Sascha/Goll, Jo/Siegmund, Norbert (2012): Sarrazins Deutschland – wie eine Debatte das Land spaltet, in: *WDR,* 09.01.2012, 22.00–22.45 Uhr, online unter: http://www.wdr.de/tv/diestory/sendungsbeitraege/2012/0109/sarrazin.jsp (Zugriff am 14.10.2012).

Arendt, Hannah (1981): *Vita activa oder vom tätigen Leben.* München: Piper.

Arendt, Hannah (1986): *Elemente und Ursprünge totaler Herrschaft.* München: Piper (Original: 1951 The Origins of Totalitarianism).

103 Foucault (2003), 418.
104 Arendt (1986), 721.

Baur, Erwin/Fischer, Eugen/Lenz, Fritz (1921): *Grundriss der menschlichen Erblichkeitslehre und Rassenhygiene*. München: J. F. Lehmann.

Bergmann, Anna (1992): *Die verhütete Sexualität. Die Anfänge der modernen Geburtenkontrolle.* Hamburg: Rasch und Röhring.

Bergmann, Anna (2009): Morel, Benedict Augustin (1809–1873), in: Sigusch, Volkmar/Grau, Günter, Hg.: *Personenlexikon der Sexualforschung*. Frankfurt/New York: Campus, 527–532.

Bergmann, Anna/Czarnowski, Gabriele/Ehmann, Annegret (1989): Menschen als Objekte humangenetischer Forschung und Politik im 20. Jahrhundert: Die Geschichte des Kaiser Wilhelm-Instituts für Anthropologie, menschliche Erblehre und Eugenik in Berlin-Dahlem (1927–1945), in: Aly, Götz/Pross, Christian, Hg.: *Der Wert des Menschen. Medizin in Deutschland 1918–1945,* Berlin: Edition Hentrich Berlin, 121–142.

Blumenberg, Hans (1981): *Die Lesbarkeit der Welt.* Frankfurt am Main: Suhrkamp.

Bock, Gisela (1983): Historische Frauenforschung: Fragestellungen und Perspektiven, in: Hausen, Karin, Hg.: *Frauen suchen ihre Geschichte*. München: Beck, 22–60.

Bock, Gisela (1986): *Zwangssterilisation im Nationalsozialismus. Studien zur Rassenpolitik und Frauenpolitik*. Opladen: Westdeutscher Verlag.

Botsch, Gideon: *Sind die Äußerungen von Dr. Thilo Sarrazin im Interview mit der Zeitschrift Lettre International (deutsche Ausgabe, Heft 86) als rassistisch zu bewerten?* Gutachten vom 22. Dezember 2009 im Auftrag des SPD-Kreisverbandes Spandau und der SPD-Abteilung Alt-Pankow, online unter: www.nachdenkseiten.de/upload/pdf/100129_hinweise_2_sarrazin.pdf (Zugriff am 06.04.2012).

Byer, Doris (1988): *Rassenhygiene und Wohlfahrtspflege. Zur Entstehung eines sozialdemokratischen Machtdispositivs in Österreich bis 1934*. Frankfurt, New York: Campus.

Czarnowski, Gabriele (1991): *Das kontrollierte Paar. Ehe- und Sexualpolitik im Nationalsozialismus*. Weinheim: Deutscher Studienverlag.

Czarnowski, Gabriele (2008): Eheeignung und Ehetauglichkeit. Körpereinschreibungen im administrativen Geflecht positiver und negativer Rassenhygiene während des Nationalsozialismus, in: Baader, Gerhard/Hofer, Veronika/Mayer, Thomas, Hg.: *Eugenik in Österreich. Biopolitische Strukturen von 1900 bis 1945.* Wien: Czernin Verlag, 312–344.

Dienel, Christiane (1995): *Kinderzahl und Staatsräson. Empfängnisverhütung und Bevölkerungspolitik in Deutschland und Frankreich bis 1918*. Münster: Westfälisches Dampfboot.

Dreßen, Wolfgang (1992): *Die pädagogische Maschine. Zur Geschichte des industrialisierten Bewusstseins in Preußen/Deutschland*. Frankfurt/Main, Berlin, Wien: Ullstein.

Ehmer, Josef (2004): *Bevölkerungsgeschichte und Historische Demographie 1800–2000.* München: Oldenbourg.

Eschebach, Insa/Ley, Astrid (2012), Hg.: *Geschlecht und „Rasse" in der NS-Medizin.* Berlin: Metropol Verlag.

Fangerau, Heiner (2000): *Das Standardwerk zur menschlichen Erblichkeitslehre und Rassenhygiene von Erwin Baur, Eugen Fischer und Fritz Lenz im Spiegel der zeitgenössischen Rezensionsliteratur 1921–1941*. Med. Diss. Ruhr-Universität Bochum, online unter: http://www-brs.ub.ruhr-uni-bochum.de/netahtml/HSS/Diss/FangerauHeiner/diss.pdf (Zugriff am 14.10.2012).

Foucault, Michel (1977): *Überwachen und Strafen. Die Geburt des Gefängnisses.* Aus dem Französischen Walter Seitter. Frankfurt/Main: Suhrkamp.

Foucault, Michel (2003): *Die Anormalen.* Vorlesungen am Collège de France (1974–1975). Aus dem Französischen Michaela Ott. Frankfurt/Main: Suhrkamp.

Gilman, Sander L.: Sind Juden genetisch anders?, in: Haller/Niggeschmidt 2012, 71–85.

Haller, Michael/Niggeschmidt, Martin (2012), Hg.: *Der Mythos vom Niedergang der Intelligenz. Von Galton zu Sarrazin: Die Denkmuster und Denkfelder der Eugenik.* Wiesbaden: Springer VS.

Haller, Michael/Niggeschmidt, Martin (2012): Einführung, in: Dies., Hg.: Der Mythos vom Niedergang der Intelligenz. Wiesbaden: Springer VS, 7–15.

Henryk M. Broder interviewt Thilo Sarrazin (2010): „Es war ein langer und lauter Furz", in: *TAZ*, Nr. 9363 vom 07.12.2010, 4–5, online unter: http://www.taz.de/1/archiv/digitaz/artikel/?ressort=hi&dig=2010%2F12%2F07%2Fa0096&cHash=3c2cd107 4329f10baa9fbd97274f3b20 (Zugriff am 14.10.2012).

Hitler, Adolf (1933): *Mein Kampf.* Bd. 2: Die nationalsozialistische Bewegung. München: Verlag Franz Eher.

Junginger, Horst (2011): *Die Verwissenschaftlichung der „Judenfrage" im Nationalsozialismus*. Darmstadt: WBG.

Kaufmann, Franz-Xaver (2005): *Schrumpfende Gesellschaft. Vom Bevölkerungsrückgang und seinen Folgen*. Frankfurt/Main: Suhrkamp.

Königseder, Angelika (2012): „Mein Kampf". Entstehung und Verbreitung bis 1945, in: *Zeitschrift für Geschichtswissenschaft* 60 (11), 898–906.

Kühl, Stefan (1997): *Die Internationale der Rassisten. Aufstieg und Niedergang der internationalen Bewegung der Eugenik und Rassenhygiene im 20. Jahrhundert.* Frankfurt/New York: Campus.

Lehner, Karin (1989): *Verpönte Eingriffe. Sozialdemokratische Reformbestrebungen zu den Abtreibungsbestimmungen in der Zwischenkriegszeit*. Wien: Picus.

Lilienthal, Georg (1990): Samuel Thomas Soemmerring und seine Vorstellungen über Rassenunterschiede, in: Mann, Gunter, Hg.: *Die Natur des Menschen: Probleme der physischen Anthropologie und Rassenkunde (1750–1850).* Stuttgart, New York: Gustav Fischer Verlag, 31–55.

Marx, Karl (1972): *Das Kapital. Kritik der politischen Ökonomie.* Bd. 3. MEW 25. Berlin/DDR: Dietz Verlag.

Mosse, George L. (1990): *Die Geschichte des Rassismus in Europa*. Aus dem Amerikanischen Elfirede Burau und Hans Günter Holl. Frankfurt/Main: Fischer.

Pfeisinger, Gerhard (2006): *Arbeitsdisziplinierung und frühe Industrialisierung 1750–1820.* Wien/Köln/Weimar: Böhlau.

Ploetz, Alfred (1895)*: Die Tüchtigkeit unsrer Rasse und der Schutz der Schwachen. Ein Versuch über Rassen-Hygiene und ihr Verhältnis zu den humanen Idealen, besonders zum Socialismus*. Berlin: Fischer.

Rabenschlag, Ann-Judith (2008): Für eine bessere „Bevölkerungsqualität". Ein Vergleich bevölkerungspolitischer Konzepte in Schweden 1920–1940, in: *NORDEUROPAforum. Zeitschrift für Politik, Wirtschaft und Kultur* 18 (1), 47–67.

Sarrazin, Thilo (2010): *Deutschland schafft sich ab. Wie wir unser Land aufs Spiel setzen.* München: Deutsche Verlags-Anstalt (Hier benutzte Ausgabe: 13. durchgesehene Auflage).

Sassen, Saskia (2009): Die Dialektik von Welt und Nation. Zur Transformation von Territorium, Autorität und Recht, in: Blätter für deutsche und internationale Politik, Hg.: *Das Ende des Kasino-Kapitalismus? Globalisierung und Krise.* Berlin: Blätter Verlagsgesellschaft, 107–116.

Saunders, Doug (2012): *Mythos Überfremdung: Eine Abrechnung.* Aus dem Englischen Werner Roller. München: Karl Blessing Verlag.

Schmuhl, Hans-Walter (2005): *Das Kaiser-Wilhelm-Institut für Anthropologie, menschliche Erblehre und Eugenik (1927–1945).* Göttingen: Wallstein Verlag.

Schütz, Wolfgang (2012): „Deutschland schafft sich ab". Sarrazin legt nach. Von Ackergäulen und Lipizzanern, in: *Augsburger Allgemeine* vom 11.01.2012, online unter: http://www.augsburger-allgemeine.de/kultur/Sarrazin-legt-nach-Von-Ackergaeulen-und-Lipizzanern-id18270011.html (Zugriff am 14.10.2012).

Sirleschtov, Antje/Haselberger, Stephan: *Gauck attestiert Sarrazin „Mut"*, in: DER TAGESSPIEGEL vom 30.12.2010, online, unter: http://www.tagesspiegel.de/politik/integration-gauck-attestiert-sarrazin-mut/v_print/3685052.html (Zugriff am 20.11.2012).

Spielhaus, Riem (2011): *Wer ist hier Muslim? Die Entwicklung eines islamischen Bewusstseins in Deutschland zwischen Selbstidentifikation und Fremdzuschreibung*. Würzburg: Ergon Verlag.

Usborne, Cornelie (1994): *Frauenkörper – Volkskörper. Geburtenkontrolle und Bevölkerungspolitik in der Weimarer Republik.* Aus dem Englischen Juliane Gräbener-Müller und Cornelie Usborne. Münster: Westfälisches Dampfboot.

Weber, Max (1991): *Die protestantische Ethik I.* Eine Aufsatzsammlung, hrsg. von Johannes Winckelmann. Gütersloh: Gütersloher Verlagshaus Mohn.

Weindling, Paul (1989): *Health, Race and German Politics between National Unification and Nazism, 1870–1945.* Cambridge: Cambridge University Press.

Wolf, Maria A. (2008): *Eugenische Vernunft. Eingriffe in die reproduktive Kultur durch die Medizin 1900–2000.* Wien, Köln, Weimar: Böhlau.

Ziege, Eva-Maria (2002): *Mythische Kohärenz. Diskursanalyse des völkischen Antisemitismus*. Konstanz: UVK Verlagsgesellschaft.

De_Konstruktionen

Geschlechter-Transgression in der römischen Antike: Erzählungen von Eunuchenpriestern[1]

Kordula Schnegg

> „Thinking is telling tales, telling tales is creating [...] You don't have anything if you don't have stories."[2]
> (Leslie Marmon Silko zitiert nach Lidia Curti)

Vorbemerkung

Meine Verwendung von *Geschlecht* als Analysekategorie beruht auf den theoretischen Überlegungen der US-amerikanischen Historikerin Joan W. Scott.[3] Dem von Scott benützten Begriff *gender* wird in dieser Arbeit der deutsche Begriff *Geschlecht* Vorzug gegeben, weil er mehr Spielraum und Verschleierung zwischen körperlichen Differenzen (*sexual differences*) und deren kultureller Deutungen (*gender*) erlaubt.

---

1 Mein Dank gilt den Initiatorinnen und Organisatorinnen der Innsbrucker Gender Lectures: Erna Appelt und Marion Jarosch; sowie Andrea Ellmeier. Für Hinweise danke ich Sabine Gatt.

2 Curti (1998), X.

3 Siehe Scott (1988), 2; Scott (2001). Zur Rezeption des Konzepts in der deutschsprachigen Forschung siehe Opitz (2001). Eine kritische Auseinandersetzung mit dem Modell bietet z.B. Hey (1995).

Einleitung: Allgemeines zu den Geschlechtervorstellungen in der römischen Antike

Antike Texte vermitteln klare Vorstellungen von Männlichkeit und Weiblichkeit, ebenso von geschlechtlich markierten Aktionsräumen. In den literarischen Quellen finden wir Hinweise auf Geschlechterhierarchien, in denen das männliche Geschlecht zumeist eine dominante Stellung erhält. Die soziale Ordnung war jedoch nicht nur aufgrund des Geschlechts, sondern auch aufgrund weiterer Differenzierungsmerkmale auszumachen, zu denen im antiken Rom vor allem der soziale Stand, das Alter und die ethnische Zugehörigkeit zählten.[4] Es wurde weitgehend von einem binären Geschlechtersystem ausgegangen. Die Zuordnung zu einem Geschlecht basierte dabei primär auf Grundlage sichtbarer Körpermerkmale.

Trotz der klaren Vorstellungen, die in den Texten expliziert werden, scheint für die Historikerin/den Historiker des 21. Jahrhunderts das binäre Ordnungssystem im antiken Rom immer wieder durchbrochen worden zu sein. Es sind uns nämlich vereinzelt Beispiele überliefert, die auf ein *Über-* bzw. *Durchschreiten* (=Transgression) dieser normativen Geschlechtergrenzen aufmerksam machen. Literarische Zeugnisse berichten in verschiedenen Zusammenhängen von Geschlechter-Transgressionen. Folgende Beispiele aus der römischen Antike sollen zur Veranschaulichung dienen:

1. Die Geschichte weiß von Menschen zu berichten, die für kultische Zwecke oder als Strafmaßnahme im Krieg kastriert wurden.[5] In der Literatur werden die Betroffenen häufig als nicht (mehr) männlich dargestellt.
2. Die antiken Quellen erzählen auch von Menschen, die zweigeschlechtlich bzw. einem Geschlecht nicht eindeutig zuordenbar zur Welt kamen. So berichtet Plinius der Ältere (datiert in das 1. Jh. n. Chr.) von Frauen, die eine „unnatürliche Ähnlichkeit“ mit dem männlichen Geschlecht aufweisen würden; es gebe sogar Menschen „beiderlei Geschlechtes“, die Plinius als Hermaphroditen bezeichnet.[6]
3. Es gibt antike Erzählungen darüber, wie Personen bzw. mythische Figuren im

4 Siehe hierzu (in Auswahl) Späth/Wagner-Hasel (2000); Rollinger/Ulf (2000); Ulf/Rollinger (2002); Ulf/Rollinger (2006); Rollinger/Ulf (2006); Hartmann et al. (2007).

5 Guyot (1980), 15–36.

6 Plin. n. 11, 109, 261.

Laufe ihres Lebens das Geschlecht änderten. Ein bekanntes Beispiel hierfür ist Teiresias, eine Seherfigur aus dem thebanischen Sagenkreis.[7]

4. Mitunter stellen die literarischen Quellen dar, dass das Verhalten von bestimmten Personen nicht dem geschlechtlich markierten Aktionsbereich entspricht. Diese Personen würden sich nicht gemäß ihrer zugewiesenen Identität als Mann oder Frau verhalten. Für die römische Antike ist als Beispiel hierfür Fulvia zu nennen, die gegen Ende der römischen Republik eine machtvolle Position einnahm und von römischen Historiographen mitunter negativ charakterisiert wurde, weil sie scheinbar wie ein Mann handelte, indem sie militärisch und politisch aktiv war.[8]

Alle diese Beispiele zeugen davon, dass es Lebensrealitäten (wie im Fall der Kastration) und Visionen (wie z.B. die Erzählung von Teiresias) in Rom gab, die jenseits der normativen Geschlechterdichotomie anzusiedeln sind.
Auf ein Beispiel will ich hier näher eingehen.[9] Mein Augenmerk soll auf die sogenannten Eunuchenpriester, die in den antiken Texten als *Galli*[10] bezeichnet sind, gerichtet werden.[11] Der Untersuchungsrahmen umfasst die römische Antike vom 1. Jh. v. Chr. bis zum 2. Jh. n. Chr. Rom ist zu dieser Zeit die politische Macht im Mittelmeerraum. Die monarchische Herrschaftsform, die sich gegen Ende des 1. Jh. v. Chr. zu etablieren beginnt, gewinnt an Stabilität. An der Spitze des römischen Reiches steht der Kaiser, der mehr oder weniger absolut herrscht. Über die politischen, militärischen und gesellschaftlichen Verhältnisse dieser Zeit berichten verschiedene Quellenmaterialien, die sowohl archäologischer als auch schriftlicher Art sind.

---

7 Zur Deutung der Geschlechtsumwandlung des Teiresias siehe Brisson (2002), 115–130.

8 Fulvia soll den antiken Quellen zufolge *imperium* ausgeübt haben, indem sie Truppen aushob und militärische Befehle erteilte. Diese Aktion war allein hohen römischen Beamten (z.B. Konsuln) und römischen Feldherrn vorbehalten.

9 Diese Ausführungen sind ein Teil meiner Forschungsarbeiten zu Geschlechter-Transgressionen in der römischen Antike.

10 Ich verwende im Folgenden die lateinische Form *Galli* (Pl.) und *Gallus* (Sg.).

11 Zwei Punkte, die im Vortrag ausgeführt wurden, sind in dieser schriftlichen Version exkludiert: die Darlegung des theoretischen Modells – diesbezüglich kann auf bereits publizierte Literatur verwiesen werden (siehe Anm. 3) – sowie das Fallbeispiel „Hermaphroditen“.

Die Quellen und die Historikerin: Hinweise zur Methode

Folgende Ausführungen beruhen auf der schriftlichen Überlieferung, speziell auf der literarischen Überlieferung. Diese ist für die Antike allgemein sehr bescheiden, denn die Zeugnisse sind mitunter zeitlich und geographisch weit gestreut. Darüber hinaus ist uns nur ein Teil der überlieferten Quellen vollständig erhalten. Dazu kommt noch, dass die literarischen Zeugnisse überwiegend von Männern stammen und die Themenbreite zuweilen sehr begrenzt ist.
Für meine Überlegungen bedeutet dies, dass ich mein Augenmerk auf ca. 300 Jahre legen muss, um für meinen Forschungsgegenstand ein hinreichendes Ausmaß an Quellen analysieren zu können. Der zu untersuchende Zeitraum ist damit sehr groß. Gerade die kritische Geschlechterforschung weist – wie auch andere postmoderne Wissenschaftstheorien – auf die Notwendigkeit hin, gesellschaftliche Konstellationen, Wahrnehmungen von *Eigenem* und dem *Anderen/Fremden* im jeweiligen historischen, gesellschaftlichen und kulturellen Kontext zu sehen.[12] Es ist vor diesem Hintergrund eine Herausforderung, einen 300-jährigen Zeitraum erfassen zu wollen. Das erfordert zum einen eine Reflexion darüber, welche historische Aussagen aufgrund des Quellenmaterials möglich sind, und zum anderen verlangt es von der Historikerin/dem Historiker auch Mut zur Lücke, wenn bestimmte Kausalitäten aufgrund der Überlieferung nicht hergestellt werden können.
Die Behandlung ausgewählter Textbeispiele, die von den *Galli* berichten, veranschaulicht die methodischen Herausforderungen.

Die *Galli*: Körperliche Markierung für kultische Zwecke

Antike Autoren berichten von religiösen Kulten in Rom, bei welchen ein Teil der Anhängerschaft sich selbst entmannte. Diese in der Forschung auch als Eunuchenpriester benannten Akteure werden in den antiken Quellen als *Galli* bezeichnet. Sie standen im Dienste einer weiblichen Gottheit, die in Rom mit der *Magna Mater Idaea* (die große

12 Ähnlich verfahren z.B. auch die Queer Studies oder die Postcolonial Studies. Siehe hierzu (in Auswahl): Do Mar Castro Varela/Dhawan (2005); Shaw/Ardener (2005); Stryker/Whittle (2006); Herdt (1996).

Mutter) identifiziert wurde. Der Kult selbst stammte aus Anatolien und soll um 205/4 v. Chr. in Rom eingeführt worden sein.[13]

In der Forschung hat man sich intensiv mit dem kultischen Aktionsraum der *Galli* beschäftigt.[14] Ich will im Folgenden das Augenmerk auf die körperlichen Merkmale der *Galli* lenken und einzelne Quellenbeispiele in diesem Zusammenhang besprechen.

Das Bild, das die römischen Quellen von den *Galli* überliefern, ist diffus. Ältere Historiographen wie Polybios (datiert in das 2. Jh. v. Chr.) und Livius (datiert in das 1. Jh. v. Chr.) lassen die *Galli* als religiös und politisch bedeutende Personen, mit einem gewissen sozialen Prestige erscheinen.[15] In diesen frühen Erwähnungen sind keine Hinweise auf besondere körperliche Merkmale zu finden. Vielmehr lesen wir von der speziellen Kulttracht der Priester, die in diesen Textbeispielen im „Osten", nicht in Rom selbst, wirken.[16]

Die scheinbar frühste Entmannung zu Ehren der Göttin in Rom soll auf das Jahr 101 v. Chr. zu datieren sein. Die Quelle hierfür ist Iulius Obsequens, der in der Mitte des 4. Jh. n. Chr. ein Werk über *Die Wunder Roms* verfasste. In diesem Zusammenhang berichtet er, dass ein bestimmter Sklave sich selbst entmannt hätte.[17] Er sei daraufhin aus Rom verbannt worden – ohne Möglichkeit zur Rückkehr. Die Historizität des Ereignisses muss kritisch hinterfragt werden, denn zwischen dem beschriebenen Ereignis und der Abfassungszeit des Werkes liegen ca. 400 Jahre. Darüber hinaus wird die Geschichte im Zusammenhang mit verschiedenen Prodigien (Vorzeichen) in Rom erzählt, die sich z.T. sehr wunderlich und außergewöhnlich gestalten.

Ebenso berichtet der Autor des Werkes *De Dea Syria* (datiert in das 2. Jh. n. Chr.) von der Selbstentmannung zu Ehren der Göttin, jedoch als eine Art Initiationsritus, um in die Gruppe der *Galli* aufgenommen zu werden.[18] Der Autor setzt die Aktion in den Rahmen kultischer Feierlichkeiten: Beim Hauptfest für die *Dea Syria* sollen sich Männer – beeinflusst von den orgiastischen Prozessionen – ihre Genitalien abschneiden.[19]

---

13 Vgl. dazu Roscoe (1996), 198ff.; Roller (1998), 124.

14 Siehe z.B. Lane (1996); Roller (1999).

15 Vgl. dazu Roller (1998), 125.

16 Zur Tracht der *Galli* siehe Müller (2003), dessen Studie vor allem auf archäologischem Quellenmaterial beruht.

17 Obseq. 44a.

18 Luk. Dea Syria 51f. Als Autor der Schrift wird in der Forschung Lukian aus Samosata diskutiert, siehe hierzu Schnegg (2010).

19 Luk. Dea Syria 51. Über die Selbstkastration der Männer, die dann *Galli* werden, berichtet auch Plin. n.

Die bedingt freiwillige – immerhin sind die Betroffenen von den kultischen Handlungen berauscht – und selbst vorgenommene Entmannung ist dabei ein Teil des Rituals. Sanktionen erfahren die Betroffenen keine, vielmehr beginnt für sie ein neuer Lebensabschnitt, den sie mit dem Tragen von Frauenkleidern und -schmuck beginnen lassen.[20] Da Parallelquellen für dieses spezielle Ritual fehlen, die Schrift allgemein satirische Tendenzen aufweist, ist die Historizität des Dargestellten jedoch kritisch zu hinterfragen.[21]

Als Männer, die nicht (ganz) männlich sind, werden die *Galli* v.a. in den Quellen ab dem 1. Jh. v. Chr. dargestellt.

Lukretius (Wirkungszeit in der Mitte 1. Jh. v. Chr.)[22] beschreibt in seinem Werk *Über die Natur* die religiöse Zeremonie zu Ehren der Göttermutter, bei der auch die *Galli* eine zentrale Rolle spielen. Aus seiner Darstellung geht deutlich hervor, dass es sich bei den *Galli* um Personen handelt, die keine Nachkommen mehr zeugen können. Ihre ganze Aufmerksamkeit soll dadurch auf die Göttin gelenkt werden.

Zeitlich gesehen etwas später schreibt Ovid (ca. 40 v. bis ca. 18 n. Chr.) ebenso von den Ritualen der zeugungsunfähigen *Galli*.[23] Er bezeichnet die Begleiter der Göttin als *semimares* – also als „Halbmänner".[24] Die *Galli* werden hier zwar mit Männlichkeit in Verbindung gebracht. Sie werden aber nur mehr als halbe Männer identifiziert.

Catull (1. Jh. v. Chr.) erzählt in einem seiner Gedichte von Attis, einer mythischen Gestalt, die sich zu Ehren der Magna Mater (hier: Kybele) entmannte.[25] In diesem Gedicht wird Attis als „Körper ohne Männlichkeit" (*„membra sine viro"*), als „unechte Frau" (*„notha mulier"*) bezeichnet.[26] Passend dazu werden die Priester der Göttin, welche als Nachfolger des Attis gelten, als *Gallae* (feminine Wortendung) benannt.[27]

11, 109, 261. Plinius macht deutlich, dass sich die Männer ihr Glied „abschneiden" (*„amputare"*) und zwar so, dass sie keinen Schaden nehmen würden. Vgl. dazu auch Plin. n. 35, 46, 165.

20 Luk. Dea Syria 51.

21 Siehe hierzu Schnegg (2010).

22 Lucr. 2, 614–43.

23 Ov. fast. 4, 181–190.

24 Ov. fast. 4, 360–367. Ovid beschreibt die Zeremonie als sehr laut, da Flöten, Becken und Pauken das Treiben begleiten. Außerdem bietet Ovid eine Erklärung für den Namen *Galli*. Dieser würde sich wohl vom Fluss Gallus herleiten.

25 Cat. 63.

26 Cat. 63, 6, 27.

27 Cat. 63, 34.

Valerius Maximus (1. Jh. n. Chr.) berichtet in seinem Werk über die *Denkwürdigen Taten und Worte* von einem Vorfall aus dem 1. Jh. v. Chr.: Ein Priester der Göttermutter wollte den Richterstuhl erlangen. Der Konsul (höchster Beamte in Rom) jedoch wusste dies zu verhindern, indem er auf die körperliche Erscheinung des Priesters aufmerksam machte. Er – so Valerius Maximus – wäre „weder Mann noch Frau" („*neque virorum neque mulierum*") und überdies sei seine Erscheinung „Ekel erregend" („*obscena* [...] *praesentia*") und seine Stimme „verderbt" („*inquinataque voce*").[28] Valerius Maximus benennt die körperliche Erscheinung des *Gallus*' und bewertet diese auch. Der Priester wird als „uneindeutig" definiert. Der Körper wird in diesem Textbeispiel als Vorwand für die Vorenthaltung politischer Macht angeführt. Insgesamt erfährt der *Gallus* aufgrund seiner scheinbaren körperlichen Andersartigkeit eine negative Beschreibung.

Martial (1./2. Jh. n. Chr.) polemisiert in einem seiner Epigramme gegen einen *Gallus*.[29] Dieser würde, trotz seiner körperlichen Erscheinung, sexuellen Verkehr sowohl mit Männern als auch mit Frauen praktizieren. Damit – so Martial – würde er den Dienst an der Göttin verraten. Martial thematisiert das sexuelle Leben des *Gallus*', das er ihm ohne weiteres zugesteht. Der sexuelle Verkehr mit Männern wird daher in diesem Textauszug nicht als Übel bewertet, sehr wohl aber der mit Frauen![30]

Iuvenal (1./2. Jh. n. Chr.) mokiert sich in seiner zweiten Satire über die Trinkfestigkeit eines *Gallus*', der mit „schwacher Stimme" („*fracta voce loquendi*") spricht und doch schon längst mit dem Messer „das überflüssige Fleisch" abschneiden sollte – also eine Kastration vornehmen sollte.[31] Und in der sechsten Satire macht sich Iuvenal über einen weiteren Eunuchenpriester lustig, wobei auch hier wieder auf die vermeintliche Andersartigkeit des Körpers hingewiesen wird:[32] Erzählt er doch, dass ein: „[...] riesiger Kastrat, eine Respektsperson für die jüngeren Widerlinge, der sich schon längst die noch zarten Hoden mit rasch ergriffener Scherbe abschnitt [...]", den Zug der Feiernden anführte. Also auch Iuvenal nimmt die Eunuchenpriester als Kastraten bzw. als „Halbmänner" wahr. Im lateinischen Text finden wir hierfür den Terminus *semivir*. Ihre körperliche Veränderung nach der Kastration, ihre „schwache Stimme" wird negativ

---

28 Val. Max. 7, 7, 6.

29 Mart. 3, 81.

30 Vgl. dazu auch Roscoe (1996), 205, mit Verweis auf Apuleius.

31 Iuv. 2, 110–115.

32 Iuv. 6, 514.

konnotiert. Erwähnenswert ist nun der Kontext, in dem die *Galli* Erwähnung finden. Iuvenal spottet in seinen Satiren über die zeitgenössischen Lebensverhältnisse. Nicht nur *Galli* und Eunuchen im Allgemeinen werden darin z.T. arg verrissen, sondern auch angesehene Frauen. Das sexuelle Verhältnis zwischen Frauen und Eunuchen, ein immer wieder kehrendes Motiv in den Satiren, bietet Iuvenal die Möglichkeit zur Negativcharakterisierung – vor allem der angesehenen Frauen!
Bei diesen letzten Textbeispielen (Catull bis Iuvenal) treten uns die *Galli* kaum als Personen eines offiziellen Kultes in Rom entgegen. Wir erfahren beinahe nur nebenbei etwas über ihre Tätigkeit. Im Mittelpunkt stehen die körperliche Erscheinung und die davon abgeleiteten Charaktereigenschaften und Fähigkeiten. Die Beschreibung und Bewertung des körperlichen sowie sozialen Erscheinens der *Galli* hängt von einem – in diesem Zusammenhang nur indirekt thematisierten – Wissen von Männlichkeit ab.

„Von der Quelle zur Vergangenheit"[33]: Möglichkeiten, Grenzen und Perspektiven der historischen Analyse

Die angeführten Beispiele bieten einen guten Einblick in die Quellenlage. Trotz der unterschiedlichen Kontexte, in denen die *Galli* Erwähnung finden, lassen sich bestimmte Tendenzen erkennen, die Aufschlüsse über den sozio-kulturellen Hintergrund der römischen Gesellschaft bieten. Auffallend ist dabei, dass das besondere Kennzeichnen der Körperlichkeit von Eunuchenpriestern für die römische Antike mit dem Ende des 1. Jh. v. Chr. einzusetzen scheint. Dieses Vorgehen in den literarischen Quellen ist m.E. in einem engen Zusammenhang mit den Geschlechtervorstellungen zu sehen, die zu dieser Zeit besonders stark in der Literatur thematisiert werden: Dabei werden klare Geschlechternormen vermittelt, die vor allem in Relation zum sozialen Stand reflektiert werden.[34] Und ein weiterer Aspekt kommt noch hinzu: es scheint, dass sich zur selben Zeit eine spezielle Vorliebe zu verbreiten begann, nämlich kastrierte Sklaven zum sexuellen Vergnügen zu „verwenden"[35]. Der Zusammenhang zwischen der negativen Charakterisierung von Eunuchensklaven (die auch aufgrund des sozialen Standes

33 Die Formulierung stammt aus Marrou (1973), 144.

34 Wenn angesehene Römerinnen mit Eunuchen verkehren, wird dies nicht als standesgemäß gedeutet.

35 „Verwenden" scheint der passende Terminus hierfür zu sein, werden doch Sklaven aus einer rechtlichen Perspektive nicht als Personen, sondern als „Sachen" wahrgenommen.

bzw. der ethnischen Zugehörigkeit erfolgt) und einer negativen Charakterisierung von Eunuchenpriestern muss jedoch im Detail überprüft werden.
Konfrontiert man nun den literarischen Diskurs mit Fragestellungen, die auf die soziale Wirklichkeit von Individuen abzielen, dann erfährt die historische Analyse bestimmte Grenzen. So bieten die Quellen keine Informationen über Körpererfahrungen und individuelle Erlebnisse der *Galli.* Lynn Roller hat bereits auf den Umstand hingewiesen, dass uns keine Zeugnisse von den *Galli* selbst vorliegen.[36] Wir können somit nicht mit Sicherheit feststellen, ob die Kastration freiwillig vorgenommen wurde. Wir haben keine Informationen darüber, wie die Betroffenen den Akt der Entmannung selbst erlebt haben, wie sich ihr Leben nach diesem Eingriff gestaltet hat und wie die *Galli* außerhalb ihres kultischen Handlungsraums in der römischen Gesellschaft integriert waren.[37] Den Blickwinkel der Betroffenen können wir nicht erfassen. Damit bleibt eine wesentliche Perspektive verborgen, die für eine aktuelle historische Körperforschung von Bedeutung ist.[38] Fragen nach der Körperlichkeit der *Galli* können nur begrenzt und nur aus einer *Fremdperspektive* behandelt werden.[39]
Ebenso fehlen uns die Lebensgeschichten, die biographischen Angaben von einzelnen *Galli*.[40] Sie sind als Individuen kaum greifbar. Wir finden selten Hinweise auf ihre familiäre Herkunft, ihren sozialen Status oder auf ihre ethnische Identität. Die *Galli* tauchen zumeist als Kollektiv in den literarischen Quellen auf. Nur vereinzelt, vorwiegend in Epigrammen wird eine einzelne Person hinter der Bezeichnung *Gallus* greifbar; sei es, dass ein konkreter Name überliefert ist, eine bestimmte Charaktereigenschaft oder ein bestimmtes Erlebnis.[41]
Bestimmte Fragen können wir also aufgrund des Quellenmaterials nicht beantworten. Die Quellen erhalten sich nun einmal: „[…] nicht im Hinblick auf die Bedürfnisse eines etwaigen Historikers […]“ – wie Henri-Irénée Marrou schreibt.[42] Bleiben auch individuelle Schicksale verborgen, so kann dennoch nach der möglichen Lebensrealität von *Galli* gefragt werden. Hierzu müssen wir den Blick auf andere Formen von Geschlech-

36 Roller (1998).
37 Siehe Roller (1998), 119.
38 Vgl. dazu Lorenz (2004).
39 Vgl. Kaller-Dietrich et al. (2004), 4.
40 Vgl. dazu auch Roller (1997), 119.
41 Erwähnungen dieser Art finden sich in Inschriften. Siehe hierzu (in Auswahl): Anth. Gr. 6, 51, 94, 234, 237.
42 Marrou (1973), 84.

ter-Transgressionen in der römischen Antike lenken (z.B. Hermaphroditismus), um den literarischen Diskurs von der sogenannten geschlechtlichen Andersartigkeit exakter fassen zu können. Mit Bezug auf andere Beispiele von Geschlechter-Transgressionen werden auch die *Galli* historisch vollständiger erfassbar. Darüber hinaus sind die literarischen Hinweise auf körperliche Grenzüberschreitungen vor dem Hintergrund der gesellschaftspolitischen Situation im römischen Reich zu reflektieren. Ab der frühen Kaiserzeit sind umfassende Regulierungen das Eheleben und den Körper betreffend auszumachen,[43] was in den antiken Quellen teilweise greifbar wird, auch oder gerade über die Beschreibung von *außergewöhnlichen* Personen – wie es die *Galli* offensichtlich waren.

Abkürzungsverzeichnis antiker Autoren und Werke

Anth. Gr. = Anthologia Graeca
Cat. = Catullus, carmina
Iuv. = Iuvenalis, saturae
Lucr. = Lucretius, de rerum natura
Luk. Dea Syria = Lukianos, De Dea Syria
Mart. = Martialis
Obseq. = Iulius Obsequens, prodigia
Ov. fast. = Ovidius, fasti
Plin. n. = Plinius maior, naturalis
Val. Max. = Valerius Maximus, facta et dicta memorabilia

43 Vgl. z.B. Gardner (1995); Veyne (1995).

Literaturverzeichnis

Antike Quellen:

Catull: *Sämtliche Gedichte*. Lateinisch und deutsch. Herausgegeben, eingeleitet und übersetzt von Otto Weinreich (1969). (Die Bibliothek der alten Welt: Römische Reihe). Zürich: Artemis Verlag.

Die Griechische Anthologie. In drei Bänden/Buch I–VI. Aus dem Griechischen übertragen von Dietrich Ebener (1981). (Bibliothek der Antike: Griechische Reihe). Berlin, Weimar: Aufbau Verlag.

Iulii Obsequentis ab anno urbis conditae dv prodigiorum liber. The Latin Library. online unter: http://www.thelatinlibrary.com/obsequens.html (Zugriff am 13.01. 2013).

Iuvenal: *Satiren*. Lateinisch – deutsch. Herausgegeben, übersetzt und mit Anmerkungen versehen von Joachim Adamietz (1993). Darmstadt: Artemis Verlag.

Lucretius Carus, Titus: *De rerum natura/Welt aus Atomen*. Lateinisch und deutsch. Übersetzt und mit einem Nachwort herausgegeben von Karl Büchner (1977, Nachdruck). Stuttgart: Philipp Reclam jun.

Lukians Schrift über die syrische Göttin. Übersetzt und erläutert von Carl Clemen (1938). Leipzig: J.C. Hinrichs Verlag.

Martialis, Marcus Valerius: *Epigrammata/Epigramme*. Eingeleitet und im antiken Versmaß übertragen von Rudolf Helm (1957). (Die Bibliothek der alten Welt: Römische Reihe). Zürich: Artemis Verlag.

Ovidius Naso, Publius: *Fasti/Festkalender.* Lateinisch – deutsch. Auf der Grundlage der Ausgabe von Wolfgang Gerlach neu übersetzt und herausgegeben von Niklas Holzberg (1995). Darmstadt: Artemis Verlag.

C. Plinius Secundus d.Ä.: *Naturalis Historiae/Naturkunde*. Lateinisch – deutsch. Buch XI. Herausgegeben und übersetzt von Roderich König in Zusammenarbeit mit Joachim Hopp (1990). München: Artemis Verlag.

C. Plinius Secundus d.Ä.: *Naturalis Historiae/Naturkunde*. Lateinisch – deutsch. Buch XXXV. Herausgegeben und übersetzt von Roderich König in Zusammenarbeit mit Gerhard Winkler (1978). München: Heimeran.

Valerius Maximus: *Memorable doings and sayings*. Book VI–IX. Edited and translated by D.R. Shackleton Bailey (2000). (The Loeb classical library). Cambridge/Massachusetts, London: Harvard University Press.

Forschungsliteratur:

Brisson, Luc (2002): *Sexual Ambivalence. Androgyny and Hermaphroditism in Greco-Roman Antiquity*. Translated from the French by Janet Lloyd. Berkeley, Los Angeles, London: University of California Press.

Curti, Lidia (1998): *Female Stories, Female Bodies. Narrative, Identity and Representation*. (Communications and Culture). Basingstoke: Palgrave Macmillan.

Do Mar Castro Varela, María/Dhawan, Nikita (2005): *Postkoloniale Theorien. Eine kritische Einführung.* (Cultural Studies 12 intro). Bielefeld: Transcript.

Gardner, Jane F. (1995): *Frauen im antiken Rom. Familie, Alltag, Recht*. Übersetzt von Kai Brodersen. München: C.H. Beck.

Guyot, Peter (1980): *Eunuchen als Sklaven und Freigelassene in der griechisch-römischen Antike*. (Stuttgarter Beiträge zur Geschichte und Politik 14). Stuttgart: Klett-Cotta.

Hartmann, Elke/Hartmann, Udo/Pietzner, Katharina, Hg. (2007): Geschlechterdefinitionen und Geschlechtergrenzen in der Antike. München: Franz Steiner Verlag.

Herdt, Gilbert H. (1996): *Third Sex – Third Gender. Beyond Sexual Dimorphism in Culture and History.* New York: Zone Books.

Hey, Barbara (1995), *Women´s History und Poststrukturalismus. Zum Wandel der Frauen- und Geschlechtergeschichte in den USA*. (Schnittpunkt Zivilisationsprozeß 18). Pfaffenweiler: Centaurus.

Kaller-Dietrich, Martina/Ruschak, Silvia/Sorgo, Gabriele (2004): Einleitung, in: Körperkontroversen, in: Kaller-Dietrich, Martina/Ruschak, Silvia/Sorgo, Gabriele, Hg.: *Körperkontroversen* (=*Wiener Zeitschrift zur Geschichte der Neuzeit 4/2*), 3–8.

Lane, Eugene N., Hg. (1996): *Cybele, Attis and Related Cults. Essays in Memory of M. J. Vermaseren*. (Religions in the Graeco-Roman World 131). Leiden, New York, Köln.

Lorenz, Maren (2004): Physische Gewalt – ewig gleich, in: Kaller-Dietrich, Martina/Ruschak, Silvia/Sorgo, Gabriele, Hg.: *Körperkontroversen* (=*Wiener Zeitschrift zur Geschichte der Neuzeit 4/2*), 9–24.

Marrou, Henri-Irénée (1973): *Über die historische Erkenntnis. Welches ist der richtige Gebrauch der Vernunft, wenn sie sich historisch betätigt*? Übersetzt aus dem Französischen von Charlotte Beumann, herausgegeben von Helmut Beumann. Freiburg, München: Karl Alber.

Müller, Florian (2003): *Zu Attributen, Schmuck und Trachtbestandteilen der orientalischen Priester der Kybele. Archäologische und literarische Quellen zu Galli und Archigalli*. Innsbruck (unpublizierte Diplomarbeit).

Opitz, Claudia (2001): Gender – eine unverzichtbare Kategorie der historischen Analyse. Zur Rezeption von Joan W. Scotts Studien in Deutschland, Österreich und der Schweiz, in: Claudia Honegger/Caroline Arni, Hg.: *Gender – die Tücken einer Kategorie. Joan W. Scott, Geschichte und Politik – Beiträge zum Symposion anlässlich der Verleihung des Hans-Sigrist-Preises 1999 der Universität Bern an Joan W. Scott*. Zürich: Chronos, 95–115.

Roller, Lynn E. (1998): The Ideology of the Eunuch Priest, in: Wyke, Maria, Hg.: *Gender and the Body in the Ancient Mediterranean*. Oxford: Blackwell Publishers, 118–135.

Roller, Lynn E. (1999): *In Search of God the Mother. The Cult of Anatolian Cybele*. Berkeley, Los Angeles, London: University of California Press.

Rollinger, Robert/Ulf, Christoph, Hg. (2000): *Geschlechterrollen und Frauenbilder in der Perspektive antiker Autoren*. Innsbruck, Wien, München: StudienVerlag.

Rollinger, Robert/Ulf, Christoph, Hg. (2006): *Frauen und Geschlechter. Bilder – Rollen – Realitäten in den Texten antiker Autoren zwischen Antike und Mittelalter*. Wien, Köln, Weimar: Böhlau.

Roscoe, Will (1996): Priests of the Goddess: Gender Transgression in Ancient Religion, in: *History of Religions* 35 (3), 195–230.

Schnegg, Kordula (2010): Der narrative Körper. Die Entmannten der Dea Syria, in: Mauritsch, Peter, Hg.: *Körper im Kopf. Antike Diskurse zum Körper*. (Nummi et Litterae 3), Graz: Grazer Universitätsverlag, 29–51.

Scott, Joan W. (1988): *Gender and the Politics of History*. (Gender and Culture). New York: Columbia University Press.

Scott, Joan W. (2001): Die Zukunft von *gender*. Fantasien zur Jahrtausendwende, in: Claudia Honegger/Caroline Arni, Hg.: *Gender – die Tücken einer Kategorie. Joan W. Scott, Geschichte und Politik – Beiträge zum Symposion anlässlich der Verleihung des Hans-Sigrist-Preises 1999 der Universität Bern an Joan W. Scott*. Zürich: Chronos, 39–63.

Shaw, Alison/Ardener, Shirley, Hg. (2005): *Changing Sex and Bending Gender*. (Social Identities 1). New York: Berghahn Books.

Späth, Thomas/Wagner-Hasel, Beate, Hg. (2000): *Frauenwelten in der Antike. Geschlechterordnung und weibliche Lebenspraxis*. Stuttgart, Weimar: J.B. Metzler.

Stryker, Susan/Whittle Stephen, Hg. (2006): *The Transgender Studies Reader*. New York: Routledge.

Ulf, Christoph/Rollinger, Robert, Hg. (2002): *Geschlechter – Frauen – Fremde Ethnien. In antiker Ethnographie, Theorie und Realität*. Innsbruck et al.: StudienVerlag.

Ulf, Christoph/Rollinger, Robert, Hg. (2006): *Frauen und Geschlechter. Bilder – Rollen – Realitäten in den Texten antiker Autoren der römischen Kaiserzeit*. Wien, Köln, Weimar: Böhlau.

Veyne, Paul (1995): *Die römische Gesellschaft*. Übersetzt von Heinz Jatho. München: Fink.

Autofiktionale Figurationen im surrealistischen Zwischenraum ausgewählter Bilder und Texte von Leonora Carrington

Doris G. Eibl

Über das Politische einer Text- und Bildkunst, die aufregt

Vor einigen Jahren meinte die frankokanadische Autorin Suzanne Jacob in einem Gespräch über Leonora Carrington, hinter jedem Text- oder Bildkunstwerk, das es verstehe, uns auf eine bestimmte beunruhigende und aufregende Art und Weise in seinen Bann zu ziehen, stehe eine Frage, die als Frage etwas tauge und die in der literarischen bzw. künstlerischen Arbeit in all ihren Facetten ausgeleuchtet, durchleuchtet, präzisiert und zugespitzt würde, ohne dass wir, die wir diese Arbeit rezipieren, dieser Frage als konkreter Frage notwendigerweise gewahr würden.[1] Wenn hier das Wort *aufregend* verwendet wird, dann in der Vielschichtigkeit seiner Bedeutungen, im Sinne eines Text- oder Bildkunstwerkes, das uns nicht los lässt, weil es so *aufregend* neu und anders ist, und das uns gleichzeitig *aufregt*, weil es sich uns entzieht. Weil wir in ihm nicht das wiedererkennen, was wir selbstverständlich zu wissen glauben, weil es sich uns als Spiegel verweigert. Weil es uns nicht die konkreten Antworten gibt, die wir uns erhoffen, sondern uns eben eine oder auch viele Fragen suggeriert.

Literatur- bzw. KulturwissenschaftlerInnen kommen nicht umhin, die gesellschaftliche Funktion von Text- und Bildkunst immer wieder aufs Neue zu erkunden. Für Suzanne Jacob besteht eine wesentliche gesellschaftliche Funktion von Text- und Bildkunst

1 Gespräch der Autorin Suzanne Jacob mit der Verfasserin im August 2001. Ähnliche Aussagen finden sich auch in ihrem Roman *Rouge, mère et fils* (2001).

darin, den Individuen in den Gesellschaften die geradezu ungeheuerliche Erkenntnis zu ermöglichen, dass die Realität, in der sie ihre Existenz sicher verankert wissen, weil sie in ihr leben und vor allem überleben, eine Realitätskonvention ist, eine Art Vereinbarung, eine Abmachung, eine Regelung, wenn man so will, eben eine Version der Dinge unter vielen, eine Erzählung unter vielen. Diese eine Version der Dinge sichert eine gewisse Lesbarkeit der Welt und des Selbst, könnte aber genauso gut eine andere sein.[2] Indem Text- und Bildkunst andere, überraschende bzw. nicht oder nicht selbstverständlich in den Begriff zu bekommende Versionen inszenieren, erschließen sie neue Möglichkeiten und andere Räume und verweisen mitunter auf das, was sich noch nicht ereignet hat, auf Erneuerung, Veränderungen, Metamorphosen, kurz gesagt darauf, dass alles so sein kann, wie es ist, aber nicht so sein muss. Sie suggerieren eine Dynamik zwischen Sagbarem und Unsagbarem, Sichtbarem und Unsichtbarem, und so verstanden sind Text- und Bildkunst eminent politische gesellschaftliche Praktiken, d.h. – um mit den Worten von Jacques Rancière zu sprechen – sie sind politisch in der Art und Weise, wie sie in die „Aufteilung des Sinnlichen“ eingreifen, welche „die Welt, die wir bewohnen, definiert: die Weise, in der sie für uns sichtbar ist und in der dieses Sichtbare sich sagen lässt, und die Fähigkeiten und Unfähigkeiten, die dadurch zu Tage treten.“[3]

Ein solches Verständnis von Text- und Bildkunst distanziert sich von dem, was gemeinhin als Repräsentationsfunktion von Kunst bezeichnet wird, und sieht Kunst nicht zuletzt als Experimentierfeld, wo sich nichts von selbst versteht. Versatzstücke von Realität werden so unerhört kombiniert, das, was üblich ist, und das, was unüblich ist (kurz das Gehörige und das Ungehörige), werden so eindrücklich verrückt, Wiedererkennungsmomente so radikal dekonstruiert oder überhaupt verweigert, dass LeserInnen bzw. BetrachterInnen ein unheimlicher Schwindel, manchmal sogar Ekel erfasst. Diesem Bildernonsens entfliehen, dem Echo des beleidigenden Klangrohrs, der Textzumutung, diesem Sprachausfluss entkommen, dieser elektrisierenden und unsere Nerven strapazierenden, verwundernden Aufgeregtheit, und vielleicht doch auch wieder nicht, vielleicht trotzdem in ihr verweilen. Die Verwunderung, die *admiration*, angesichts des unerhört Neuen und des unbegreifbar und mitunter auch verlet-

---

2 Vgl. Jacob (1997), 36f.

3 Rancière (2008), 17; Rancière (2007), 15: „[…] intervenir dans le partage du sensible qui définit le monde que nous habitons: la façon dont il est pour nous visible, et dont ce visible se laisse dire, et les capacités et incapacités qui se manifestent par là.“

zend Anderen ist eine Leidenschaft, wie wir spätestens seit René Descartes wissen, also ein höchst ambivalenter Zustand.[4]

Kurz über die Avantgarde, was Leonora Carrington mit dem Surrealismus zu tun hat, über das Konzept des Zwischenraums und den Begriff der Autofiktion

Zu allen Zeiten war es der Avantgarde – und ich verwende hier einen weiten Begriff von Avantgarde – eigen zu schockieren, Menschen aufzuregen, aber in erster Linie wohl, sich an die Grenzen des Denkbaren, des Sagbaren, des Darstellbaren heranzuarbeiten, sich diesen Grenzen anzunähern, sie zu verschieben und Denkräume zu erschließen. Über die Avantgarden insbesondere der ersten Hälfte des 20. Jahrhunderts sagt der französische Philosoph Jean-François Lyotard, sie hätten auf künstlerischer und literarischer Ebene eine Reihe von Fragen vorweggenommen, die ab den 1960er-Jahren auf theoretisch-philosophisch-wissenschaftlicher Ebene einen Paradigmenwechsel einleiteten.[5] Lange bevor sie als Konzepte und schließlich als Kategorien die wissenschaftlichen Diskursfelder eroberten, zeigten sich etwa im Surrealismus Spuren von Fragen nach der Bedeutung der sprachlichen Ordnung für den Ein- und Ausschluss von Dingen und nach den Möglichkeiten, das Individuelle und Mannigfaltige, das Situative und Vorreflexive, das Neue und Unbegrenzte, das Heterogene und Ambivalente, das Nichtidentische und das Bewusstsein von Differenz, das Außen und andere der Vernunft zu erschließen.[6]

Leonora Carringtons literarische und künstlerische Arbeiten sind aus diesem Geist entstanden, der sich eben gegen eine Sprache, auch eine Bildsprache, stellt, die (sinnliche) Vielfalt in vorgefertigte Schemata drängt. Obwohl Leonora Carrington nie offiziell Mitglied der surrealistischen Gruppe um André Breton war, kann man sagen, dass sie insbesondere in den 1930er-Jahren ganz wesentlich vom surrealistischen Denken beeinflusst wurde, was unter anderem, aber nicht nur, auf die Liebesbeziehung Leonora Carringtons mit Max Ernst zurückgeführt werden kann, der seinerseits zum

4 Descartes (1953), 723f.
5 Lyotard (1988), 101ff.
6 Vgl. Gamm (1994), 11f.

harten Kern der surrealistischen Bewegung gehörte. Tatsächlich interessierte sich die Künstlerin bereits vor ihrer Begegnung mit Max Ernst für surrealistische Praktiken. Was Leonora Carrington aber zu ganz spezifischen Fragestellungen führte und sie vom klassischen Surrealismus abgrenzte, war einerseits ihr Frausein in einer patriarchalen Gesellschaft und in einer von männlichen Fantasmen dominierten Avantgarde, andererseits ihre Exilerfahrung in der Neuen Welt, wohin sie 1941 vor den Wirren des 2. Weltkriegs floh. Sowohl Leonora Carrington als auch andere surrealistische Künstlerinnen und Schriftstellerinnen wie z.B. Remedios Varo, eine ihrer engsten Freundinnen im mexikanischen Exil, inszenierten in ihren Werken Maskerade, untergruben Geschlechterrollen, zelebrierten Hybridität und Métissage in einer eigenwilligen Prononciertheit, die dem Zwischen den Sprachen, dem Zwischen den Bilderwelten, dem Zwischen den Mythen und den Kulturen im weitesten Sinne geschuldet war, wobei sie sich in ihren Text- und Bildzwischenräumen als mögliche Identitäten unentwegt neu entwarfen. Ganz besonders interessant sind bei vielen Schriftstellerinnen und Künstlerinnen die Korrespondenzen zwischen Text und Bild, die Art und Weise, in der Text und Bild in einen andauernden Dialog treten und das Horazsche *ut pictura poiesis* (wie in der Malerei so in der Dichtung) sehr originell aktualisieren bzw. Leonardo da Vincis Feststellung, die Malerei sei eine Dichtung, die man sieht, illustrieren.[7] Tatsächlich konstruieren bzw. arrangieren gerade Leonora Carrington und Remedios Varo ihre Gemälde wie Texte, d.h., dass sie die narrativen Möglichkeiten der Bildkunst in einer Weise ausschöpfen, die sie in Relation zur mittelalterlichen Malerei stellt, während ihre Texte nicht nur die bildliche Imaginationsfähigkeit der LeserInnen strapazieren, sondern nicht selten auch mit Ekphraseis gespickt sind bzw. einzelne Texte in ihrer Gesamtheit als solche gelten können. Das Dazwischen spielt also nicht nur auf der inhaltlichen Ebene, sondern insbesondere auch auf der formalen Ebene eine zentrale Rolle und wird von Leonora Carrington und Remedios Varo sowie von zahlreichen anderen Künstlerinnen wie etwa Claude Cahun, Valentine Penrose, Alice Rahon oder Leonor Fini, um hier nur einige wenige zu nennen, bewusst ausgereizt.

Nach mindestens zwei Jahrzehnten der theoretischen Diskussion um das Konzept des kulturellen Zwischenraums im Sog der Arbeiten von Homi Bhabha, Gayatri Chakravorty Spivak u.a. ist der Begriff *Zwischenraum* nunmehr so stark konnotiert, dass er unterschiedlichste dynamisierte Kulturfelder (manchmal auch in widersprüchlicher

7 Da Vinci (1990), 139f.

Auslegung) zu bedienen vermag.[8] Im vorliegenden Kontext versteht sich *Zwischenraum* essentiell als *ästhetischer Zwischenraum*, als gewollt instabiles Bedeutungsspiel in einem Text- oder Bildkunstwerk, als Bedeutungsspiel, welches aus der Deplatzierung und Dekontextualisierung von Figuren und Gegenständen, aus der Konfrontation gegensätzlicher kulturell definierter Versatzstücke sowie aus dem Aufeinandertreffen kulturell differenter Sprachbilder und Bildzeichen eine aufregende Spannung und Bewegung gewinnt.

Die Arbeiten von Leonora Carrington sind durchwegs autobiografisch markiert, was nicht weiter verwunderlich ist. Den Surrealisten gilt die Aufhebung der Trennung von Leben und Kunst bzw. Poesie als Prinzip, und Poesie sei hier ganz und gar in seiner altgriechischen Bedeutung von ποιεῖν/poiein (tun, machen, wirken, kreieren) verstanden. *Vivre la poésie*, Dichtung leben und das Leben in der Dichtung auf seine Möglichkeiten hin ausloten. Allerdings haben wir es bei Leonora Carrington über autobiografische Elemente im traditionellen Sinne hinaus mit einer künstlerischen und sprachbewussten Ausdeutung realer Ereignisse und Erfahrungen zu tun, die man als Autofiktion bezeichnen könnte. Der Neologismus Autofiktion verweist auf komplexe literarische Sachverhalte, wird in den Literaturwissenschaften sehr vielfältig definiert und mitunter kontrovers diskutiert. Er wird zur Bezeichnung von formal transgressiven Autobiografien bis hin zu Wirkliches und Fiktionales vermischende Texte verwendet, d.h. es handelt sich um eine Gattungsbezeichnung, mit der man sich leicht arrangiert, die aber in vielerlei Hinsicht vage bleibt. Serge Doubrovsky, der Erfinder des Begriffs, bezieht ihn auf ein autobiografisches Procedere, das sich dem gängigen Modell der exemplarischen Lebensdarstellung zu entziehen und die narrativen Zwänge jedes autobiografischen Versuchs zu denunzieren sucht, kurz, auf eine Praxis, welche die der klassischen Autobiografie eigenen stilistischen und strukturellen Codes über Bord wirft. Im Klappentext seines 1977 erschienenen Romans *Fils* ist denn auch zu lesen: „Autobiographie? Non. Fiction, d'événements et de faits strictement réels. Si l'on veut, *autofiction*, d'avoir confié le langage d'une aventure à l'aventure d'un langage en liberté."[9] Während Vincent Colonna unter Autofiktion die Fiktionalisierung gelebter Erfahrung versteht – Colonna lehnt sich an den Autofiktionsbegriff von Gérard Genet-

---

8 Vgl. Bronfen/Marius/Steffen (1997).

9 Doubrovsky (1977), Klappentext: „Autobiografie? Nein. Fiktion, von streng realen Ereignissen und Fakten. Wenn man so will, *Autofiktion*, die Sprache eines Abenteuers, dem Abenteuer der freien Sprache anvertraut zu haben." (Übersetzung von der Verfasserin)

te an und spricht u.a. auch von „fictionalisation de soi" (Selbstfiktionalisierung) –,[10] verschreibt sich Serge Doubrovsky einer assoziativen Authentizität, in der sich Unordnung und Kontingenz des tatsächlichen Existierens spiegeln sollen. In diesem Sinne praktiziert er eine Schreibweise, die das verknüpft, was üblicherweise nicht miteinander verknüpft wird, weil es der Logik der klaren und kausal strukturierten Lebenserzählung widerspricht, eine Schreibweise also, die dem Unbewussten und unmittelbar Widerständigen der Sprache Raum gibt, ganz so, wie dies bereits seit den 1920er-Jahren im Surrealismus üblich war.

Biografische Skizzen und Veranschaulichung autofiktionaler Figurationen am Beispiel von Leonora Carringtons frühen Bildern

Die folgende biografische Skizze von Leonora Carrington gewinnt an Aussagekraft, wenn man vorweg festhält, dass der Künstlerin ein unglaublich ausgeprägtes Verlangen nach Selbstbestimmung sozusagen in die Wiege gelegt wurde. Obwohl die junge Leonora Carrington der Inbegriff der von den Surrealisten beschworenen *femme enfant* war und sie als solche von den Mitgliedern der Gruppe verehrt wurde, stand für sie nie außer Frage, dass sie ihre Bestimmung nicht in der Rolle der Muse sah, sondern einen selbständigen künstlerischen Weg gehen würde: „Well, the women Surrealists, you see, were very secondary to the men in those days", ließ sie gegenüber der Filmemacherin Ali Acker verlauten. „The women were considered to be the muse, the people who were there to inspire, and incidently do the washing, do the cooking, do the cleaning, beside from inspiring [...] And they were not considered to be artists really [...] I never thought of being a muse."[11]
Leonora Carrington wurde 1917 in eine vermögende Industriellenfamilie geboren. Ihre Eltern stellten an ihre Tochter ganz präzise Erwartungen, die diese systematisch enttäuschte. Sie wurde zweimal von einer Internatschule verwiesen, musste ihre Schulbildung im Ausland, zunächst in Florenz, dann in Paris abschließen, wurde zwar bei Hof eingeführt, enttäuschte aber die Hoffnungen ihrer Mutter, sie würde in die britische Aristokratie einheiraten. 1936 ging sie gegen den Willen ihrer Eltern als Kunststudentin

10 Colonna (1989), 16; Genette (1982), 293.
11 Acker (1987), Dokumentarfilm.

nach London, brannte schließlich 1937 – sie hatte sich in Max Ernst verliebt – nach Paris durch und bewegte sich dort als Geliebte von Ernst im engsten Kreis der Surrealisten. Ab dem Sommer 1938 wohnten L. Carrington und Max Ernst bis 1941 in Saint-Martin d'Ardèche, wo sie das von ihnen erworbene alte Haus in ein surrealistisch-groteskes Kunstwerk verwandelten. Nach dem Ausbruch des Zweiten Weltkriegs wurde Max Ernst, wie viele andere Staatsbürger des Deutschen Reiches, 1939 ein erstes Mal im ehemaligen Gefängnis von Largentière und 1940 ein zweites Mal im Lager Les Milles interniert, was die 23-jährige Leonora psychisch so sehr belastete, dass sie nach der spontanen Flucht nach Spanien an einer Psychose erkrankte. Von Madrid aus wurde sie auf die Intervention ihrer Familie hin in eine psychiatrische Klinik in Santander eingewiesen, dort mit Cardiazol behandelt und erst nach drei Monaten wieder entlassen. Von Lissabon aus sollte sie in ein Sanatorium nach Südafrika gebracht werden, entkam aber der von der Familie engagierten Aufsichtsperson, flüchtete an die mexikanische Botschaft, heiratete den Diplomaten Renato Leduc und ging mit ihm zunächst nach New York und dann 1942 nach Mexico City, wo sie mit Unterbrechungen bis zu ihrem Tod im April 2011 lebte.[12]

Zwei zentrale Aspekte der hier kurz skizzierten *europäischen* Biographie Leonora Carringtons werden sowohl in ihrem literarischen, als auch in ihrem künstlerischen Schaffen autofiktional bearbeitet: einerseits die Auflehnung gegen das großbürgerliche Milieu ihres Elternhauses und dessen Erwartungen an die junge Frau, andererseits die ihr zugedachte Rolle in der zwar mit leidenschaftlicher Intensität gelebten, aber doch ambivalenten Beziehung zu Max Ernst. Auf dem Bild *Crookey Hall*, das 1947 in Mexiko entstand, sieht man den herrschaftlichen Landsitz der Familie Carrington in einer idyllischen Szenerie, die eine weiße Frauengestalt (wohl Leonora Carrington) fluchtartig verlässt. Am Wegrand drücken über dem Boden schwebende onirische Gestalten ihr überraschtes Entsetzen aus. Was Leonora Carrington, die sich in ihren Bildern immer wieder als weiße Gestalt inszeniert, zu fliehen sucht, illustriert die Künstlerin eindrücklich mit dem Ölgemälde *The Meal of Lord Candlestick* (1938) – wenn sie über ihre Familie spricht, gibt sie dieser wiederholt den Namen Candlestick (Kerzenleuchter). Essen, Nippen, Verschlingen. Orgie, Perversion, Kannibalismus, Verwesung. Die schockierend gewalttätige, abstoßende Szene, die auf dem Gemälde festgehalten ist, parodiert gewissermaßen die aristokratisch-großbürgerliche Zügellosigkeit im rituellen Mahl, die

12 Vgl. Husson (2008), 95ff; vgl. Moorhead (2010), 30ff.

darin kulminiert, dass eine Dame in dunkelroter Abendrobe ein männliches Kind mit der Gabel aufspießt. Man könnte auf dieses Bild bezogen von einer subversiven Ästhetik des *schönen Schreckens* sprechen, in jedem Fall fungieren bereits in dieser frühen Periode Essen und Küche auch in einer Reihe von Texten als zentrale Momente der Auflehnung.[13] Die Identität der zweiten Figur von rechts ist nur schwer zu identifizieren: ein Frauengesicht mit Pferdehals und Hyänenmähne? Beide Tiere würden auf Leonora Carringtons animalische Alter Ego verweisen. Die Hyäne nimmt nicht nur in ihrem vielleicht berühmtesten Selbstportrait (*Self-Portrait*, 1937/38; in der Literatur häufig als *The Inn of the Dawn Horse* betitelt) eine prominente Position ein, sondern stellt auch die stinkende Protagonistin in der frühen Kurzerzählung *La débutante*: Eine Debütantin überredet eine Hyäne, an ihrer Stelle auf den von der Mutter arrangierten Ball zu gehen. Um nicht erkannt zu werden, muss die Hyäne das Hausmädchen töten und sich aus dessen Gesicht eine Maske basteln. Dummerweise fliegt der Betrug auf:

> Und schon stürzte meine Mutter herein, bleich vor Wut. „Wir hatten uns gerade zu Tisch gesetzt“, sagte sie, „als das Ding, das auf deinem Platz saß, aufsprang und rief: ‚Ich rieche etwas streng, nicht wahr? Nun ja, ich esse ja auch keine Kuchen’. Darauf riß es sich das Gesicht herunter und fraß es auf. Ein mächtiger Satz, und schon war es durch das Fenster verschwunden“.[14]

Die als Debütantin verkleidete Hyäne illustriert geradezu beispielhaft den Widerspruch zwischen dem inneren Ich und der Maske konventioneller Feminität, der Leonora sich als junge Frau zu entziehen suchte. Sowohl *The Meal of Lord Candelstick* als auch *La débutante* erinnern nicht zuletzt an Julia Kristevas Definition des Abjekten. In *Pouvoirs de l'horreur. Essai sur l'abjection* stellt Kristeva fest, dass es nicht unbedingt der Mangel an Sauberkeit oder Gesundheit ist, der in uns Ekel und Zurückweisung hervorruft. Was uns eigentlich abstößt ist alles, was unsere Identität, das System, die Ordnung stört, das, was die Grenzen nicht respektiert, die vorgeschriebenen Positionen, die Regeln.[15] Das Dazwischen, das Ambivalente, das Zusammengesetzte stört

13 Vgl. Chadwick (2011), 1ff; vgl. Poniatowska (2012), 143ff. Den Themen Essen und Küche kommt in der mexikanischen Epoche ebenfalls eine Schlüsselrolle zu: vgl. Kaplan (2000), 95f.

14 Carrington (2008), 26.

15 Vgl. Kristeva (1980), 23f.

uns, das Animalische im Menschen, ganz so wie Leonora Carrington es in Text und Bild ausgestaltet – nicht ohne Humor, sei dazugesagt.

In *Self-Portrait* formieren Hyäne, weißes Pferd und weißes Schaukelpferd zusammen mit der androgyn dargestellten Leonora eine Art magisches Viereck. Leonora Carrington begann dieses Bild noch 1937 in London und stellte es 1938 in Paris fertig. Die Haltung der auf einem anthropomorphen Fauteuil sitzenden Leonora spiegelt sich in jener der Hyäne, deren pralle Zitzen in Kontrast zur brustlosen und in männlicher Pose dargestellten Carrington stehen. Der starre Blick Leonoras suggeriert einen hypnotischen Zustand, ihre weiße Reiterhose verweist auf das weiße Pferd, das in der freien Natur galoppiert, während das rot-blaue Fauteuil die Frau zu verschlingen droht.[16] Das Schaukelpferd scheint zu einem Sprung ins Freie anzusetzen, wobei es interessant ist zu wissen, dass Leonora 1937 in Paris ein Schaukelpferd erwarb, mit dem Max Ernst auf mehreren Fotos von Homer Saint-Gaudens für das *Life Magazine* zu sehen ist.[17]

Die Gegenüberstellung des weißen Schaukelpferdes im Innenraum und des galoppierenden weißen Pferdes in der freien Natur erzeugt eine besondere Spannung, die sich zusammen mit weiteren Bildern und Texten zu einer spannenden Aussage verdichtet.

Obwohl Leonora Carrington sich schon immer für Pferde begeisterte,[18] wurde das weiße Pferd erst mit der Beziehung zu Max Ernst zu jenem Alter Ego, das ihr Gesamtwerk durchzieht. Dass sich Leonora so sehr mit dem Pferd identifizierte – sie ging so weit, einen Dankesbrief an den Leiter des Gefängnisses von Largentière u.a. mit einem Pferdekopf zu signieren[19] –, hatte vielleicht mit ihrer Funktion als Windsbraut in Max Ernsts Leben zu tun, die dieser wiederholt in Pferdegestalt auf die Leinwand brachte.[20]

Die Frage, ob sich Leonora Carrington bereits zu Beginn ihrer Beziehung mit Max Ernst der ihr eigentlich widerstrebenden Rolle als surrealistische Muse bewusst war, sei hier dahin gestellt. In jedem Fall deutet dies das 1939 entstandene *Portrait of Max Ernst* an. In einer arktischen Landschaft thront im Hintergrund, in Sphinxpose zu Eis erstarrt, das weiße Pferd, während Max Ernst als Loplop (das animalische Alter Ego

16 Vgl. Aberth (2004), 30ff.

17 Vgl. Pech (1991), 118.

18 Vgl. Poniatowska (2012), 15ff.

19 Vgl. Spies (2005), 152.

20 Seit dem Ende der 1920er-Jahre malte Max Ernst eine Reihe von Bildern, die den Titel Windsbraut tragen. Dargestellt sind auf diesen Bildern Pferde in Bewegung, in erotisch anmutenden Momentaufnahmen, wild und ungestüm.

des Künstlers)[21] – auf dem Bild Vogel, Mensch und Fisch in einem – eine Laterne oder magische Glaskugel trägt, in der ein Pferd gefangen ist. Spendet dieses Pferd dem Künstler Licht, weist es ihm den Weg, so wie die mysteriös exaltierte Kindfrau oder auch die Verrückte in den Arbeiten der Surrealisten diesen als Medium zur Erkenntnis der anderen Art verhilft? Dass Pferd und Schaukelpferd nicht nur im künstlerischen Werk, sondern auch in Leonora Carringtons Texten agieren, zeigen eine ganze Reihe von Kurzgeschichten, u.a. „Das Haus der Angst", „Die ovale Dame" (Schaukelpferd), „Onkel Sam Carrington" oder „Der kleine Francis". Die Pferde dieser Texte, die übrigens auch sprechen können, begnügen sich in jedem Fall nicht damit einfach nur Pferd zu sein und sich domestizieren zu lassen. Sie sind eigenwillig und selbstbestimmt, lieben und leiden und galoppieren ihrer Wege.

Mexiko als Zwischenraum am Beispiel von Leonora Carringtons *Das Hörrohr*, in dem diese ihrer Freundschaft mit Remedios Varo ein Denkmal setzt

Obwohl Leonora Carrington und Remedios Varo sich bereits in Paris getroffen hatten, war ihre Begegnung in Mexiko eine Offenbarung. In einem Interview mit Whitney Chadwick sagte Leonora Carrington: „Remedios' presence in Mexico changed my life."[22] Beide, insbesondere aber Carrington, die noch kaum Spanisch sprach, hatten Mühe, in Mexico City künstlerisch Fuß zu fassen, und verkehrten einige Jahre vor allem im Kreis der europäischen ExilkünstlerInnen. Ihre in Mexiko entstandenen Arbeiten sind geprägt von einer sehr komplexen Rezeption des Exillandes, die zwischen extremer Fremdheit und Faszination oszilliert und nicht zuletzt auch vom Gefühl der Ausgrenzung gekennzeichnet ist. Noch in den 1960er-Jahren äußerten sich mexikanische Kunsthistoriker mitunter sehr herablassend zum in ihren Augen nicht vorhandenen Verständnis der mexikanischen Kultur in den Arbeiten der ExilkünstlerInnen. Dass

21 Max Ernsts Alter Ego, ein Vogelwesen, nannte dieser wechselnd Hornebom, Loplop und später auch Schnabelmax. Leonora Carringtons erster Publikation *Das Haus der Angst* (*La Maison de la peur*, 1938) stellte Max Ernst ein Vorwort mit dem Titel *Loplop stellt die Windsbraut vor* (*Loplop présente la Mariée du vent*) voran, in dem die Windsbraut als unheimliche und geheimnisvolle, von Tieren bewunderte und mit ihnen sprechende, intuitiv und exzessiv handelnde Figur beschrieben wird.

22 Chadwick (1986), 40.

Leonora Carrington und Remedios Varo sich intensiv mit der mittelamerikanischen Kultur und v.a. jener der Indios auseinandersetzten, ist allerdings nicht von der Hand zu weisen. Ende der 1950er-Jahre bekam Leonora Carrington den Auftrag der mexikanischen Regierung, für das Anthropologische Museum in Mexico City ein Mural zu gestalten. Dieses Mural trägt nicht nur in jeder Hinsicht ihre Handschrift, sondern steht auch für ein Dazwischen par excellence. Sie hat es 1963 als *El mundo mágico de los Mayas* fertig gestellt, einer ihrer ganz seltenen spanischen Titel. Ein ähnlicher Auftrag an Remedios Varo wurde von dieser leider nie zu Ende geführt.

In jedem Fall erlaubte ihnen ihre intensive Freundschaft, in der konstruktiven Atmosphäre gegenseitiger Unterstützung eine jeweils ganz individuelle Bildsprache zu entwickeln. Viele Jahre lang trafen sie sich täglich, erzählten sich Träume, Alpträume, Ängste, Obsessionen und ihre intimsten Geheimnisse. Beide interessierten sich für Alchimie und Okkultes und richteten sich im wahrsten Sinne des Wortes eine Hexenküche ein, womit wir wieder bei der Küche und beim Essen wären. Alchimie, Okkultes und Essen spielen auch in *Das Hörrohr* eine zentrale Rolle. Carringtons 1974 zunächst auf Französisch publizierter Roman ist in jeder Hinsicht eine außergewöhnliche Hommage an ihre Freundin, die ihrerseits die Freundschaft in *Proyecto para una obra teatral* verewigte.

Der Inhalt in aller Kürze, extrem vereinfacht und fahrlässig lückenhaft: Die Geschichte spielt in Mexico City. Marian Leatherby (alias Leonora Carrington) schenkt ihrer Freundin Carmella Velásquez (alias Remedios Varo) das Ei, das ihre Henne am Morgen gelegt hat, die kahlköpfige Carmella der schwerhörigen und zahnlosen Marian, die übrigens auch einen Oberlippenbart trägt,[23] den sie sehr hübsch findet, ein kunstvoll gearbeitetes Hörrohr. Dank dieses Hörrohrs erfährt Marian, dass ihre Familie sie in die Altersresidenz „Bruderschaft der Quelle des Lichts" abschieben will, welche sich schließlich als Schloss mit Parkanlage und zahlreichen surrealistisch anmutenden Pavillons entpuppt. So trennen sich die Wege von Carmella und Marian, allerdings nur für kurze Zeit. Infolge eines Polsprungs versinkt nämlich nicht nur Mexiko, sondern die ganze Nordhalbkugel im Chaos einer beginnenden Eiszeit. Nicht zuletzt Dank der materiellen Mittel von Carmella, die in der Zwischenzeit in ihrem Garten eine Ölquelle entdeckt hat und reich geworden ist, nützen die Greisinnen den Moment der Anarchie und erobern, begleitet von einer Armee aus Bienen, Wölfen, einem Briefträger, einem

23 Carrington (1980), 9f.: „In der Tat habe ich einen kurzen grauen Bart, den konventionelle Menschen abstoßend finden würden. Ich persönlich finde ihn eher stattlich."

chinesischen Chauffeur, dem Mischwesen Anubeth und dessen barock anmutenden atombetriebenen Luftschiff den heiligen Gral zurück, welcher der großen Göttin Hécate Zam Pollum einst geraubt worden war.
Der Text ist wahrscheinlich um 1950 oder in den frühen 1950er-Jahren entstanden, wurde aber, wie schon gesagt, erst 1974 in französischer Sprache publiziert. In seiner unglaublichen narrativen Dichte kann er sehr unterschiedlich gelesen bzw. interpretiert werden und ist, nicht zuletzt aufgrund des spezifischen Humors und der Selbstironie, die der Autorin eigen sind, ein meisterlicher Versuch über das Alter, humorvoll und schonungslos, obwohl Leonora Carrington zum Zeitpunkt der Entstehung des Textes erst zwischen 35 und 40 Jahre alt war. In seiner Radikalität erinnert er an einen Brief, den Leonora Carrington anlässlich der zweiten Publikation der französischen Übersetzung (1973) von *Down Below* (frz. *En bas*), der Schilderung ihres Aufenthalts in der psychiatrischen Klinik des Dr. Luis Morales in Santander, an den französischen Herausgeber Henri Parisot schrieb und mit dem sie sich ganz dezidiert vom Bild der hübschen Muse distanzierte, indem sie sich die Maske der alten Frau überstülpte, die sie noch nicht wirklich war. Die sprachliche Fehlerhaftigkeit des Briefs wurde vom Herausgeber bewusst nicht korrigiert:

> Cher Henri,
>
> merci de votre lettre – Je suis d'accord qu'on publie En Bas MAIS croyez moi qu'il n'y a eut aucune « mal entendu » entre nous – Vous n'avez peut-être pas compris mon irritation que je ressent encore, Je ne suis plus la jeune fille Ravissante qui passér par Paris, amoureuse –
> je suis une vieille dame qui a vecue beaucoup et *j'ai changé* – si ma vie vaut quelque chose je suis le resultat du temps – Donc je ne reproduirais plus l'image d'avant – je ne serait jamais pétrifiée dans une « jeunesse » qui n'existe plus – ce que j'ai à dire maintenant est dévoilé autant que possible – Voir à travers Le monstre – Vous comprenez ça ? Non ? Tant pis. En tout cas faites ce que vous voulez avec cette fantôme –
> *avec la condition*
> *que vous publiez*
> cette lettre comme préface –
> Comme une vieille Taupe qui nages sous les cimitières je me rends compte que

j'ai toujours étais aveugle – je cherche à connaître LE Mort pour avoire moin peur, je cherche vider les images qui m'ont rendus aveugle – je vous envoie encore beaucoup d'affection et je vous embrasse a travers mon Ratelier (que je garde a coté de moi la nuit dans une petite boite bleu ciel en plastic)
JE N'AI PLUS UNE SEUL DENT

Leonora

P.S. Si les Jeunes me disent maintenant qui j'ai l'Esprit jeune je m'offence – J'ai l'ESPRIT VIEILLE. Tachez de comprendre ça[24]

Der Brief ist hier in seiner vollen Länge zitiert, um dem humoristischen Charme des Zwischen-den-Sprachen-Seins keinen Abbruch zu tun. Was hier nun interessieren soll, ist aber vor allem der Zwischenraum als Thema des Romans sowie die Frage, ob und inwiefern der Text ein Dazwischen als Dialog mit anderen Texten umsetzt. In einem weiteren Brief an Henri Parisot schreibt Leonora Carrington (wohl um 1960): „J'ai rêvé depuis très longtemps d'échapper au Mexique. Je l'ai déjà dans le sang. [...] tous les côtés horribles et angoissants du Mexique, ainsi que le culte de la mort, l'indifférence enveloppante des gens, la croûte d'éternelle saleté, et l'occulte et lourde atmosphère de désespoir."[25] Aus den Zeilen an Parisot und auch aus einer Reihe von

24 Carrington (1945), o.S. „Lieber Henri, Danke für Ihren Brief – Ich bin einverstanden, dass man EN BAS publiziert, ABER glauben Sie mir, es gab kein Missverständnis zwischen uns – Sie haben meine Irritation vielleicht nicht verstanden, die ich immer noch verspüre, Ich bin nicht mehr das reizende junge Mädchen, das sich in Paris aufhielt, verliebt – ich bin eine alte Dame, die viel gelebt hat und *ich habe mich verändert* – wenn mein Leben etwas wert ist, bin ich das Resultat der Zeit – Ich werde also das Bild von damals nicht reproduzieren – ich werde niemals in einer Jugend versteinert sein, die es nicht mehr gibt – das, was ich jetzt zu sagen habe, ist möglichst unverschleiert – Durch Das Monster sehen – Verstehen Sie das? Nein? Egal. Wie auch immer, machen Sie mit diesem Fantom, was Sie wollen – unter der Bedingung, dass Sie diesen Brief als Vorwort publizieren – Wie einem alten Maulwurf, der unter den Friedhöfen schwimmt, wird mir bewußt, dass ich immer blind war – ich versuche den Tod zu kennen, um weniger Angst zu haben, ich versuche, die Bilder zu entleeren, die mich blind gemacht haben – ich schicke Ihnen noch viel Zuneigung und küsse Sie mit meinem Gebiß (das ich in der Nacht in einer kleinen blauen Plastikdose neben mir aufbewahre) ICH HABE KEINEN EINZIGEN ZAHN MEHR, Leonora
PS: Wenn mir die Jungen jetzt sagen, dass ich einen jungen Geist habe, beleidigt mich das. Ich habe einen ALTEN GEIST. Versuchen Sie das zu verstehen" (Übersetzung von der Verfasserin. Die orthographischen, syntaktischen und grammatikalischen Fehler des Originaltextes wurden in der Übersetzung nicht berücksichtigt. Die Zeichensetzung wurde möglichst beibehalten.)

25 Chénieux-Gendron (1983), 15: „Seit Langem träume ich davon, Mexiko zu entkommen. Aber ich habe

Textstellen in *Das Hörrohr* sprechen ein gewisses Heimweh nach Europa, insbesondere nach den Landschaften Englands und dem mythischen Lappland der Märchen von Hans-Christian Andersen.

> Ich habe dieses Land nie verstehen können und fürchte nun langsam, dass ich nie mehr wieder in den Norden zurückkehren werde, nie wieder von hier fortkomme. Aber ich darf die Hoffnung nicht aufgeben, Wunder können geschehen und geschehen sogar oft. [...] vielleicht gibt es einen Zauberbann, der mich in diesem Land festhält. Irgendwann werde ich wohl herausfinden, warum ich hier so lange geblieben bin, wiewohl ich glücklich von Rentieren und Schnee, Kirschbäumen, Wiesen und Drosselgesang träume.[26]

Die 92-jährige Marian alias Leonora verweist auf die schwierige Beziehung zu ihrem Gastland, auf einen Zauber, welchen dieses vielleicht auf sie ausübt, so wie im Brief an Parisot von einer Art Ansteckung die Rede ist: Sie habe Mexiko bereits, wie einen Virus, im Blut. In jedem Fall wird in diesen kurzen Passagen ein Dazwischen-Sein evoziert, das anders, als es die Theorie beschreibt, nicht unbedingt dynamisierend, sondern vielmehr lähmend ist und das wohl weniger ein Zwischen-zwei-Ländern-Sein als vielmehr ein Zwischen-Geburt-und-Tod-Sein thematisiert. Aber Leonora Carrington wäre nicht Leonora Carrington würde sie es bei einer metaphorisch gestalteten Feststellung über die unausweichliche Endlichkeit der menschlichen Existenz belassen. Das Wunder, das sie sich wünscht, geschieht in Form eines Polsprungs, der Mexiko in eine Schneelandschaft, also in ein Lappland verwandelt, was Marian am Ende des Romans in Anlehnung an ein berühmtes Sprichwort wie folgt kommentiert: „Wenn die alte Dame nicht nach Lappland reisen kann, dann muß Lappland zur alten Dame kommen."[27] Ein Polsprung für jemanden, der den heiligen Gral rettet, ist schließlich nicht zuviel verlangt.
Über die Thematisierung der Migrationserfahrung und der *conditio humana* zwischen Geburt und Tod hinaus haben wir es im Falle des *Höhrrohrs* aber vor allem mit einem

es bereits im Blut. [...] all die schrecklichen und angsteinflößenden Seiten Mexikos, den Todeskult, die ummantelnde Gleichgültigkeit der Menschen, die Kruste ewigen Schmutzes und die okkulte und schwere Atmosphäre der Hoffnungslosigkeit." (Übersetzung von der Verfasserin)

26 Carrington (1980), 9.

27 Carrington (1980), 218.

Text zu tun, der alle Regeln des Ein- und Ausschlusses aufhebt, der sich keiner Gattung zuordnen lässt und den thematisch auf den Punkt zu bringen geradezu unmöglich ist. Welchen Überzeugungen ist er verpflichtet? Ist er surrealistisch oder feministisch? Verrät er ein alchimistisches Engagement oder etwa gar esoterische Hysterie? Ist er dem magischen Realismus verpflichtet, muss er der Fantastik zugeordnet werden, oder handelt es sich etwa um Science Fiction? Die Fragen, die dieser Text aufwirft, und die mitunter unangenehme Spannung, die er erzeugt, resultieren gewiss aus der originellen intertextuellen Verknüpfung extrem disparater Elemente sowie der durch den ganzen Text andauernden und ironischen Verschiebung der Perspektive. Susan Rubin Suleiman nennt *Das Hörrohr* eine „'carnivalesque' accumulation of intertexts"[28] und bringt es damit auf den Punkt: *Das Hörrohr* ist tatsächlich eine Ansammlung von narrativen Tableaux, die von Bibelzitaten bis zum technologischen Fantasma, von der Artussage über zahlreiche Anspielungen auf die griechische und keltische Mythologie bis hin zur Verherrlichung der alchimistischen Tradition und der kämpferischen und gleichzeitig humoristischen Einbeziehung matriarchaler Mythen reicht. Carrington zieht also alle Register und präsentiert ein im positiven Sinne eklektisches Ganzes, das man gerne als postmoderne Bricolage *avant la lettre* bezeichnen würde.

Wenn man sich die Gestaltung dieser Bricolage genauer ansieht, kommt man nicht umhin, sie mit den Prinzipien der surrealistischen Collagetechnik in Verbindung zu bringen: Formal und inhaltlich Stimmiges wird aufgebrochen, Fragmente werden neu zusammengesetzt. Ohne den geringsten Versuch, Bruchstellen, Nähte oder Narben verstecken zu wollen, was für die surrealistische Collage typisch wäre, spielt die Kollagistin mit den Strukturen selbst, um aus ihnen neue Realitäten, d.h. neue Fiktionen entstehen zu lassen. *Das Hörrohr* ist tatsächlich eine ausgesprochen gelungene Collage und unglaublich präzise durchdacht. Aber es ist ohnehin so, dass bereits zu Beginn des Romans jeglicher Zweifel ob der *auctoritas* der Erzählerin über ihre Erzählung mit einem Satz vom Tisch gewischt wird: „Ich schweife ab, doch denken sie nicht, mein Geist wandere durch die Gegend. Er wandert immer nur so weit wie ich ihn haben will."[29]

28 Suleiman (1990), 173.
29 Carrington (1980), 10.

Kurzes Postliminarium

Das Nachdenken über das Werk der Leonora Carrington, über den Surrealismus im Allgemeinen und den weiblichen Surrealismus im Speziellen führt zur hoffentlich guten Frage, was genau die Besonderheit der Arbeiten Carringtons ausmacht, was genau ihre Identitätssuche definiert, die man von den Anfängen an nachzeichnen kann. Vielleicht war es ihr konsequentes Denken des Zwischenraums, das ihr für ihre Zeit so innovative Wege erschloss und das an eine Haltung denken lässt, die Alexis Nouss als *pensée métisse* bezeichnet. Die *pensée métisse* beruht auf einem Konzept von Métissage, das vorsieht, dass sich die einzelnen Komponenten begegnen, verbinden, sich neu zusammensetzen ohne ihre Integrität, ihre Singularität zu verlieren. Für Alexis Nouss ist eine *pensée métisse* ein Denken, das Konflikt, Spannung und Transformation zulässt, das die Erfahrung der Enteignung macht und das Andere im Selbst erkennt. Auf dem Weg vom Monadischen zum Nomadischen entwickelt sich die *pensée métisse* zu einem widerständigen Denken, das Ordnungen in Frage stellt, anzweifelt, aufbricht, auch wenn einem dabei schwindelt. Als „(m)étis", so Alexis Nouss, „on ne marche pas droit, le long d'une ligne identitaire bien tracée".[30] Man taumelt. Man fantasiert und redet ungereimtes Zeug. Man schweift ab und irrt herum und schwankt zwischen den Dingen. Die Arbeiten von Leonora Carrington scheinen beseelt von dieser *pensée métisse*, die sich im Oszillieren zwischen Autobiografie und Fiktion, zwischen Erlebtem und Erfundenem, zwischen Rationalem und Irrationalem, zwischen dem Einen und dem Anderen, dem Männlichen und dem Weiblichen, dem Menschlichen und dem Animalischen artikuliert. Sie zeugen von einer stetigen Suche, einer Suche, möchte man unterstreichen, die in erster Linie darin besteht, Fragen zu finden, auf die es noch keine vorgefertigten Antworten gibt.

30 Nouss (2002), 105: „Als Métis geht man nicht gerade, einer geraden Identitätslinie entlang." (Übersetzung von der Verfasserin).

Literatur

Aberth, Susan L. (2004): *Leonora Carrington. Surrealism, Alchemy and Art*. Aldershot: Lund Humphries.

Bhaba, Homi (1994): *The Location of Culture*. London: Routledge.

Bronfen, Elisabeth/Marius, Benjamin/Steffen, Therese, Hg., (1997): *Hybride Kulturen. Beiträge zur anglo-amerikanischen Multikulturalismusdebatte*. Tübingen: Stauffenburg Verlag.

Carrington, Leonora (1980): *Das Hörrohr*. Frankfurt/Main: Suhrkamp Verlag.

Carrington, Leonora (2008): *Das Haus der Angst*. Frankfurt/Main: Suhrkamp Verlag.

Carrington, Leonora (2009): *Die Windsbraut – Bizarre Geschichten*. Hamburg: Edition Nautilus.

Chadwick, Whitney (1986): Evolution of a Feminist Consciousness, in: *Woman's Art Journal* 7 (1), 37–42.

Chadwick, Whitney (2011): D'un jour à l'autre: A Tale of Love, War and Friendship, in: *Papers of Surrealism*, Issue 9. http://www.surrealismcentre.ac.uk/papersofsurrealism/journal9/acrobat_files/Whitney%20Chadwick.pdf (Zugriff am 8.1.2013).

Chénieux-Gendron, Jacqueline (1983): Introduction, in: Carrington, Leonora: *Le Cornet acoustique*. Paris: Flammarion.

Colonna, Vincent (1989): *L'autofiction (essai sur la fiction de soi en Littérature).* Thèse de doctorat sous la direction de Gérard Genette. EHESS. http://tel.archives-ouvertes.fr/docs/00/04/70/04/PDF/tel-00006609.pdf (Zugriff am 8.1.2013).

Colonna, Vincent (2004): *Autofiction & autres mythomanies littéraires*. Auch: Tristram.

Da Vinci, Leonardo (1990): Malerei, Musik und Dichtung, in: Da Vinci, Leonardo: *Sämtliche Gemälde und die Schriften zur Malerei*. Herausgegeben, kommentiert und eingeleitet von André Chastel. München: Schirmer/Mosel, 138–146.

Descartes, René (1953): *Œuvres et Lettres* (Bibliothèque de la Pléiade). Paris: Gallimard.

Doubrovsky, Serge (1977): *Fils*. Paris: Gallimard.

Gamm, Gerhard (1994): *Flucht aus der Kategorie. Die Positionierung des Unbestlmmten als Ausgang der Moderne*. Frankfurt/Main: Suhrkamp Verlag.

Genette, Gérard (1982): *Palimpsestes*. Paris: Seuil.

Husson, Anne (2008): Repères biographiques, in: Maison de l'Amérique latine, Hg.: *Leonora Carrington. La mariée du vent*. Paris: Gallimard, 94–100.

Ibarez, Mercè (2008): „Remedios Varo la logicofobista“, *El País* (17. März 2008). http://elpais.com/diario/2008/03/17/catalunya/1205719656_850215.html (Zugriff am 8.1.2013).

Jacob, Suzanne (1997): *La Bulle d'encre*. Montréal: Boréal/Presses de l'Université de Montréal.

Jacob, Suzanne (2001): *Rouge, mère et fils*. Paris: Seuil.

Kaplan, Janet A. (2000): *Remedios Varo. Unexpected Journeys*. New York/London: Abbeville Press Publishers.

Kristeva, Julia (1980): *Pouvoirs de l'horreur. Essai sur l'abjection*. Paris: Seuil.

Lyotard, Jean-François (1988): Le sublime et l'avant-garde, in: *L'inhumain. Causeries sur le temps*. Paris: Galilée, 101–118.

Moorhead, Joanna (2010): Leonora Carrington, in: Pallant House Gallery, Hg.: *Surreal Friends. Leonora Carrington, Remedios Varo and Kati Horna*. Burlington, VT: Lund Humphries, 30–43.

Nouss, Alexis (2002): Métissage, transculture et singularité, in: Ouellet, Pierre, Hg. : *Politique de la parole. Singularité et communauté*. Montréal: Trait d'union, 99–112.

Poniatowsla, Elena (2012): *Frau des Windes*. Berlin: Insel Verlag.

Rancière, Jacques (2007): *Politique de la littérature*. Paris: Galilée.

Rancière, Jacques (2008): *Politik der Literatur*. Wien: Passagen Verlag.

Reiser, Frank (2004): Autobiografie an der Grenze postmoderner Praxis, in: Kollmann, Susanne/Schödel, Kathrin, Hg.: *PostModerne De/Konstruktionen*. Münster: LIT Verlag, 215–227.

Suleiman, Susan Rubin (1990): *Subversive Intent. Gender, Politics, and the Avant-Garde*. Cambridge, Mass./London: Harvard University Press.

Vilain, Philippe (2009): *L'autofiction en théorie* suivie de *Deux entretiens avec Philippe Sollers et Philippe Lejeune*. Chatou: Les éditions de la Transparence.

Film

Acker, Ali (1987): *The Flowering of the Crown: A Portrait of Leonora Carrington*. New York: Reel Woman Trust Foundation. http://www.youtube.com/watch?v=2WUEvlioa6s (Zugriff am 8.1.2013).

Decolonizing Feminization: On Precarity, Domestic Work and Migration in Western Europe

Encarnación Gutiérrez Rodríguez

Introduction

In May 2011, a group of feminist and queer activists hung a banner on one of the entries to the Madrid underground in the *Puerta de Sol*. The banner read „La revolución será feminista o no será" (The revolution will be feminist or it won't happen). This banner caused some irritations in the general assembly of the 15th of May (15-M) movement, the movement of the *indignados* (the Outraged).[1] Perceived by some as an attempt to split the common spirit of resistance,[2] the queer-feminist-assembly raised some unavoidable questions. They asked: „While we are here discussing and demanding responsibility from the ones in charge of austerity measures and public cuts, who is taking care of the children, the elderly or people in need of care? Who is preparing the food and cleaning the houses? The queer-feminist assembly, thus, reminded the movement of the fact that the gendered division of work was not suspended, despite the movement's attempts to practice and imagine alternative worlds.[3] On another note, the assembly of migrants and refugees, another group of activists and supporters working on questions of migration and racism, made the general assembly aware of migrants' conditions of exclusions due

1 E.g. Rivas et al. (2011); Velasco (2011).

2 See Grupo de Trabajo de Género y Sexualidad: „En Sol estamos por lo de todos", http://www.diagonalperiodico.net/En-Sol-estamos-por-lo-de-todos.html (accessed 03.06.2011).

3 The movement organised communal nurseries, communal kitchens and a trading exchange network of skill exchange in kind.

to their legal status and skin colour. Even though their presence in the movement was strong on the level of intellectual and political contributions, their physical participation was restricted due to their legal status and the living conditions they faced. Participating in the protest brought the risk of deportation or imprisonment if caught by the police. For this group the question of who was preparing the food, taking care of the children and cleaning the offices, while they gathered at the square, was also pertinent.

Both groups the feminist-queer assembly and the migrant assembly, foreground two structural dimensions in society that cannot be ignored, despite the common will of the movement to fight against social injustice. While the feminist-queer assembly stresses the fact that care, domestic and sex work, paid or unpaid, is mainly attributed to women, the migrant assembly draws attention to the racism to which postcolonial and Eastern European migrants are subjected. Departing from this observation, this chapter will argue for a reconsideration of debates in feminist studies in the 1970s and 1980s proposing ‚feminization' as an analytical framework for understanding the division of work. It will complicate this framework by stressing the simultaneous interlocking of different systems of social classification. In particular, the impact of migration regimes on the classificatory logic of the governance of the population along different degrees of inclusion or exclusion to citizenship needs some attention. This system of differentiation goes along with the colonial racial classification of society. While the EU migration regime does not explicitly operate with racial categories, it resorts to a nominal classification logic producing different degrees of inclusion or exclusion to citizenship reminiscent of technologies of ‚colonial othering'. Considering, feminization and *coloniality* as two processes of differentiation within modern technologies of governance, I will argue for a feminist decolonial analysis of the increasing precarious working and life conditions in Europe (in particular, in the Mediterranean). I will do so by, first following *Precarias a la Deriva*'s analysis of the feminized *circuits of precarity*, second taking a close look at migration policies in Western Europe and third relating them to the phenomenon of undocumented migrant women employed as domestic workers in private households in Europe.[4] But first, let us take a look at *two vectors of precarity* in Western Europe: feminization and the migration regime.

---

4 For further analysis on migration and domestic work in Western Europe, see e.g. Anderson (2000); Hess (2009); Lazzaridis et al. (2000); Lutz (2008); Phizacklea et al. (1995); Phizacklea (1983); Widden Isaksen (2011); Misra et al. (2006).

Vectors of Precarity

Feminization

Despite a longstanding feminist struggle for gender equality, in the 21st century Western Europe continues to reproduce an old gendered script. The questions of „Who does the caring?" or „Who is doing the housework?" have not disappeared from any kitchen table. Such work is still widely considered women's terrain. Though feminist campaigns on gender equality and *work-life balance* seem to have been incorporated into national policies and EU directives on *gender-mainstreaming*, fundamental inequalities between the genders prevail.[5] The wage gap between men and women in the EU is steady at 15 percent and the gender specific segregation in the labour market stagnates.[6] Although women's access to the labour market has increased in the last decades (57.2 percent employment in comparison to men's 70.9 percent), qualitative progress remains problematic.[7] Further, women comprise the biggest share of what the gender biased statistic labels as the „inactive" population. Insisting on the division between production and reproduction, the term ‚inactive' refers to people involved in unpaid work. Yet, as numerous feminist scholars[8] have shown, reproductive labour is mainly unpaid. Therefore, it is precluded from official national and international equations on productivity and economic growth.

---

5 Caixeta et al. (2004); Misra et al. (2007).

6 In the Nordic and Baltic countries the gender gap was 7 percentage points or less in 2009, while in Malta, Italy and Greece the difference was more than 20 percentage points (see http://epp.eurostat.ec.europa.eu/statistics_explained/index.php/Labour_market_participation_by_sex_and_age). The gender gap is particularly significant in leading positions, for example, the proportion of company directors who are women is stagnating at 33 per cent and in politics, 23 per cent of national Members of Parliament (MPs) and 33 per cent of Members of the European Parliament (MEPs) are women. EU Report on equality between women and men – 2008, see http://europa.eu/legislation_summaries/employment_and_social_policy/equality_between_men_and_women/c10167_en.htm (07.05.2013).

7 Though the current economic crisis has affected men's inactivity rate, which rose in 2009 among men aged 25-64, women's inactivity rate despite a downward trend remains higher. Between 2000 and 2009 the share of women outside the labour market fell from 39.9 % to 35.7%, while the share of men outside the labour force remained almost stable, falling slightly from 22.8% in 2000 to 22.2% in 2009 (see http://epp.eurostat.ec.europa.eu/statistics_explained/index.php/Labour_market_participation_by_sex_and_age).

8 See discussion e.g. Bakker (1995); Ferber et al. (1993); Himmelweit (1995); Hewitson (1999); Pérez Orozco (2004); Folbre (1994); Waring (1999).

Female ‚inactive' rates remain unchallenged, despite the increasing number of men currently loosing their jobs. In the last ten year women's ‚inactivity rate' fell from 39.9 percent to 35.6 percent, while men's inactivity rate fell slightly from 22.9 percent to 22.4 percent in 2010.[9] The highest share of ‚inactivity' in women occurs between the ages of 25 and 54 years. In 2010, 8.3 percent of men in this age group were „inactive", whereas women accounted for 21.9 percent; half of them (10.1 percent) indicated personal and family reasons for not pursuing remunerated work, with most women having children under the age of 6.[10]

These ‚inactivity' figures are remarkable if we consider that three-quarters of all women are working part-time (76.5 percent) and that women are overrepresented in temporary work, spending a significant amount of their productive time in raising children, caring for other family members and household work.[11] Further, these figures focused on declared work, which not only silences reproductive labour, but also the increasing precarious and temporary working conditions in the labour market since the beginning of the financial crisis in 2008. Labour reforms in Spain, Italy, Portugal, Greece and the UK, enable companies to employ workers on fixed term insecure contracts with flexible working hours and on a hire and fire basis. Further, companies unable or avoiding to cover the social costs and benefits for their workers are opting for the employment of an outsourced workforce. This workforce is placed at the disposal of companies. On this basis wages are flexibly and individually negotiated, thus, cheapening the workforce. Very often registered under the labels of „undeclared" and „informal" work, these employment arrangements evolve beyond State control by not only escaping taxation[12], but also by failing to comply with collective trade unions agreements regarding workers' entitlement to social benefits, health and unemployment insurance, standard working hours and holidays. Precariousness has expanded to all the sectors of the labour market in the last decade and become a common indicator of the organization of work in postcolonial societies, whilst it also increasingly shaping the organization of work in Western Europe.[13]

9 Ibid.

10 http://epp.eurostat.ec.europa.eu/statistics_explained/index.php/Labour_market_participation_by_sex_and_age.

11 See footnote 27.

12 Williams (2011); Pfau-Effinger (2009).

13 Vosko et al. (2009).

It is this tendency to precariousness that the Madrid group *Precarias a la Deriva*[14] discusses as the feminization of *precarity*.[15] Precarias engage with the biopolitical quality of labour. This is the quality of labour extracted from the productive, creative, intellectual and affective potential of social life, which forms the basis on which the logic of capital accumulation evolves. In this context, Precarias draw attention to the role of care work, „trabajo de cuidados", as the epitome of the biopolitical quality of productivity in advanced capitalism. As they assert, the *faculty of caring* has become a highly demanded resource in the new organization of labour. Subjective features and engagement have not only become relevant for feminized labour, as feminist scholars in the 1970s and 1980s noted, but have become substantial for all relations of production. The porosity of the divide between the sphere of reproduction and production has never been as apparent as it is now, in times of a diversified system of heterogeneous strategies of capital accumulation. Considering these observations, the focus on care work reveals how feminization plays a fundamental role in current strategies of capital accumulation.[16] Processes of feminization, the historical and cultural correlation of femininity with devaluation,[17] are no longer just attached to the sectors of work, predominantly delivered by women such as care, cleaning, catering, nursing, clerical, sex work. As Annie Phizacklea and Carol Wolkowitz observe[18] in the 1990s, feminization describes a general process of devaluation of labour, encompassing „declining terms and conditions of employment, so that a large proportion of the labour force has come to experience ‚feminized' (that is, poor and insecure) conditions of work in some cases through deregulation at the national level".

Low wages, insufficient or no social benefits cover and working conditions as well as flexible working arrangements thus characterizes feminized labour. Feminization, encapsulates both the cheapening and precarization of the workforce, two common features of the current reorganization of work in ‚crisis' societies. Consequently, feminization does not just refer to women's work and the increasing participation of women in paid work, but to a general mode of production.[19] Further, when we consider Anibal

14 http://eipcp.net/transversal/0704/precarias1/en (accessed 07.05.2013).
15 In reference to Negri (1999, 2003); Negri et al. (2000); Lazzarato (1996, 2002).
16 Precarias (2004); Vega Solís (2009).
17 See e.g. Federici (2004); Bakker (2007); Peterson (2009); Gutiérrez Rodríguez (2010).
18 Phizacklea et al. (1995), 3.
19 See Fantone (2007); Corsani (2007); Ongaro (2003); Revel (2003); Sconvegno (2007).

Quijano's[20] analysis of the *coloniality of power*, a foundational pillar of Europe's history of capitalism and current development comes to the fore. While precariousness might be new to societies settled on the firm pillars of the Welfare State like Germany, the UK and France, it is not new to the population subjected to migration policies in these countries, or to European Mediterranean societies and certainly it has always been a constitutive part of postcolonial economies. The dynamics of the migration regimes discloses the enduring prevalence of *coloniality* in Western Europe.

Migration and *Coloniality*

The number of Irish, Spanish, Portuguese and Greek people now migrating to economically more stable countries like Germany, the UK, New Zealand or Australia or emerging economies like Brazil, Mexico and Argentina raises questions about the challenges the economic crisis in Europe and the United States pose to migration patterns.[21] If we focus on Spain, the media image of the young, highly skilled ‚white' Spanish emigrant leaving for Germany, the UK or Switzerland opens fissures when interrogated through the framework of *coloniality*. In current Spanish emigration there are two migration movements one rather minor one headed by young, highly skilled Spanish citizen, and another encompassing the entire Spanish population comprised Spaniards with different employment backgrounds, Spaniards with dual citizenship (mainly Spanish and Latin American) and migrants.

Since 2008 Spain has been experiencing an acute economic crisis and working conditions have dramatically worsened for nationals and migrants alike. A study conducted by Colectivo Ioé in 2011 shows that 21.8 percent of the migrant population works in precarious conditions as opposed to 11.8 percent of the Spanish nationals. Amongst young people the unemployment rate is almost the same 46 percent Spanish and 49 percent for migrants.[22] The poverty rate in migrant households is 31 percent and 19 percent Spanish households under 65 years; 6.7 percent of the Spanish population lives in extreme poverty as do 10.8 percent non-EU migrant households.[23] The unemployment rate in Spain in 2011 stood at 25 percent for Spanish citizens, 39.1 percent

20 Quijano (2000a/b, 2008).
21 Pidd (2011); Hooper (2011); Phillips (2011); Phillips (2011).
22 Colectivo Ioé (2012).
23 Ibid.

for African migrants, 49.3 percent for other non-EU residents and 28.5 percent for Latin Americans.[24] The average salary in the Spanish population has increased by 0.8 percent and the average salary in the migrant population has decreased by -10.6 percent.[25] This desperate situation might explain why after three decades of immigration, Spain has recently experienced a decrease in immigration and an increase in emigration.[26]

Whereas Western Europeans migrants are mostly portrayed as white and highly skilled, Eastern Europeans and postcolonial migrants are portrayed as poorly skilled, as a ‚burden' for society, or a stumbling block in the process of integration. The media representation of Western European migration elicits compassion, while Eastern European and postcolonial migrants are regarded with suspicion by portraying them as potential fraudulent benefit seekers.

Non Western Europeans migrants are subjected to constantly evolving technologies of migration control and management. Their entry to Western Europe necessitates tourist or residency visa. The granting and extension of these visas depend on various factors such as evidence of a work contract or university place.[27] As these visa requirements are subject to State policies and market demands, migration recruitment and entry policies are affected by economic and political conjunctures. For example, in 2011 the UK's Conservative government proposed a reduction in the number of visas for students, skilled workers, while restricting settlement routes and family reunification for non-EU migrants.[28] This approach to migration conceives human beings in utilitarian ways targeting them as profitable resource or „social risk" that need to be controlled and managed. Both perspectives, one on economic growth and the other on national security, divert us from the fact that we are dealing with human beings and their right to a dignified life, family, work and education. Caught within the parameters and restrictions of migration policies, ordinary personal arrangements need to be le-

24 Ibid.

25 Ibid.

26 In 2011 457.650 (42.127 return Spaniards) immigrated to Spain, while 507.740 left Spain; Gonzales Enrique (2012).

27 Due to the different agreements between States in regard to the equivalence of academic and professional degrees, some migrants are confronted with a national system that does not validate their degrees. Their professional and academic experiences are not fully recognized, diminishing the possibility to obtain an employment in their professional field. Instead, they experienced a form of „deskilling".

28 See BBC: David Cameron's immigration speech (14. April 2011); http://www.bbc.co.uk/news/uk-politics-1308378 (accessed 02.02.2012).

gitimized to obtain permission to enter the country. For example, the introduction of English tests for non-European spouses joining their partners in the UK in 2011[29] or the restriction imposed on family reunification in the UK.[30]

The creation of a hierarchical system of residency status produces differential citizenship based by exclusion. Thus, while citizens are entitled to privacy as long as there is no threat or evidence of harm towards any family member or other person, migrants' family lives can be completely exempt from this right to privacy as they might be entirely regulated by State policies. It is through the logic of exclusion that an exception to the status of citizen and human is instituted, evoking the need for an analysis of this system of social classification in terms of Anibal Quijano's *coloniality of power*. Quijano reminds us that the racial system instituted by Spanish and Portuguese colonial powers in Latin America in the 16th century still impacts in contemporary societies.[31] The racial classification in the colonies led to the inscription of European culture as superior and the Afro-descendent and indigenous culture as ‚inferior'. While challenged by anti-colonial and anti-slavery movements in the 19th century, this social hierarchy established the dominant social order in post-independence and post-slavery societies. The marginalization of the Afro-descendent population from political, educational, cultural and economic leadership roles in society, and the exclusion of the indigenous population from political representation and participation until recently still permeate the social structure of these societies. This has led some Latin American scholars to define this societal structure in terms of *internal coloniality*.[32]

Translated to the European context, the analysis of the *coloniality of power* and *internal coloniality* relates to Europe's colonial past and the prevalence of the knowledge produced to describe, decipher and categorize the „New World" and the „Other" of Europe. As well as this it brings Europe back to the epistemic ground of its constitution as Subject of knowledge and political Agent. Through the creation of an „exteriority" to Europe in the name of the „Other" of Europe,[33] Europe has positioned itself as the centre of history, the Enlightenment, industrialization, civilization and modernity.

---

29 Travis (2011). http://www.guardian.co.uk/uk/2011/dec/16/overseas-spouses-speak-english (accessed 07.05.2013).

30 Kofman (2011).

31 Quijano (2000a/b, 2008).

32 González Casanova (2006).

33 Spivak (1985); Dussel (1995).

Drawing attention to how this relationship between Europe and its „Other" was supported by a pattern of thinking, sustained by racist ideology, a racial system of social classification as the new social order, Quijano[34] notes that „the structure of power was and even now continues to be organized on and around the colonial axis." This sets „the foundation of the idea of race in the new global structure of the control of labor"[35]. Therefore, power relations in Europe need to be understood at the intersection of modernity and *coloniality*,[36] shaping a specific knowledge-power nexus that Quijano defines as the *coloniality of power*. Europe not only exported its racist ideology with the aim of governing the world, but it also played a role in the governing of its own population. In this sense, the racial classification system exported to the New World was first established in Europe and further developed in Europe's centers and peripheries. European migration regimes, we could concede, emerged within the logic of the *coloniality of power*. Whilst a colonial classification system is not explicit in contemporary national migration policies within the EU, the divide between „citizen" and „alien" (migrant and refugee) reverberates with the logic of *coloniality*. This becomes apparent, for example, in the entry and settlement requirements migrants and refugees need to fulfill to establish their lives within the EU zone. If they do not comply with the requirements set by migration laws, they are denied entry to Europe and if they enter without permission, they risk falling into an explicit zone of dehumanization by being made *illegal*. Under these conditions, for these migrants the question of precariousness is intrinsically connected to becoming undocumented, restricting their freedom of movement and their entry to the labour market.[37] The situation of *illegalization* means that their freedom of movement is curtailed and they are also exposed to the constant threat of deportation, as well as precarious, unsafe and exploitative working conditions. It is through these dynamics that the logic of „colonial difference," the hierarchical differentiation and racial classification of populations from „the" European perspective is reactivated, both outside and within European territories. [38] This „exteriority" within Europe is created through the interpellation of non-European or Eastern European migrants and refugees as the nation's racialized and ethnicized „Other".

34 Quijano (2008), 216.
35 Quijano (2008), 184.
36 Dussel (1995); Mignolo (2000).
37 Maroukis et al. (2011); Düvell (2005).
38 Mignolo (2000), 16.

While for some European citizens precariousness can mean rapid downward social mobility, impoverishment and loss of free access to health care, for non-EU migrants the loss of employment can have detrimental consequences for their residency status in Western Europe. The termination of their work contracts can impact negatively on the extension of their residency visa or convert them to targets of „return policies". For example, for women who have „irregular" residency status, their access to the labour market is prescribed by the structural conditions in which national labour markets are stratified by gender, sexuality, nationality, religion and „race". Thus, Quijano's analysis of the *coloniality of labour*, referring to the hierarchical racial stratification of the organization of work in colonial times in Latin America and its legacy for contemporary societies, is not only relevant for Latin America, but also for Europe. In Europe this pattern of thinking which differentiates between „skilled"/„unskilled" labour is shaped by the „colour line" and migratory statuses. When it comes to *feminized subjects*[39] processes of racialization intersect with feminization which urges us to focus on colonial links.

On the *Coloniality* of Gender

As Maria Lugones argues the *Coloniality of Power* needs to be analysed in relation to the *Coloniality of Gender*.[40] Spanish and Portuguese colonialism not only exported a racialized system of social classification, but the Catholic Church's view of gender was also imposed in all the colonies through the subordination of women and *femininity* as well as the imposition of the patriarchal monogamous heterosexual family. As Silvia Federici argues, the end of serfdom for some peasants and artisans in the 15th century in Europe signalled the intensification of this system for women and the colonized and enslaved populations.[41] The oppression of women and their exclusion from public life and political participation was thus exported to the colonies, superimposed on other systems of gender relations, patriarchal or not.[42] Nonetheless, de-

39 The term *feminized subject* refers to normative subjects socially perceived as women, but also to trans-subjects or subjects identified with femininity.

40 Lugones (2007, 2010).

41 Federici (2004).

42 For further discussion see Anzaldúa (1987); Lozano Verma (2010); Suárez Navaz et al. (2011); Marcos

spite the complex development of gender relations, organization and roles in terms of their specific local socio-political and historical conditions, a common principle of patriarchal rule was established. Here, there was a codification of *femininity* as „exploitable nature" and „value-less". This was epitomized in the social devaluation of women's work and reproductive labour. Through the processes of feminization and racialization a value system was established, on which the pillars of modernity would be grounded.

German feminist scholars (Veronika Bennhold-Thomsen, Maria Mies and Claudia von Werlhof) at the University of Bielefeld, the Bielefelderinnen, drew on this observation in their book *Women, the last colony* (in orig. *Frauen, die letzte Kolonie*). Affirming observations widely shared by feminist critiques at this time,[43] the Bielefelder approach insisted on the interdependent relationship between production and reproduction and drew attention to the value assigned to *feminized* and *racialized labour*. They argued for an understanding of the production system as based on the maintenance of part of the population in unpaid (the housewife) or poorly paid work (the subsistence farmer). The ‚housewife' and the ‚subsistence farmer' are not the exception to capitalist production rather they are the pillars on which capitalism flourishes.[44] Precarias a la Deriva engage with a similar argument, drawing on postoperaist and postmodern feminist debates, when they assert that the analytical divide in the Marxist theory of reproduction and production obfuscates the fact that reproduction has become a site of production and vice versa. These two spheres cannot be understood in opposition to each other but as a continuum.[45] Thus, low waged or unwaged work is not an exception of, but a fundament for capital production. The question of *who cares?* remains a pertinent one in order to understand the cultural and social dynamics of precarious labour.

(2010); and critique, see e.g., Rivera Cusicanqui (1997, 2010); Curiel (2007).

43 Berneria (1979); Dalla Costa et al. (1972); Davis (1981); Delphy (1984); Hartmann (1979); Molyneux (1979).

44 See also Gutiérrez Rodríguez (2010).

45 Precarias a la Deriva (2004).

Who cares?

Despite feminist activists' campaigns for ‚wages for housework' in the 1970s, little has changed in the societal response regarding public policies on the provision of domestic and care work. In the EU, it is largely women who still opt to go part-time or take extended maternity leave. Even when they are employed full-time the responsibility for the household rests on their shoulders. This is even the case in households where gender equality is prioritized or where gender relations are based on lesbian, gay or queer kinship models.[46] Thus, while the households may embrace gender equality, gendered divisions of work persist. Out of the need to balance family and professional life, households with a moderate to high income opt for the employment of domestic workers, cleaners and carers. For the women arriving in the EU zone and becoming illegalized, this work sector represents one of the entry points to the labour market.[47] Together with their female employers, domestic workers find themselves stuck in this women's terrain. Though relieved from this work and managing at a distance, the assignment of these tasks to the female employer's responsibility does not cease with the employment of a domestic worker. Domestic work sticks to these women's bodies, although their strategies to deal with it differ enormously. Thus, while the female employer gains time to pursue her career and has regeneration time, the domestic worker is located in a *cul-de-sac*, not seeing an end to domestic work. When the paid shift is finished, the unpaid shift starts at home. No quality or relaxation time is scheduled in a busy domestic worker's timetable, composed of multiple, poorly paid jobs, long travelling distances and family duties.

The national labour market is supported by this cheap and undocumented migrant workforce, which contributes to national economic growth without any additional costs to the State as this workforce was raised and educated in their countries of origin.[48] Placed outside of the regularized work, they are excluded from any workers' rights, social benefits, unemployment and health insurance. These workers not only contribute to the respective GNPs, but also to the circulation of international capital through their social and financial remittances to their countries of origin.[49] Fur-

---

46 Carrington (1999); Caixeta et al. (2004).

47 Gutiérrez Rodríguez (2010); Oso et al. (2013); Vidal Coso et al. (2012).

48 See discussion in Herrera et al. (2005); Hondagneu-Sotelo (2001); Parreñas (2001).

49 Boccagni et al. (2013).

ther, they support the career planning and personal development of more privileged women without significantly disturbing the traditional gendered division of work in the private households, in which it is predominantly the men's professional ambitions that are prioritized.

Despite the passing of the ILO Convention on Domestic Work (C189) and Recommendation (R 201) on Decent Work for Domestic Workers, recognizing domestic workers as workers and establishing global labour standards for domestic workers on June 16, 2011, this sector still remains highly „irregularized" in most Western European countries. Considered as a private matter, most employment conditions and arrangements are individually negotiated between domestic workers and employers. The fear of loosing their employment and in the case of undocumented migrant domestic workers, their hesitation to officially claim their rights due to their insecure residency status, reduce these workers' possibilities of taking legal action if their employers mistreat or fail to pay them.[50]

Bearing the *traces* of servitude and colonial labour, domestic work is characterized by (a) the lack of state protection; (b) its social devaluation, and (c) the attribution of „inferiority" to its workforce.[51] At the interface of these three levels, domestic work is configured as „simple labour" and its workforce as „unskilled workers", hence, unwaged or poorly paid. The social value attached to this work has much less to do with its societal function than with its cultural perception and codification. Mutually configuring each other, this work and its workforce are both codified by processes of feminization and *coloniality*. Thus, the „free" extraction of the productivity of this labour attends to a hidden script of disciplinary capitalism, in which feminized and racialized subjects are targeted as low waged or unwaged labour. In fact, capital invests in this labour in so far as it is artificially maintained outside of the circuits of capital accumulation.

Thus, domestic work generally, and undocumented domestic workers, in particular, engender the place of „exteriority" in regard to a modernist project of capital accumulation. Their presence remains dictated by temporalities and conditions absent from a script of modern progress and prosperity. This is exposed in the working conditions of domestic workers characterized by oral contracts, unregulated working times, unsafe working conditions and high dependency on the employer. Their working conditions

50 Caixeta et al. (2004).

51 Gutiérrez Rodríguez (2010).

are symptomatic for the ‚crisis capitalism', operating on the basis of precarious work. Yet, as this discussion has shown, *precarity* cannot just be deciphered through an analysis of feminization. Rather our analysis needs to depart from an interlocking system of oppression, taking into account the *coloniality* of both power and gender.

Conclusion: Decolonizing Feminization

While the culture industry celebrates post-feminist stars such as Jesse J, Lady Gaga or Rihanna, reflecting a popularized *rrrriot girls* subculture and resonating with some aspects of post/feminist-queer articulations, feminist critique on the devaluation of women's labour has not lost its relevance. Rather, it has gained momentum due to the austerity measures in Western Europe. Further, the dismantling of the last pillars of the Welfare State and increasing precariousness demand an analysis of the logic of capital accumulation in relation to the endurance of *coloniality* and feminization. Though queer-feminists are subverting femininity's residual meaning through transgender/transsexual practices,[52] in regard to the organization of labour ‚femininity' still signals devaluation. When a feminized subject becomes a mother or needs to take care of a person, she is reminded of the persistent cultural predication and the material conditions associated with ‚becoming woman'. The lack of public funding for care facilities for children and dependents, coupled with limited welfare incentives for mothers and carers, are indicative of the withdrawal of the State. Domestic and care work is still perceived as a private matter that is dealt with within the home. Women primarily manage this, even when this work has been delegated to another woman, in most cases a „migrant", poor, or minoritized woman.

Modern forms of capital production have not replaced colonial forms of production rather they conflate, articulating current forms of capital production. Thus, as Quijano argues, *the coloniality of labour* is inherent to the logic of capital accumulation.[53] *Coloniality* in terms of the societal organization of domestic and care work represents the underside of the modernist ambitions of European nation-states striving for gender equality on the public and private levels. Thus, behind post-feminist celebrations,

52 Dahl (2008); Ziga (2009).
53 Quijano (2008); Mignolo (2007).

coloniality and *feminization* persist, shaping the new quality of labour as precarious in times of economic recession in Western Europe. However, to analyse precarity by setting its point of analysis in Europe, precludes the colonial connections that still permeate the global organization of labour and the devaluation of a workforce marked by „colonial difference".

This paper has focused on the need for a decolonial-feminist analysis of *precarity* in Europe. The discussion has reiterated what Pierrette Hondagneu-Sotelo[54] addresses as the reshuffling of global inequalities on the local level. These inequalities are formed and sustained by a gendered and racialized labour market, organized through neoliberal technologies of governing which proclaim gender equality but simultaneously perpetuate „restricted or subordinated forms of citizenship"[55]. This reveals not only the persistence of a gender ideology which attributes to women the responsibilities for the household and the care of children and „dependent" relatives, but also the endurance of a modern/colonial world system. Therefore, in order to understand the ambivalences in which *femininity* is performed, enacted and embodied, we need to work with a historical perspective alongside a social analysis of global inequalities and their local expression, taking as its vantage point *feminization* and *coloniality*. This calls forth an approach that embraces decolonizing feminization and supporting domestic workers rights.[56]

Literature

Anderson, Bridget (2000): *Doing the Dirty Work? The Global Politics of Domestic Labour.* London: Zed Publishers.

Anzaldúa, Gloria (1987): *Borderlands/La Frontera.* San Francisco: Aunt Lute Books.

Bakker, Isabella (1995): *The Strategic Silence: Gender and Economic Policy.* London: Zed Books.

Bakker, Isabella (2007): Social Reproduction and the Constitution of a Gendered Political Economy, in: *New Political Economy* 12 (4), 541–556.

54 Hondagneu-Sotelo (2001).
55 Lewis (2005), 10.
56 Blackett (2011).

Benholdt-Thomsen, Veronika/Mies, Maria/von Werlhof Claudia (1987): *Frauen, die letzte Kolonie. Zur Hausfrauisierung der Arbeit*. Frankfurt/M.: Rotpunktverlag.

Blackett, Adele (2011): Special Issue: Regulating Decent Work for Domestic Workers, in: *Canadian Journal of Women and the Law*, 23 (1).

Boccagni, Paolo and Francesca Decino (2013): Mapping Social Remittances, in: *Migration Letters* 10 (1), 1-10.

Caixeta, Luzenir/Tate, Shirly/Vega Solís, Christina (2004): *Homes, Care and Borders – Hogares, Cuidados y Fronteras.* Madrid: Traficantes de Sueños.

Carrington, Christopher (1999): *No Place like Home. Relationships and Family Life among Lesbians and Gay Men*. Chicago and London: The University of Chicago Press.

Colectivo loé (2012): *Impacto de la crisis sobre la poblacion inmigrante*. Colectivo loé: Madrid.

Combahee River Collective (1983): The Combahee River Collective Statement, in: Smith, B. ed.: *Home Girls. A Black Feminist Anthology*. New York: Kitchen Table/ Women of Color Press.

Corsani, Antonella (2007): Beyond the Myth of Woman: The Becoming-Transfeminist of (Post-)Marxism, in: *SubStance* 112, 107–138.

Curiel, Ochy (2007): Crítica postcolonial desde las practices políticas del feminismo antiracist, in: *Nómadas* 26, 92–101.

Dahl, Ulrika (2008): *Femmes of Power: Exploding Queer Femininities*. London: Serpent's Tail.

Dalla Costa, Mariarosa/James, Selma (1972): *The Power of Women and the Subversion of the Community*. London: Butler and Tanner.

Davis, Angela (1981): *Women, Race & Class*. New York: Vintage Books.

Delphy, Cristina (1984): *Close to Home: A Materialist Analysis of Women's Oppression.* Translated by D. Leonard. London: Hutchinson.

Dussel, Enrique (1994): *1492: El encubrimiento del Otro: Hacia el origin de „mito de la modernidad".* La Paz: Plural Editores.

Dussel, Enrique (1995): *The Invention of the Americas: Eclipse of „the Other" and the Myth of Modernity*. Translated by Michael D. Barber. New York: Continuum.

Düvell, Franck (2005): *Illegal Immigration in Europe. Beyond Control*. Houndsmills: Palgrave/MacMillan.

Fantone, Laura (2007): Precarious Changes: Gender and Generational Politics in Contemporary Italy, in: *Feminist Review* 87, 5–20.

Federici, Sylvia (2004): *Caliban and the Witch. Women, the Body and Primitive Accumulation.* Autonomedia.

Ferber, Marianne F./ Nelson Julie A. (1993): *Beyond Economic Man*. Chicago: University of Chicago Press.

Folbre, Nancy (1994): *Who Pays for the Kids? Gender and the Structures of Constraint.* New York: Routledge.

González Casanova, Pablo (2006): *Sociología de la explotación*. Buenos Aires: CLACSO.

Gutiérrez Rodríguez, Encarnacion (2010): *Migration, Domestic Work and Affect. A Decolonial Approach on Value and the Feminization of Labor*. Oxford: Routledge.

Hardt, Michael (1999): Affective Labor, in: *boundary*, 26 (2), 89–100.

Hardt, Michael (2007): Foreword: What Affects Are Good For, in: Clough, Patrizia Ticineto/Halley, Jean, eds.: *The Affective Turn. Theorizing the Social*. Durham, N.C.: Duke University Press.

Hartmann, Heidi (1979): The Unhappy Marriage of Marxism and Feminism: Towards a more Progressive Union, in: *Capital & Class*, 3, 1–33.

Hess, Sabine (2009): *Globalisierte Hausarbeit. Au-pair als Migrationsstrategie von Frauen aus Osteuropa*. Wiesbaden: Verlag für Sozialwissenschaften.

Herrera, Giocona, M./Carillo, Maria Cristina/Torres, Alicia (2005): *La migración ecuatoriana: Transnacionalismo, redes e identidades. Quito: FLACSO.*

Hewitson, Gillian (1999): *Feminist Economics: Interrogating the Masculinity of Rational Economic Man.* Cheltenham, UK and Northampton, MA: Edwar Elgar.

Himmelweit, Susan (1995): The Discovery of ‚Unpaid Work.' The Social Consequences of the Expansion of ‚Work', in: *Feminist Economics* 1 (2), 1–19.

Hondagneu-Sotelo, Pierrette (2001): *Doméstica Immigrant Workers Cleaning and Caring in the Shadows of Affluence*. Berkeley/Los Angeles: University of California Press.

Hooper, John (2011): *Economic standstill sets Italians on the move*. The Guardian, May 21.

Kofman, Eleonore (2011): *Family Reunion Legislation in Europe: Is it discrimatory for migrant women?* Brussels: European Network of Migrant Women.

Lazzarato, Maurizio (1996): Immaterial Labour, in: Virno, Paolo/ Hardt, Michael, eds.: *Radical Thought in Italy.* Minneapolis: University of Minnesota Press.

Lazzarato, Maurizio (2002): From Biopower to Biopolitics. Translated by Ivan A. Ramirez, in: *The Warwick Journal of Philosophy*, 13, 112–125.

Lewis, Gail (2005): Welcome to the Margins: Diversity, Tolerance, and Politics of Exclusion, in: *Ethnic and Racial Studies* 28 (3), 536–558.

Lozano Lerma, Betty Ruth (2010): El feminismo no puede ser uno porque las mujeres somos diversas. Apuntes a un feminismo negro decolonial desde la experiencia de las mujeres negras del Pacífico colombiano, in: *La manzana de la Discordia*, 5 (2), 7–24.

Lugones, Maria (2007): Heterosexualism and the Colonial/Modern Gender System, in: *Hypathia* 22 (1), 186–209.

Lugones, Maria (2010): Toward a Decolonial Feminism, in: *Hypathia* 25 (4), 742–759.

Lutz, Helma (2008): *Migration and Domestic Work. A European Perspective on a Global Theme.* Aldershot: Ashgate.

Marcos, Sylivia (2010): *Cruzando Fronteras: mujeres indigenas y feminismos de abajo y a la izquierda.* Universidad de la Tierra: San Cristobal de las Casas.

Maroukis, Thanos/Iglicka, Krystyna/Gmaj Katarzyna (2011): Irregular Migration and Informal Economy in Southern and Central-Eastern Europe: Breaking the Vicious Cycle?, in: *International Migration*, 49 (5), 129–156.

Mignolo, Walter (2000): *Local Histories/Global Designs: Coloniality, Subaltern Knowledges, and Border Thinking*. Princeton, N.J.: Princeton University Press.

Mignolo, Walter (2007): De-linking, in: *Cultural Studies* 21 (2), 449–514.

Misra, Joya/Woodring, Jonathan/Merz, Sabine (2006): The Globalization of Carework: Immigration, Economic Restructuring, and the World-System, in: *Globalization* 3 (3), 317–332.

Misra, Joya/Moller, Stephanie/Budig, Michelle (2007): Work-Family Policies and Poverty for Partnered and Single Women in Europe and North America, in: *Gender & Society* 21, 804–827.

Molyneux, Maxine (1979): Beyond the Domestic Labour Debate, in: *New Left Review* 115, 3–28.

Negri, Antonio/ Hardt, Michael (2000): *Empire*. Cambridge and London: Harvard University Press.

Negri, Antonio (1999): Value and Affect, in: *boundary2*, 26 (2), 77–88.
Negri, Antonio (2003): *Negri on Negri. In conversation with Anne Dufourmantelle*. New York: Routledge.
Ongaro, Sara (2003): De la reproduction productive à la production reproductive, in: *Multitude* 12, 145–154.
Oso, Laura/ Catarino, Christine (2013): From Sex to Gender: The *Feminisation* of Migration and Labour-Market Insertion in Spain and Portugal, in: *Journal of Ethnic and Migration Studies* 39 (4), 625–647.
Parreñas, Rhacel Salazar (2001): *Servants of Globalization: Women, Migration and Domestic Work.* Stanford: Stanford UP.
Peterson, Spike V. (2009): Interactive and Intersectional Analytics of Globalization, in: *Frontiers: A Journal of Women's Studies* 30 (1), 31–40.
Pérez Orozco, Amaia (2004): Estrategias feministas de deconstrucción del objeto de estudio de la economia, in: *Foro interno: anuario de teoría política* 4, 87–118.
Pfau-Effinger, Birgit (2009): Varieties of Undeclared Work in European Societies, in: *British Journal of Industrial Relations* 47(1), 79–99.
Phillips, Tom/Goni, Uki/Rourke, Alison (2011): *Argentina opens doors to migrants, but settling elsewhere is harder*. The Guardian, December 22.
Phillips, Tom (2011): *Portuguese migrants seek a slice of Brazil's economic boom.* The Guardian, December 22.
Phizacklea, Annie/Wolkowitz Carol (1995). *Homeworking Women: Gender, Racism and Class at Work*. London: Sage.
Phizacklea, Annie (1983): *One Way Ticket: Migration and Female Labour*. London: Routledge.
Pidd, Helen (2011): *Europeans migrate south as continent drifts deeper into crisis.* The Guardian, December 21.
Precarias a la Deriva (2004): *A la deriva: por los circuitos de la precariedad femenina.* Madrid: Traficantes de Sueños.
Quijano, Anibal (2000a): Colonialidad del Poder, Eurocentrismo y América Latina, in: Lander, Edgardo, ed.: Colonialidad del Saber, *Eurocentrismo y Ciencias Sociales.* Buenos Aires, Argentina: CLACSO-UNESCO.
Quijano, Anibal (2000b): Coloniality of Power and Eurocentrism in Latin America, in: *International Sociology* 15 (2), 215–232.

Quijano, Anibal (2008): Coloniality of Power, Eurocentrism, and Social Classification, in: Moraña, Mabel/Dussel, Enrique D./Jáuregui, Carlos A., eds.: *Coloniality at Large. Latin America and the Postcolonial Debate.* Durham, D.F.: Duke University Press.

Revel, Judith (2003): Devenir-Femme de la politique, in: *Multitudes*, 12, 125–134.

Rivas, Oscar/Gallego, Pablo/ Gándera, Fabio/Alvarez, Klaudia (2011): *Nosotros, los indignados: Las voces comprometidas del 15-M.* Madrid : Destino.

Rivera Cusicanqui, Silvia/Barraján, R. (1997): *Debates Postcoloniales. Una Introducción a los Estudios de la Subalternidad.* SEPHIS. Ediciones Aruwiyiri; Editorial Historias: La Paz, Bolivia.

Rivera Cusicanqui, Silvia (2010): *Ch'ixinakax utxiwa: una reflexion sobre practicas y discursos descolonizadores*. Buenos Aires: Tinta Limón y Retazos.

Sconvegno [Manuela Galetto, Chiara Lasala, Sveva Magaraggia, Chiara Martucci, Elisabetta Onori, Francesca Pozzi] (2007): A snapshot of precariousness: voices, perspectivas, dialogues, in: *Feminist Review,* 87, 104–112.

Spivak, Gayatri Chakravorty (1985): Scattered Speculations on the Question of Value, in: *Diacritics* 15 (4), 73–93.

Suárez Navaz, Liliana/ Hernández Castillo, Rosalva Aida (2011): *Descolonizando el feminismo: teorias y practicas desde los margenes.* Catedra: Madrid.

Vega Solís, Cristina (2009): *Culturas del Cuidado en Transición*. Barcelona: Editorial UOC, Niberta.

Velasco, Pilar (2011): *No nos representan*. Madrid: Destino.

Vidal Coso, Elena/Vono de Vilhema, Daniela (2012): *The impact of informal networks on labour mobility. The case of immigrant's first job in Spain*. Paper presented at the Population Association of America 2012 Annual Meeting.

Vosko, Leah F. /Macdonald, Martha/Campbell, Iain (2009): *Gender and the Contours of Precarious Employment.* New York: Routledge.

Waring, Marilyn (1999): *Counting for Nothing: What Men Value and What Women are Worth*. Toronto: University of Toronto Press.

Williams, Colin (2011): Reconceptualizing Women's and Men's Undeclared Work: Some Results from a European Union Survey, in: *Gender, Work and Organization,* 18 (4), 415–437.

Ziga, Itziar (2009): *Devenir Perra*. Barcelona: Melusina.

Online-sources:

BBC: David Cameron's immigration speech (2011): http://www.bbc.co.uk/news/uk-politics-1308378 (accessed 02.02.2012).

Grupo de Trabajo de Género y Sexualidad: „En Sol estamos por lo de todos": http://www.diagonalperiodico.net/En-Sol-estamos-por-lo-de-todos.html (accessed 03.06.2011).

EU Report on equality between women and men (2008): http://europa.eu/legislation_summaries/employment_and_social_policy/equality_between_men_and_women/c10167_en.htm (accessed 07.05.2013).

Labor market participation by sex and age (2012): http://epp.eurostat.ec.europa.eu/statistics_explained/index.php/Labour_market_participation_by_sex_and_age (accessed 07.05.2013).

Adrift through the circuits of feminized precarious work (2004): http://eipcp.net/transversal/0704/precarias1/en (accessed 07.05.2013).

Travis (2011): http://www.guardian.co.uk/uk/2011/dec/16/overseas-spouses-speak-english (accessed 07.05.2013).

Politische Transformationen

Feminismus in postdemokratischen Zeiten*

Barbara Holland-Cunz

Renaissance des Feminismus

Es ist ein starker Eindruck, den ich jedoch wissenschaftlich nicht genau belegen kann: Das viele Jahre tabuisierte Wort Feminismus ist in die deutschsprachige Öffentlichkeit zurückgekehrt. In vielen thematischen Feldern fällt das lange vermiedene Wort wieder mit erstaunlicher Selbstverständlichkeit oder gar mit einer gewissen Lust an der Provokation. Ob es um die Forderung nach Lohngleichheit in der Europäischen Union, um die Möglichkeiten der Vereinbarkeit von Familie und Beruf, die Forderung nach der paritätischen Besetzung von Führungspositionen in der Wirtschaft geht: Feministische Forderungen werden heute im öffentlichen Mainstream medial wohlwollend kommentiert. Dass selbst die einschlägigen Institutionen der deutschen Wissenschaft wie die Deutsche Forschungsgemeinschaft oder der Wissenschaftsrat, lange dafür bekannt, die Quote als Verzerrung wissenschaftlicher Leistungsbewertung zu brandmarken, mittlerweile erkannt haben, dass die gezielte Förderung von Frauen für den Abbau sexistischer Rekrutierungsmuster zwingend notwendig ist, darf als Indiz für neue, Feminismus-freundlichere Zeiten gewertet werden.

Nicht nur so genannte Altfeministinnen führen das Wort Feminismus wieder gerne im Munde (sie haben es anderthalb Jahrzehnte eher verschämt verschwiegen oder mit technokratischen Kürzeln wie GM (Gender Mainstreaming) kaschiert), sondern auch junge Frauen unterschiedlicher Herkunft sowie JournalistInnen aus allen Feldern des medialen Mainstreams benutzen die Worte „Feminismus“ und „feministisch“ mit einer neuen, erfrischenden Unbefangenheit.

Gerade für in den 1970er und 1980er-Jahren des vergangenen Jahrhunderts sozialisierte Feministinnen ist es oft nicht leicht zu akzeptieren, dass die so genannten Alphamädchen, eine Generation selbstbewusster junger Frauen, zu diesem medialen Akzeptanzgewinn wesentlich beigetragen haben. Der fröhliche Ausruf von Meredith Haaf, Susanne Klingner und Barbara Streidl verblüfft nur auf den ersten Blick: „Wir sind (viel zu) verliebt in den Feminismus“; „Wir wollen wieder Feministinnen sein. Wir müssen. Es ist uns ein Bedürfnis, eine Herzensangelegenheit“; „Feministinnen sind schlau und sexy“; „Feminismus trägt zu mehr Freiheit und einer besseren Gesellschaft bei. Er macht Spaß und unser Leben interessanter, schöner und aufregender [...]“[1]. Die Worte klingen neu und vertraut zugleich, denn Feminismus war ja schon einmal all dies: In den 1970er und 1980er-Jahren hatte auch meine Feministinnengeneration ein vergleichbares Lebensgefühl, das Gefühl, dass Feminismus mit Bedürfnissen nach Gerechtigkeit und Gesellschaftsveränderung, mit Klugheit, Schönheit, Interessantheit und – mit einem heutigen Wort formuliert – mit „Sexyness“ (trotz bewusst anderer Präsentation), mit Spaß, Wildheit, Abenteuerlust und Aufregung erfüllt ist – also mit zahlreichen, vielfältigen Gegenbildern zu heutigen Stereotypen über Feministinnen, die als verbittert, verklemmt, verbraucht und vereinsamt charakterisiert werden. Die jungen „Alphamädchen“ betreiben heute erfolgreich Zeitschriften wie das *Missy Magazin* oder Webseiten wie *maedchenmannschaft* und werden von vielen Frauen regelmäßig gelesen. Auch Studierende, Frauen wie Männer, sind wieder neugierig auf geschlechterpolitische Themen.

In den Mühlen des institutionellen Alltags von Gleichstellungsgesetzen und Gender Mainstreaming ist das begeisterte feministische Lebensgefühl für viele ältere Frauen aber längst verloren gegangen. Ich wundere mich über die starke Abwehr, die den so genannten Alphamädchen, dem Neuen Feminismus, von Seiten des etablierten Feminismus entgegenschlägt, so als hätten all jene Kritikerinnen die Lust, Feministin sein zu wollen und die Notwendigkeit, Feministin sein zu müssen, nie gespürt oder auf dramatische Weise vergessen, vielleicht sogar verdrängt. Gerade Verdrängung ist ja eine psychosoziale Haltung, die sehr leicht Aggressionen erzeugen kann. Bascha Mikas Buch *Die Feigheit der Frauen*[2] bedient dieses Bedürfnis nach Abgrenzung, wenn die Flucht vermeintlich vieler Frauen in traditionelle Rollen und Versorgungsansprüche

1 Haaf et al. (2008), 16, 20, 22, 247.

2 Mika (2011).

und in die Komplizinnenschaft mit der traditionellen Ordnung behauptet wird. Mika, ehemalige langjährige Chefredakteurin der *tageszeitung (taz)* evoziert dabei unbewusst zugleich die alten Aufbruchsphantasien, wenn am Ende des Buches mit großer Emphase die Fröste der Freiheit beschworen und die frische kalte Außenwelt als „wunderbar" beschrieben werden.[3]

Feminismus scheint also wieder „in" zu sein, doch seine alten Hüterinnen wollen offenbar lieber einen Feminismus der alten Art. Das Motto scheint zu lauten „nur nicht zu viel Spaß"; schließlich befinden sich die liberaldemokratischen kapitalistischen Gesellschaften der OECD-Welt derzeit in einem erkennbar desolaten Zustand. Bezeichnender- oder vielmehr bestürzender Weise ist es nicht etwa eine grundlegende Gesellschaftskritik, die die Ablehnung des jungen, lustbetonten Feminismus hervorruft. Es ist eher eine konventionelle Eingewöhnung ans Patriarchat und an die in den vergangenen Jahren eingeübten Alltagskämpfe, so als könnten und dürften Alltagskämpfe und die Lust auf politische Interventionen nicht miteinander vermischt werden. Alltagskämpfe erscheinen in diesem Sinne als politisch ernsthaftes Unterfangen, das durch Spaß an der Politik gefährdet werden könnte.

Grundlegende Gesellschaftskritik haben dementsprechend in den vergangenen Jahren andere geäußert, Feministinnen blieben stumm, zu sehr mit Reformen und Systemintegration befasst, um sich den großen Fragen zuzuwenden. Desaströse globale Naturverhältnisse, neoliberaler Kasino-Kapitalismus, schreiend ungerechte internationale Arbeitsverhältnisse waren nicht der Kern feministischer Theorie und Politik im Nordwesten der Erde; viele feministische Wissenschaftlerinnen widmeten sich stattdessen ausführlich und akribisch der Dekonstruktion der Kategorie Geschlecht und der Zweigeschlechtlichkeit. In dieser ambivalenten feministischen Gemengelage – Neuerfindung einer lustbetonten Alphamädchen-Provokation, erschöpfte bis bittere Bewahrung antipatriarchaler Alltagskämpfe, dekonstruktivistische Wissenschaft mit einiger Ferne zu den globalisierten Verhältnissen – wird eine Zeitprognose prominent, die die demokratiepolitische Lage in den vergangenen Jahren heftig aufgerüttelt hat. Die Renaissance des Feminismus trifft auf die Ausrufung der Postdemokratie.

---

3 Mika (2011), 228.

Colin Crouchs Zeitdiagnose Postdemokratie

Crouchs Analyse des Zustands der Demokratie lautet folgendermaßen: „Während die demokratischen Institutionen formal weiterhin vollkommen intakt sind (und heute sogar in vielerlei Hinsicht weiter ausgebaut werden), entwickeln sich politische Verfahren und die Regierungen zunehmend in eine Richtung zurück, die typisch war für vordemokratische Zeiten: Der Einfluss privilegierter Eliten nimmt zu, in der Folge ist das egalitäre Projekt zunehmend mit der eigenen Ohnmacht konfrontiert.“[4] Die demokratische Oberfläche bleibt erstaunlich unberührt; Wahlen finden statt, Regierungen werden abgewählt, Nichtregierungsorganisationen und soziale Bewegungen engagieren sich.[5] Und dennoch ist die Demokratie beschädigt: Denn starke gegenläufige Trends sind gleichfalls vorhanden: PR-ExpertInnen inszenieren Wahlkämpfe und lassen sie zu einem „reinen Spektakel“ verkommen, die „Mehrheit der Bürger spielt dabei eine passive, schweigende, ja sogar apathische Rolle“, „reale Politik“ wird „hinter verschlossenen Türen gemacht“,[6] auch Korruption, Kriminalität und Gewalt, Einwanderungsängste, regierungsamtliche Geheimhaltung, Lobbyismus, vielfältige Manipulationen der politischen Öffentlichkeit sowie die Personalisierung des Politischen haben beträchtlich zugenommen.[7] Nach einem gelungenen „Augenblick der Demokratie“, den Crouch immer wieder beschwört, machen sich heute „Langeweile, Frustration und Desillusionierung“ breit.[8]

Crouch skizziert ein Parabel-Modell, bei dem dem erfolgreichen Aufstieg der Demokratie und ihrer historischen Blüte nun eine „Post-Periode“ folgt, in der alle formalen Merkmale der Demokratie zunächst überleben, längerfristig jedoch unter den Vorzeichen Desillusionierung, Gleichgültigkeit und Demokratiemüdigkeit erodieren und die Demokratie möglicherweise sogar zu vordemokratischen, hierarchischen Ordnungsmodellen zurückkehren lassen.[9] Crouchs Analyse geht in wichtigen Punkten weit über die klassischen Habermas'schen Thesen von der refeudalisierten politischen Öffent-

---

4 Crouch (2008), 13.

5 Vgl. Crouch (2008), 10, 24.

6 Crouch (2008), 10.

7 Vgl. Crouch (2008),18, 23, 26f., 32ff., 38.

8 Crouch (2008), 30.

9 Vgl. Crouch (2008), 31, 33f.

lichkeit[10] hinaus, vor allem in Bezug auf die Rolle der Ökonomie, insbesondere der ökonomischen Globalisierung, den transnationalen Unternehmen und engen Verbindungen zwischen Politik und Wirtschaft.[11] Auch werden neue Dimensionen einer Klassen- und Parteienanalyse diskutiert.[12] Crouchs Anliegen ist es, die dem gegenwärtigen Zustand eigentümliche Mischung aus demokratischen, vor- und postdemokratischen Aspekten herauszuarbeiten. Bezogen auf die Parteien bedeutet dies beispielsweise: Die traditionellen Aufgaben von Parteigremienpolitik und Massenintegration gehören zum demokratischen Modus, der zunehmend privilegierte Bezug auf Unternehmen und kommerzielle Interessen werden dem vordemokratischen Modell zugerechnet, Meinungsforschungs-Gläubigkeit und Expertokratie erscheinen als typisch postdemokratische Phänomene.[13]

Kapitalismuskritische Überlegungen zur Kommerzialisierung, Kommodifizierung und Privatisierung öffentlicher Dienstleistungen schließen sich an. Crouch hat seine Kritik an diesen Entwicklungen übrigens zeitlich vor der weltweiten Finanz-Krise formuliert; er wendet sich gegen die fast dreißig Jahre sakrosankte Vorstellung, „den Markt zu einem absoluten Prinzip oder kategorischen Imperativ zu erheben“[14]. Der „neoliberalen Hegemonie“ entsprach die Chance der Wirtschaft, sich permanent in die Politik „einzumischen“.[15] In diesem Sinne lautet der abschließende postdemokratische Befund Crouchs, „daß die wichtigste Ursache für den Niedergang der Demokratie heute in dem Ungleichgewicht zwischen der Rolle der Interessen der Unternehmen und denen aller übrigen Gruppen der Gesellschaft besteht“[16]. Politik wird „wieder zu einer Angelegenheit geschlossener Eliten“.[17]

Der Niedergang der demokratischen politischen Kultur durch a) eine nur noch demokratisch erscheinende Oberfläche, b) das Wiedererstarken einer Eliten-Privilegierung, c) die Neoliberalisierung der Volkswirtschaften, d) professionelle Manipulationen der politischen Öffentlichkeit und e) die Ohnmacht der Zivilgesellschaft bezeichnen demokratiepolitische Negativtrends der Gegenwart, die eindeutig die klassische liberale De-

10 Vgl. Habermas 1987.
11 Vgl. Crouch (2008), zweites Kapitel.
12 Vgl. Crouch (2008), drittes und viertes Kapitel.
13 Vgl. Crouch (2008),99.
14 Crouch (2008),108.
15 Crouch (2008),125.
16 Crouch (2008),133.
17 ebd.

mokratie treffen. Die zentrale Differenz zwischen nach außen scheinbar noch intakten demokratischen Verfahren und einer gleichsam inneren Aushöhlung der Demokratie muss tief beunruhigen. Der Kern der Diagnose Postdemokratie lautet: Unsere Demokratien sind heute nur noch an ihrer sichtbaren Oberfläche intakt, innen drin sind sie hohl, manipulativ und oligarchisch.

In Crouchs folgendem Buch *Das befremdliche Überleben des Neoliberalismus*,[18] vom Suhrkamp Verlag mit *Postdemokratie II* beworben und sofort ins Deutsche übersetzt, finden sich bedauerlicherweise keine weitergehenden Überlegungen; es fehlen Antworten zur internationalen Rezeption seiner Thesen, die Überlegungen zur Macht transnationaler Großkonzerne sind vergleichsweise schlicht und die seit zwanzig Jahren stets und überall geäußerte Hoffnung auf die Zivilgesellschaft, die dieser Macht entgegentreten soll, wird als Lösung präsentiert. Auch das, was Crouch zum Neoliberalismus formuliert, überzeugt wenig, etwa die These von der Deregulierung als Kern des neoliberalen Programms, eine Diagnose, die in dieser Form bekanntlich nicht stimmt;[19] „die beunruhigende Rolle, die Konzerne in der Gesellschaft spielen“[20] ist zudem von anderen, etwa von Journalistinnen wie Naomi Klein, bereits sehr viel präziser untersucht worden.[21] Während Crouch im ursprünglichen Essay den Versuch unternommen hat, zwischen der noch bestehenden intakten demokratischen Oberfläche und ihrer inneren Aushöhlung zu unterscheiden, erinnert der „zweite Band“ doch ein wenig an Verschwörungstheorien, in denen große Konzerne Regierungen kaufen.

Zeitlich in der Mitte zwischen der englischsprachigen Publikation 2004 und dem Erscheinungstermin von Crouchs Essay im deutschsprachigen Raum 2008 hat das *Forschungsjournal Neue Soziale Bewegungen* unter dem Titel *Postdemokratie. Ein neuer Diskurs?* das Pro und Kontra der Debatte präsentiert.[22] Im Editorial beschreiben die Herausgeber des Heftes treffend, wie dieser damals noch relativ neue, gleichsam heiße Begriff sich in die allgemeineren Erfahrungen politischer TheoretikerInnen mit schillernden Begriffsschöpfungen seit 1989 einreiht: Wie „Zivilgesellschaft“, „Governance“ oder „Wissensgesellschaft“ ist auch „Postdemokratie“ ein umkämpfter Begriff, der

18 Crouch (2011).
19 Vgl. Foucaults Gouvernementalitätsvorlesungen (2004a) und (2004b).
20 Crouch (2011), 138.
21 Vgl. Klein (2001).
22 Vgl. Forschungsjournal Neue Soziale Bewegungen (2006).

„starke bewertende Urteile" ausdrückt[23], oder besser gesagt: solche Urteile vielleicht gar erst provoziert. Die AutorInnen des Heftschwerpunktes sind sich recht uneinig. Emanuel Richter[24] betrachtet den Begriff Postdemokratie mit größter Skepsis und attestiert ihm eine eigenartige Zäsur-Vorliebe; die Transformation vom demokratischen zum postdemokratischen Zeitalter ignoriere in politisch bedenklicher Weise sowohl die stark demokratischen Tendenzen der Gegenwart als auch die Auffassung der Demokratie als eines stets unabgeschlossenen Projekts. Dagegen argumentiert Dirk Jörke[25] für die analytische Brauchbarkeit des Begriffs, der seiner Meinung nach die Chance bietet, aktuelle Pathologien demokratischer Systeme wie etwa die zunehmende Distanz bildungsferner Schichten zur Demokratie scharf zu kennzeichnen. Karsten Fischer[26] bezieht sich auf die nicht unproblematische Rolle zahlloser nicht-staatlicher Akteure in der Demokratie und endet deshalb mit dem Plädoyer für eine notwendige Stärkung des Staates heute. Der konventionelle Charakter der Beiträge zeigt sich darin, dass sie, im Unterschied zu Colin Crouch selbst, weder die naheliegenden geschlechterdemokratischen noch die zwingend direktdemokratischen Implikationen postdemokratischer Diagnosen ausführlich einzubeziehen für nötig halten; eine ausdrückliche Würdigung der feministisch-demokratischen Ansprüche, die Crouch mehrfach hervorhebt, findet im Heft nicht statt. In *Aus Politik und Zeitgeschichte* hat Birgit Sauer dagegen zu Recht die Frage gestellt, ob es den von Crouch gefeierten, der Postdemokratie voraus gegangenen „Augenblick der Demokratie" für Frauen eigentlich jemals gegeben hat.[27]

Die Zustimmung zur Analyse Crouchs ist insgesamt sehr viel größer als die Ablehnung, die Rezeption verweist an vielen Stellen darauf, dass Crouch etwas analytisch treffend eingefangen habe. Auch ich halte die Crouch'sche Analyse für zutreffend. Die Institutionen und Verfahren der Demokratie sind tatsächlich heute in vielerlei Hinsicht zu veranstalteten Schauspielen verkommen, unter der scheindemokratischen Oberfläche werden vermeintliche Alternativlosigkeiten behauptet. Das in der globalisierungskritischen Bewegung scharf attackierte „Tina-Prinzip" („There is no alternative!") dokumentiert, dass in vielen westlichen Demokratien angesichts der

---

23 Buchstein et al. (2006), 3.
24 Vgl. Richter (2006).
25 Vgl. Jörke (2006).
26 Vgl. Fischer (2006).
27 Sauer (2011), 33.

zahlreichen, sich wechselseitig kreuzenden und verstärkenden Krisen (Klima, Ernährung, Finanzmärkte, Schulden, Ressourcen, Biodiversität etc.) die politische Auseinandersetzung still gestellt wird bzw. werden soll. Auch die Kommodifizierungen und Privatisierungen vormals öffentlicher Leistungen/Güter sind weit vorangeschritten und werden erst in jüngster Zeit wieder kritisch auf den Prüfstand gestellt, die Macht transnationaler Unternehmen gegenüber der demokratischen Politik ist unbestritten. Noch einmal Colin Crouch: „Während die demokratischen Institutionen formal weiterhin vollkommen intakt sind [...], entwickeln sich politische Verfahren und die Regierungen zunehmend in eine Richtung zurück, die typisch war für vordemokratische Zeiten: Der Einfluß privilegierter Eliten nimmt zu, [...] das egalitäre Projekt (ist; B.H.C.) zunehmend mit der eigenen Ohnmacht konfrontiert."[28] Die innere Aushöhlung der Demokratie ist evident.

Postdemokratie und Protest

Doch die Konsequenzen aus dieser Diagnose scheinen mir auf das genaue Gegenteil dessen zu verweisen, das bei Crouch und in der ihm folgenden Debatte stets durchscheint. Während bei ihm nachzulesen ist, dass die „Mehrheit der Bürger [...] eine passive, schweigende, ja sogar apathische Rolle"[29] spielt, meine ich in unseren repräsentativdemokratischen Gesellschaften derzeit genau das Gegenteil zu erkennen: Postdemokratische Zeiten provozieren (nicht nur) in der OECD-Welt keineswegs Passivität, Schweigen und Apathie, *sondern im Gegenteil lautstarke Empörung und aktives Engagement.* So möchte ich pointiert formulieren: Ja, wir leben in postdemokratischen Zeiten, aber nein: das bedeutet keineswegs, dass wir in apathischen Zeiten leben. Das Gegenteil ist der Fall – Postdemokratie und Protestkultur gehören zusammen, Postdemokratien provozieren politischen Protest. Es gibt offenkundig einen paradoxen, gleichwohl starken Zusammenhang zwischen Postdemokratie und Protest: Nach der zunehmenden Entmündigung demokratischer BürgerInnenschaft regt sich diese mit wütendem Engagement gegen ihre Ruhigstellung. Im Gegensatz zu den oft pessimistischen Postdemokratie-Diagnosen halte ich postdemokratische

28 Crouch (2008), 13.
29 Crouch (2008), 10.

Zeiten für ausgesprochen unruhige, innovative, partizipatorische Zeiten, gleichsam Zeiten „wilder" Partizipation, um eine Formel aufzugreifen, die sich in vergleichbarer Weise sowohl bei Jürgen Habermas als auch bei Joachim Gauck lesen lässt. Die These lautet folglich: Postdemokratie erzeugt nur kurzfristig und vordergründig Apathie, mittelfristig erzeugt sie Partizipation und Bewegung. Aus veranstalteter Partizipation entsteht durch Wut und Überdruss echte Partizipation.

Zahlreiche Beispiele lassen sich dafür in der aktuellen politischen Landschaft finden:

- die *occupy*-Bewegung, die mit dreijähriger Verspätung die skandalösen finanzkapitalistischen Entwicklungen anprangert. Seit dem Zusammenbruch der Lehman Brothers hatte ich darauf gewartet, dass die wieder sichtbar gewordenen Krisenphänomene der globalen Ökonomie Widerspruch hervorrufen, denn der globale Kapitalismus ist, anders als in den zwei Jahrzehnten neoliberaler Dominanz gepredigt, keineswegs ein Garant allgemeinen Wohlstands;
- die Piraten-Partei-Gründungen innerhalb und außerhalb Europas; frau mag von dieser Gruppe junger *digital natives* thematisch und innerpartei-demokratisch wenig halten oder erwarten, sie spiegeln aber ein breites Bedürfnis nach politischer Teilhabe und Transparenz wider;
- die in den vergangenen Jahren neu entwickelten globalen Allmende-Diskussionen, die Genossenschaftsprojekte und neuen Community-Experimente, die Debatten um die Rekommunalisierung/Rekommunisierung privatisierter Gemeingüter, geführt und erprobt in der internationalen globalisierungskritischen Debatte;
- die militanten Proteste in Griechenland und Spanien gegen die EU-Schuldenkrisen-Politik; in Griechenland gründen sich aber auch Tauschringe und Landkommunen, in denen die arbeitslosen StädterInnen eigene/neue Lebensweisen (wieder)entdecken;
- die weltweiten Anti-AKW-Proteste nach Fukushima, die sogar in jenen Ländern zu beobachten waren, die einer langjährigen realdemokratischen Gehirnwäsche von der Alternativlosigkeit der Kernenergie ausgesetzt waren;
- ökologische Fragen melden sich insgesamt bewegungspolitisch zurück; die globalen Krisen der Ökologie, vom Biodiversitäts-Verlust über die Wasser-Privatisierung bis hin zum so genannten Klimawandel mit seinem voraussichtlich scheiternden Zwei-Grad-Ziel, haben die nach dem Ende der bipolaren Welt liegen gebliebenen Fragen mit großer Dringlichkeit wieder ins Zentrum der Aufmerksamkeit gerückt;
- selbst der Arabische Frühling passt ins postdemokratische Bild, obgleich er nicht aus gealterten Demokratien, sondern aus diktatorischen Regimen hervorging, die al-

lerdings viel zu lange mit der Unterstützung postdemokratischer Demokratien am Leben erhalten worden sind;
- die Proteste gegen die Verletzungen demokratischer Prinzipien in Russland, Weißrussland, China und Ungarn sollten hier auch nicht vergessen werden; die weltweite Prominenz von und Solidarität mit *Pussy Riot* dokumentiert die Kreuzung neuer feministischer Provokationsformen mit demokratiepolitischen Anliegen.

Im Januar 2012 hat Roland Roth im *Forschungsjournal Soziale Bewegungen* eine Bilanz des bewegten Jahres 2011 vorgelegt und die demokratiepolitische Lage weltweit folgendermaßen charakterisiert: „Auch wenn es solche transnationalen Konstellationen disparater, aber sich wechselseitig verstärkender Proteste und Bewegungen historisch schon häufiger gegeben hat [...], dürfte nicht zuletzt die dichte digitale Vernetzung erheblich dazu beigetragen haben, dass Protestimpulse heute in Echtzeit um den Globus gehen."[30] Roths Beobachtung, dass die vielfältigen, höchst unterschiedlichen neuen *Neuen Sozialen Bewegungen* sich wechselseitig stärken und verstärken, scheint mir eine ausgesprochen treffende Beschreibung der überraschenden neuen Situation zu sein. Postdemokratische, ökonomische und ökologische Krisenphänomene bilden demnach die Spitze eines krisenhaften Eisberges, der die mittlerweile allseits so genannten multiplen Krisen unmittelbar miteinander verbindet: Der Neoliberalismus hat die Postdemokratie hervorgerufen, seine Krisen erzeugen eine immer weitere Aushöhlung demokratischer Prozesse und Institutionen, die realexistierende Demokratie nordwestlicher Prägung laviert seit dem Lehman-Zusammenbruch an den Oberflächen-Phänomenen herum, die Spaltungen demokratischer Gesellschaften in Arm und Reich schreiten immer weiter voran, die demokratisch-teilhabebezogenen und die gerechtigkeits-bezogenen Intuitionen demokratischer BürgerInnenschaften werden täglich aufs Neue massiv verletzt. Und genau dies erzeugt neue Formen und AkteurInnen des Protests.

Die postdemokratisch beruhigten BürgerInnenschaften haben heute offenkundig genug von alternativloser, veranstalteter Demokratie. Interessant ist, dass der meiner Ansicht nach starke Zusammenhang zwischen Postdemokratie und Protest wissenschaftlich wenig thematisiert wird, er ist derzeit noch in einzelne Teildiskurse aufgespalten. So machte das *Forschungsjournal Soziale Bewegungen* zu Beginn des Jahres 2012 mit einem fulminanten Bewegungs-Heft auf und pries auf hohem

---

30 Roth (2012), 23.

wissenschaftlichen Niveau die Rückkehr des bürgerschaftlichen Protests,[31] *PROKLA* und *Widersprüche* befassten sich in ihren Heften vom Ende des Jahres 2011 mit der notwendigen Rückkehr zur Kapitalismus-Kritik und die Postdemokratie-Debatte fand in *Aus Politik und Zeitgeschichte* ihren aktuellen Niederschlag.[32] Zwischen diesen zeitdiagnostisch aktuellen und bedeutenden Teildiskursen in wichtigen deutschsprachigen Zeitschriften finden jedoch wenig diskursive Überschneidungen, nicht einmal thematische Berührungen statt. So wird Protest ohne Postdemokratie, Postdemokratie ohne Protest und Kapitalismuskritik ohne diese beiden Dimensionen diskutiert. Die Sozialwissenschaften scheinen der theoretischen und politisch-praktischen Gesellschaftskritik so sehr entwöhnt zu sein, dass sie in Spezialdiskursen verharren und das neue große Bild nur unscharf zu erkennen vermögen. Ohne eine Vorstellung von dem, wie die kapitalistische Ökonomie heute aussieht, lässt sich Crouchs Analyse der Postdemokratie aber nur schwer nachvollziehen, da die Aushöhlung demokratischer Institutionen und Verfahren mit den Entwicklungen der Ökonomie eng verbunden ist. Crouch ist zutiefst davon überzeugt, dass die Rückentwicklung in „vordemokratische Zeiten“ auf den zunehmenden Einfluss privilegierter Eliten zurückgeht, „die vor allem die Interessen der Wirtschaft vertreten“.[33] Die ökonomischen Veränderungen sind also ein wichtiges Element der postdemokratischen Diagnose.

Ein kurzer Blick auf neue(re) Kapitalismus-Diagnosen

Es sind vor allem die ökonomisch orientierten Analysen der ausbeuterischen Globalisierung, die heute kapitalismuskritisch und geschlechterpolitisch argumentieren, in dem sie die Feminisierung der internationalen Arbeitsverhältnisse in den Kontext weltweiter Prozesse der Informalisierung und Flexibilisierung von Arbeit stellen. In angelsächsischen kapitalismuskritischen Texten aus den 1990er-Jahren, exemplarisch bei Richard Sennett und Benjamin Barber, kommt zur Kritik der materialen Ausbeutung eine hohe Aufmerksamkeit für die immateriellen Ausbeutungsdimensionen hinzu.[34] Der *flexible Mensch* in der *Kultur des neuen Kapitalismus*, so der deutsche Titel

31 Vgl. Forschungsjournal Soziale Bewegungen (2012),

32 Vgl. PROKLA (2011), Widersprüche (2011), Aus Politik und Zeitgeschichte (2011).

33 Crouch (2008), 13, 10.

34 Vgl. Sennett (1998) und Barber (1996).

von Sennetts soziologischer Arbeit, wird durch vermeintlich größere Freiheiten in den heutigen Arbeitsformen und -zeiten „in Wirklichkeit in ein neues Gewebe der Macht eingebunden“,[35] das von den Arbeitenden in hohem Maße persönliche Selbstorganisation und Risikobereitschaft verlangt. Sennett[36] evoziert Foucaults Konzept der Selbstregierung, das auf die perfiden Anstrengungen verweist, in einer Macht-Netz-Struktur die/der eigene HerrscherIn zu sein. In seinen Vorlesungen zur Gouvernementalität hat Foucault,[37] lange vor den aktuellen Neoliberalismus-Analysen, prägnant ausgeführt, wie sich der neoliberale *Homo oeconomicus* aus den liberalen Regierungskünsten seit dem 18. Jahrhundert entwickelt und als scheinbar freier „Unternehmer seiner selbst“ zwangsweise konstituiert hat.

Es ist Sennetts und Foucaults Anliegen, das ja auch in der Kritischen Theorie eine zentrale Rolle spielt, jene Prozesse zu erfassen, die zur Verinnerlichung von Herrschaft führen, zu jenem herrschaftlich höchst effizienten Regime, das den Beherrschten selbst die Anstrengung der Herrschaft auferlegt und gar nicht mehr selbst unterdrückend in Erscheinung treten muss. Horkheimers und Adornos Beschreibung von der Vorbeifahrt Odysseus' an den Sirenen ist das berühmte Bild dazu;[38] wer sich selbst fesselt bzw. fesseln lässt, kann unter Qualen seine gesellschaftlichen Pflichten ordentlich erfüllen. Foucaults klassisches Bild ist bekanntlich der leere Turm in der Mitte des Gefängnis-Runds;[39] selbst wenn irgendwann alle Wärter abgezogen würden, unterwerfen sich die Gefangenen freiwillig den Anforderungen angemessenen Verhaltens, das durch die durchsichtigen Zellen habitualisiert worden ist. Barber[40] fügt dieser Strukturanalyse den zeitgenössischen Gedanken hinzu, dass die kapitalistische Homogenisierung des Individuums und seiner Welterfahrung medial durch „McWorlds lärmende Seele“ (re)produziert wird. Barber schreibt: „Wer weltweit Information und Kommunikation beherrscht, hat potentiell die Herrschaft über den Planeten. Diese Verfügungsgewalt ist jedoch sanft und bewirkt Herrschaft durch Überredung statt durch Befehl, Beeinflussung durch Suggestion statt durch Zwang. Diese kaum sichtbare Form der Herrschaft kann kaum zur Verantwortung

35 Sennett (1998), 73.
36 Sennett (1998), 178.
37 Vgl. Foucault (2004a) und (2004b).
38 Vgl. Horkheimer/Adorno (1968), 46ff.
39 Vgl. Foucault (1998), 256ff.
40 Barber (1996), 110.

gezogen werden. Ihre schlecht wahrnehmbaren Folgen sind auf mancherlei Weise viel beklemmender[...]".[41]
Drei große, viel diskutierte Arbeiten bündeln diese kapitalismuskritischen Ansätze und Überlegungen; chronologisch aufgeführt handelt es sich um folgende Werke: a) Pierre Bourdieu et al., *Das Elend der Welt* von 1993,[42] b) *Der neue Geist des Kapitalismus*, das Luc Boltanski und Ève Chiapello 1999 bei Gallimard publiziert haben[43] und schließlich c) *Empire* von Michael Hardt und Antonio Negri, im Original 2000 erschienen.[44] Alle drei (im doppelten Wortsinne) schwer wiegenden Texte versuchen das Neue des zeitgenössischen Kapitalismus einzufangen. Bourdieu und seine zahlreichen MitautorInnen liefern eine geradezu enzyklopädische Materialsammlung über die aktuell erfahrbaren Veränderungen der Lebens- und Arbeitswelten und den hohen Preis, der den Betroffenen darin abverlangt wird. Furcht und zunehmende Enttäuschung, gar Hoffnungslosigkeit, beherrschen – untergründig verborgen oder gänzlich unkaschiert – die meisten Interviews, sei es die Furcht vor dem Verlust des ohnehin prekär gewordenen sozialen Status', sei es die Angst vor direkter Gewalt, auch im Geschlechterverhältnis.
Boltanski und Chiapello folgen dem Fokus auf die immateriellen Dimensionen von Ausbeutung und Ungleichheit in Form einer durch Max Weber inspirierten Auseinandersetzung mit dem „Geist" des neuen Kapitalismus. Kapitalismuskritik speist sich, Boltanski und Chiapello zufolge,[45] aus Empörung und richtet sich seit zwei Jahrhunderten meist gegen vier Aspekte: Entzauberung des Lebens, Unterdrückung, Armut/Ungleichheit, egoistische Entsolidarisierung. Der neue Geist des Kapitalismus wird auch bei Boltanski und Chiapello durch Enthierarchisierung, Flexibilisierung, Netzwerkstrukturen und individuelle Selbstkontrolle definiert; eine Projekt-Rhetorik nimmt Entzauberungskritiken auf; die Netzwerkwelt bringt Anomie und „Freiheit" als Pflicht/Zwang hervor. In diesem Sinne bieten Boltanski und Chiapello nur bedingt Neues; beeindruckend ist jedoch die Sorgfalt der empirischen Arbeit und die Unabweisbarkeit der Belege für alle (von den bislang genannten AutorInnen) angeführten Hypothesen.

---

41 Barber (1996), 90.
42 Vgl. Bourdieu et al. (2002).
43 Vgl. Boltanski/Chiapello (2006).
44 Vgl. Hardt/Negri (2002).
45 Vgl. Boltanski/Chiapello (2006), 79ff.

Auch Boltanski und Chiapello konstatieren, dass sich „diese neue Welt ganz offensichtlich lautlos breit gemacht" hat.[46]

Empire schließlich beschreibt die gegenwärtige kapitalistische Welt noch einmal als eine postmoderne Netzstruktur der Herrschaft, die durch Flexibilität, Hybridität der Identitäten, biopolitische Lebensaneignungen, Grenzauflösungen jedweder Art, Information und Kommunikation sowie tief gehende Herrschafts-Durchdringungen der sozialen Welt „unterhalb" einer scheinbar „geglätteten"[47] Oberfläche gekennzeichnet ist. Obgleich ich hier nur einen sehr knappen Gang durch die einschlägige Literatur präsentiere, drängt sich in der retrospektiven Zusammenschau dieser neu(er)en kapitalismuskritischen Analysen eine Beobachtung mit großer Intensität auf: Beklommenheit über die wenig sichtbaren neuen Formen von Herrschaft und die von ihnen erzeugten seelischen Leiden bilden für alle genannten AutorInnen den Impetus ihrer Arbeiten. Der Neokapitalismus, um ein Wort von Boltanski und Chiapello aufzunehmen, ist eine Form von Herrschaft, die leise, sanft, unmerklich, fast unsichtbar nicht nur die Körper, sondern zugleich Geist und Seele okkupiert, Fatalismus und Desorientierung hervorruft, Widerstand und Revolte kaum mehr in den Blick geraten lässt.

Damit komme ich zu Crouchs Diagnose von der Apathie in heutigen demokratischen Gesellschaften und der doppelten Beobachtung von den subtilen, kaum mehr sichtbaren Formen von Herrschaft einerseits und der veranstalteten Demokratie andererseits zurück. Demokratietheoretisch betrachtet sind Crouchs Lösungsvorschläge angesichts seiner scharfsinnigen Anlayse eher konventionell und passen nicht so recht zur Schärfe seiner Analyse. Crouch eröffnet seine abschließenden Thesen mit dem ausdrücklichen Hinweis, dass die Dominanz der Unternehmensinteressen zwar das wichtigste postdemokratische Problem sei, die „Abschaffung des Kapitalismus" heute jedoch nicht (länger) als Option offenstehe.[48] Diese Einschätzung scheint Crouchs demokratietheoretische Phantasie zu beeinträchtigen. Unter der Überschrift „Parteien und Wahlen sind immer noch wichtig"[49] verweist er auf Vorschläge anderer, die Parteienfinanzierung direktdemokratisch zu regeln oder Bürgerversammlungen (als eine Mischung aus antiken, schweizerischen und angelsächsischen Traditionen) als tem-

46 Boltanski/Chiapello (2006), 210.
47 Hardt/Negri (2002), 11.
48 Crouch (2008), 133.
49 Crouch (2008), 143.

poräre Legislativen einzuführen.[50] Crouchs eigene Ratschläge – ein Plädoyer für die Stärkung kommunaler/regionaler Politik und der Gewerkschaften sowie der Hinweis, auf die Parteien müsse von außen Einfluss ausgeübt werden – sind wenig originell[51] und setzen den kapitalismusbezogenen Aspekten der Postdemokratie nichts entgegen.

Doch Crouch beendet seinen Essay nicht gänzlich hoffnungslos. Ausgerechnet die feministische Bewegung ist ihm Anlass zu weiter reichenden Perspektiven. Die Mobilisierung neuer Identitäten, zu denen Crouch neben der feministischen auch die ökologische und die globalisierungskritische zählt, fungiert als Anstoß, „laut und deutlich Zutritt zu den Institutionen zu verlangen und damit die Welt der konventionellen postdemokratischen Kampagnenpolitik mit all ihren Inszenierungen und schrecklichen Phrasen zu stören".[52] „Daß es im Inneren des *demos* immer einen Bereich der Kreativität und der Irritation gibt, ist für egalitaristische Demokraten die größte Hoffnung für die Zukunft."[53] Crouch zufolge braucht demokratische Politik folglich „einen lebhaften, chaotischen und lauten Kontext von Bewegungen und Gruppen" als „Nährboden, auf dem die vitale Demokratie der Zukunft entsteht".[54] In dieser emphatischen Formulierung verbirgt sich die demokratiepolitisch richtige Annahme, dass häufig erst die Verletzung politischer Verfahren und Konventionen ausreichende Aufmerksamkeit für Neues bei den herrschenden parteipolitischen und repräsentativdemokratischen Eliten erzeugt.

Wo steht der Feminismus in diesen bewegten, kapitalistischen, postdemokratischen Zeiten?

Die neue Lust an der öffentlichen Provokation habe ich eingangs skizziert, aber auch die andere Seite eines in Alltagskämpfen erschöpften GM-Feminismus. Feminismus in der Postdemokratie ist bislang stark am Elitendiskurs beteiligt. Feministische Politik und Theorie haben sich von den letzten zwei Jahrzehnten noch nicht in der politisier-

50 Vgl. Crouch (2008), 144.
51 Vgl. Crouch (2008), 144ff., 142.
52 Crouch (2008), 148.
53 ebd.; vgl. auch Crouch (2008), 80ff.
54 Crouch (2008), 153.

ten Protest-Debatte zurückgemeldet. Der institutionalisierte Feminismus ist heute Teil der veranstalteten Demokratie, ob er sich in der ritualisierten jährliche Bundestagsdebatte zum 8. März äußert, in dem gesamten, mühsam geschaffenen Gesetzeswerk zur Gleichstellung oder dem Anspruch auf eine paritätische Besetzung von Aufsichtsratsposten. Wie eine meiner Mitarbeiterinnen, Katharina Volk, kürzlich sehr deutlich hervorgehoben hat, ist es eine höchst seltsame Koinzidenz, dass genau in jenem Moment, in dem sich eine neue Kritik der Konzernmacht entwickelt, Feministinnen Sitze in Vorständen und Aufsichtsräten fordern.[55] Die aus den vergangenen zwanzig Jahren Theorie- und Bewegungsgeschichte überkommenen feministisch-politischen Muster sind solche der Einrichtung ins Bestehende, der Reform, der freundlichen Bitte um Teilhabe. Die feministische Demokratiedebatte steht markanten Phänomenbeschreibungen wie jenen von Colin Crouch mit einem langweiligen Fokus auf die „Realdemokratie" (Elke Biester) gegenüber; die gegenwärtige feministische Demokratietheorie wirkt gegen den intellektuellen Scharfsinn Crouchs und die scharfen Kapitalismus-Analysen ziemlich unambitioniert. Der Kritik der Postdemokratie stehen derzeit weder feministische Überlegungen zur partizipatorischen noch zur direkten Demokratie gegenüber; die Kritik an den veränderten kapitalistischen Verhältnissen wird kaum aufgenommen. Demokratiepolitische feministische Debatten erschöpfen sich weitgehend im Mandate-, Aufsichtsratsposten- und Kanzlerinnen-Zählen. Abgesehen von wenigen Ausnahmen scheinen die neue(re)n Debatten zur Kritik der Demokratie und des Kapitalismus an der feministischen Theorie und Praxis vorbeigegangen zu sein.

Feministinnen brauchen deshalb offensichtlich heute neuen Mut, um sich den großen gesellschaftlichen Fragen wieder bzw. neu zuzuwenden und sich in die bestehenden Debatten fundamentaler Gesellschaftskritik, seien sie bezogen auf die Postdemokratie oder die kapitalistische Globalisierung, wieder bzw. neu einzuschalten; die Wiederentdeckung der eigenen gesellschaftsverändernden Ansprüche scheint mir die wichtigste Aufgabe zu sein, wenn feministische Theorie und Politik nicht Teil der Postdemokratie, sondern Teil ihrer Kritik sein will. Die kritische Rückbesinnung, die sowohl Nancy Fraser als auch Frigga Haug gefordert haben,[56] ist politisch wesentlich und politiktheoretisch notwendig. Politische und kulturelle Vielfalt kennzeichnete in den Anfangsjahren die Neue Frauenbewegung. Der klassische Liberalismus war ebenso

55 Vgl. auch Wichterich (2012).
56 Vgl. Fraser (2009) und Haug (2009).

vertreten wie die sozialistische Strömung, Feministinnen arbeiteten in spirituell orientierten Frauenprojekten ebenso wie in Interessenorganisationen von NOW bis zu Parteien und Gewerkschaften, die Weltsicht reichte von der Hoffnung auf Integration in die bestehenden Gesellschaften bis zum Ausstieg in eine eigene Frauenwelt. Feministinnen lasen Mary Daly ebenso intensiv wie Karl Marx. Von vielen ursprünglichen Strömungen hat sich der Mainstream des Feminismus unterdessen abgewandt – in diesem Sinne kann ich Frigga Haugs Argumentation sehr gut folgen. Im Unterschied zu Frigga Haug möchte ich jedoch betonen, dass nicht nur der sozialistische Feminismus dem „Schwarzer-Feminismus"[57] zum Opfer gefallen ist; auch die radikaldemokratischen und ökofeministischen Impulse sind heute stark marginalisiert. Dass sich die Neuen Feministinnen massiv gegen den „Schwarzer-Feminismus" wehren, scheint mir hier jedoch ein hoffnungsvolles Zeichen zu sein.

Obgleich ich weder mit Frigga Haugs sozialistischer Kritik noch mit Nancy Frasers These von der Nähe zwischen Feminismus und Neoliberalismus übereinstimme, möchte ich einen zentralen Aspekt beider Überlegungen zustimmend aufgreifen. In unterschiedlicher Weise plädieren sowohl Fraser als auch Haug für eine „Rückbesinnung" auf ursprüngliche feministische Ideale. Nancy Fraser behauptet zu Recht, dass die Neue Frauenbewegung an ihrem Beginn die „Tiefenstrukturen der Gesellschaft" analysieren und transformieren wollte, und dass diese Haltung zurückgewonnen werden muss;[58] Frigga Haug spricht ausdrücklich vom Rückbesinnen und Zurückgewinnen feministischer Initiative. Dem kann ich mich aus der Sicht langjähriger Befassung mit utopischen Entwürfen nachdrücklich anschließen. Feministinnen brauchen eine neue Debatte um weit reichende Gesellschaftskritik. Crouch und die neueren Kapitalismuskritiken können dabei erste Orientierungen bieten. Bezogen auf eine fundamentale Gesellschaftskritik ist der Feminismus momentan nicht auf der Höhe der (postdemokratischen) Zeit.

Doch auch die postdemokratischen Bewegungen sind nicht auf der Höhe der Zeit. Feministische Vorstellungen, Theorien, Begriffe und Politiken sind bislang kaum erkennbar: Geschlechtergerechte Debatten und Argumentationen, Verfahren und Rekrutierungsmuster existieren weder in der occupy-Bewegung noch bei den Piraten, die Allmende-Diskussion kommt meist ohne einen feministischen Grundton aus, we-

57 Haug (2009), 404.
58 Fraser (2009), 47.

der in Griechenland noch in Spanien oder in Japan ist die Aufmerksamkeit auf die geschlechtsspezifischen Dimensionen der Krisen gerichtet, die Rio plus 20-Diskussion im Juni 2012 hat weltweit für große politische Enttäuschung gesorgt. Ob der Arabische Frühling geschlechterpolitisch ein Desaster werden könnte, ist noch nicht abzusehen; Frauenrechte gehören aber absehbar zu den höchst strittigen Fragen, Tendenzen einer Islamisierung der arabischen Welt sind deutlich erkennbar.

Die multiplen Krisenphänomene geben Feministinnen nun die Möglichkeit, vielleicht sogar die Verpflichtung, einerseits – innerfeministisch – die begangenen Wege und Abwege der vergangenen zwei Jahrzehnte kritisch zu überdenken und sich durch diese kritische (Selbst-)Reflexion für eine Wiederbelebung radikaler Theorie und Politik zu engagieren, andererseits – nach außen gerichtet – die a-feministischen Proteste und Bewegungen geschlechterpolitisch zu beflügeln, letzteres insbesondere durch eine Neubestimmung inklusiver Partizipationsformen, mit denen alte und neue Frauenbewegungen seit 200 Jahren intensiv experimentieren.

Der zuweilen fast hochmütige Paternalismus von RepräsentativdemokratInnen gegenüber Frauen, Armen, Bildungsfernen und/oder im Staatsgebiet lebenden Nicht-StaatsbürgerInnen, aber auch gegenüber dem Staatsvolk in seiner heterogenen Gesamtheit oder gegenüber KritikerInnen einzelner Entscheidungen (wie etwa den GegnerInnen von Stuttgart 21) hat nicht unwesentlich zur akuten postdemokratischen Lage beigetragen; Repräsentativdemokratien provozieren postdemokratische Problemlagen. Die traditionelle Vorstellung, von BerufspolitikerInnen getroffene Entscheidungen seien informierter, professioneller und sachgerechter als von BürgerInnen abgestimmte, ist seit der so genannten Partizipatorischen Revolution seit Ende der 1960er Jahre inhaltlich ins Wanken geraten: Die „Frauenfrage“, die „ökologische Frage“ oder die zahllosen Fragen internationaler Gerechtigkeit wurden nicht etwa von der repräsentativen Berufspolitik auf die politische Agenda gesetzt, sondern von engagierten BürgerInnen, die mit der Performanz ihrer Regierungen höchst unzufrieden waren und sind. Dass all diese Fragen mittlerweile im Mainstream des Politikbetriebes bearbeitet werden, darf nicht vergessen machen, dass dieser zu ihrer Bearbeitung erst lautstark gezwungen werden musste. Geschlechterdemokratische und direktdemokratische Politikformen und -ideale wirken nachhaltig gegen postdemokratische Frustrationen.

Crouchs Würdigung feministischer Ansprüche in der postdemokratischen Gesellschaft trifft demnach einen Kern demokratietheoretischer Überlegungen. Die unkonventionellen Protestformen, die u.a. die feministische Bewegung in über zweihundert Jahren entwickelt hat und die zunächst Ausdruck politischer Ohnmacht und der Nichteinlösung der Versprechen der Französischen Revolution waren, dokumentieren die traditionellen Schwächen der repräsentativen Demokratie. Ihr Versprechen auf Teilhabe wird bestenfalls indirekt eingelöst und ihre grundlegende Orientierung auf die Ergebnisse des politischen Prozesses an Stelle einer Orientierung an gerechten Verfahren, die möglichst inklusiv auf die Beteiligung aller BürgerInnen setzen, ist von Beginn an ein Kernproblem. Das klassische Argument, Massendemokratien erlaubten rein prozedural keine partizipatorischen Verfahren, hat in der Geschichte der Demokratieentwicklung seit 1789 immer wieder dazu geführt, dass ein Paternalismus der Eliten als bessere bzw. einzig praktikable Lösung erschien. Die vermeintliche Uninformiertheit, Rückständigkeit und Vorurteilsbeladenheit des „Volkes" galt und gilt als zentrales Argument, unmittelbare Beteiligungsformen allenfalls sporadisch zuzulassen. Die politikkritischen Kompetenzen der protestierenden AktivbürgerInnenschaft werden aktuell gar in der Gestalt des so genannten „Wutbürgers" verunglimpft. Crouchs postdemokratische Diagnose und seine Würdigung der Zivilgesellschaft treffen folglich nicht nur eine modische, zeitgeistige Stimmung der politischen Kultur, sondern legen die Fundamente eines eklatanten demokratiepolitischen Problems der Moderne offen – der demokratietheoretischen und -politischen Relation zwischen Regierenden und Regierten, wie sie insbesondere Frauen in den vergangenen zwei Jahrhunderten erfahren/erlitten haben. Die akute Krise der Demokratie, die die Diagnose von der Postdemokratie so griffig auf den Begriff bringt, ist in der Struktur der modernen Demokratieidee angelegt. Das neu entstehende/entstandene Bedürfnis nach politischem Protest berührt Politikformen, mit denen die feministische Bewegung seit zwei Jahrhunderten Erfahrungen macht. Feministinnen könnten Expertinnen des Protests in der Postdemokratie sein, wenn sie denn wollten...

Wir brauchen einen zweiseitigen Diskussionsprozess. Feministinnen können von den neuen postdemokratischen Protesten die eigenen Anpassungen selbstreflexiv überdenken lernen, postdemokratische Protestbewegungen können von Feministinnen inklusive und „wilde" Partizipationsformen erlernen. Wenn die Tabus um das Wort „feministisch" gerade neu fallen, gibt es Anlass zu Optimismus. Feministische Politik und Theorie werden in postdemokratischen Zeiten nicht einfacher, aber umso notwendiger. Es wäre für eine Erneuerung feministischer Theorie, Kritik und Politik fatal, wenn wir gerade eine höchst aufregende gesellschaftliche Entwicklung verpassten, weil

Aufsichtsratsposten durchgesetzt werden sollen. Ich persönlich jedenfalls möchte keinesfalls das verpassen, was Roland Roth die „Ekstase des Neubeginnens“[59] nennt.

* Einige dieser Überlegungen habe ich bereits im Rahmen der folgenden Publikationen vorgetragen:
- Krisen und Utopien: Eine Rückbesinnung auf den Feminismus als visionäres Projekt, in: Zentrum für Gender Studies und feministische Zukunftsforschung (Hrsg.): Kritik, Emanzipation, Utopie. Gender Lectures Wintersemester 2009/10, Marburg: Zentrum 2010, 23–40.
- Postdemokratie, Geschlechterdemokratie, Direkte Demokratie. Vom Ende des Paternalismus in der politischen Kultur, in: Lars P. Feld/Peter M.Huber/Otmar Jung/Hans-Joachim Lauth/Fabian Wittreck (Hrsg.): Jahrbuch für direkte Demokratie 2011, Baden-Baden: Nomos 2012, 65–77.

Literatur

Aus Politik und Zeitgeschichte (2011) (1–2), Schwerpunktthema: Postdemokratie?

Boltanski, Luc/Chiapello, Ève (2006): *Der neue Geist des Kapitalismus*, Konstanz: UVK.

Bourdieu, Pierre et al. (2002): *Das Elend der Welt. Zeugnisse und Diagnosen alltäglichen Leidens an der Gesellschaft*, Konstanz: UVK.

Buchstein, Hubertus/Nullmeier, Frank (2006): Einleitung: Die Postdemokratie-Debatte, in: *Forschungsjournal Neue Soziale Bewegungen* 19 (4), 16–22.

Buchstein, Hubertus/Nullmeiner, Frank/Klein, Ansgar/Rohwerder, Jan (2006): Postdemokratie: Ein neuer Diskurs? Editorial, in: *Forschungsjournal Neue Soziale Bewegungen* 19 (4) , 2–5.

Crouch, Colin (2008): *Postdemokratie*, Frankfurt/Main: Suhrkamp.

Crouch, Colin (2011): *Das befremdliche Überleben des Neoliberalismus. Postdemokratie II*, Berlin: Suhrkamp.

59 Roth (2012), 27.

Fischer, Karsten (2006): Die jüngste Versuchung der Demokratie. „Postdemokratie" und Politik-Netzwerke, in: *Forschungsjournal Neue Soziale Bewegungen* 19 (4), 47–57.

Forschungsjournal Neue Soziale Bewegungen (2006) 19 (4), Schwerpunktthema: Postdemokratie. Ein neuer Diskurs.

Forschungsjournal Soziale Bewegungen (2012) 25 (1), Schwerpunktthema: Vom Scheitern und Gelingen. Berichte aus der Praxis sozialer Bewegungen.

Foucault, Michel (1998): *Überwachen und Strafen. Die Geburt des Gefängnisses*, Frankfurt/Main: Suhrkamp, 12. Aufl.

Foucault, Michel (2004a): *Geschichte der Gouvernementalität I. Sicherheit, Territorium, Bevölkerung. Vorlesung am Collège de France 1977–1978*, hg. von Michel Sennelart, Frankfurt/Main: Suhrkamp.

Foucault, Michel (2004b): *Geschichte der Gouvernementalität II. Die Geburt der Biopolitik. Vorlesung am Collège de France 1978–1979*, hg. von Michel Sennelart, Frankfurt/Main: Suhrkamp.

Fraser, Nancy (2009): Feminismus, Kapitalismus und die List der Geschichte, in: *Blätter für deutsche und internationale Politik* 54 (8), 43–57.

Haaf, Meredith/Klingner, Susanne/Streidl, Barbara (2008): *Wir Alphamädchen. Warum Feminismus das Leben schöner macht*, Hamburg: Hoffmann und Campe.

Habermas, Jürgen (1987): *Strukturwandel der Öffentlichkeit. Untersuchungen zu einer Kategorie der bürgerlichen Gesellschaft*, Darmstadt, Neuwied: Luchterhand, 17. Aufl.

Hardt, Michael/Negri, Antonio (2002): *Empire. Die neue Weltordnung*, Frankfurt, New York: Campus.

Haug, Frigga (2009): Feministische Initiative zurückgewinnen - eine Diskussion mit Nancy Fraser, in: *Das Argument* (281), 393–408.

Horkheimer, Max/Adorno, Theodor W. (1968): *Dialektik der Aufklärung. Philosophische Fragmente*, Amsterdam: de Munter.

Jörke, Dirk (2006): Warum „Postdemokratie"?, in: Forschungsjournal Neue Soziale Bewegungen 19 (4), 38–46.

Klein, Naomi (2001): *No Logo! Der Kampf de Global Players um Marktmacht. Ein Spiel mit vielen Verlierern und wenigen Gewinnern*, o.O.: Riemann, 2. Aufl.

Mika, Bascha (2011): *Die Feigheit der Frauen. Rollenfallen und Geiselmentalität. Eine Streitschrift wider den Selbstbetrug*, München: Bertelsmann.

PROKLA (2011) (165), 41 (4), Schwerpunktthema: Gesellschaftstheorie im Anschluss an Marx.

Richter, Emanuel (2006): Das Analysemuster der „Postdemokratie". Konzeptionelle Probleme und strategische Funktionen, in: *Forschungsjournal Neue Soziale Bewegungen* 19 (4), 23–37.

Roth, Roland (2012): Vom Gelingen und Scheitern sozialer Bewegungen, in: *Forschungsjournal Soziale Bewegungen* 25 (1), 21–31.

Sauer, Birgit (2011): Die Allgegenwart der „Androkratie": feministische Anmerkungen zur „Postdemokratie", in: *Aus Politik und Zeitgeschichte* (1–2), 33–37.

Sennett, Richard (1998): *Der flexible Mensch. Die Kultur des neuen Kapitalismus*, Berlin: Berlin.

Wichterich, Christa (2012): Wie wir dahin kamen, wo wir sind. Frauenbewegungen als politische Handlungssubjekte zwischen Realpolitik und Systemveränderung, in: *Forschungsjournal Soziale Bewegungen* 25 (1), 32–42.

Widersprüche (2011) (122), 31 (4), Schwerpunktthema: Was kommt danach? Gesellschaftspolitische Perspektiven jenseits des Neoliberalismus.

Geschlechterpolitik im internationalen Vergleich: Österreich, USA und Schweden

Max Preglau

Abstract

In diesem Beitrag wird die Entwicklung der Geschlechterverhältnisse im Übergang von der *fordistischen Industriegesellschaft* zur *postfordistischen Riskogesellschaft* (Beck, Hirsch/Roth) vergleichend für Österreich, die USA und Schweden nachgezeichnet und herausgearbeitet, wie Sozial-, Familien- und Geschlechterpolitik und deren kulturelle Leitbilder zur Konstitution, Reproduktion und Transformation der Geschlechterverhältnisse beigetragen haben.

Es wird gezeigt, dass sich die *Geschlechterkulturen und institutionellen Geschlechterarrangements* (Pfau-Effinger, Schunter-Kleemann) in allen Ländern signifikant verändert haben, aber in Abhängigkeit vom jeweils etablierten *Wohlfahrtsregime* (Esping-Andersen) in unterschiedliche Richtungen: Ausgehend vom traditionellen *ehe- und familienbezogenen Patriarchalismus* und vom *Hausfrauenmodell der männlichen Versorgerehe* haben sich in den *liberalen* USA mit dem *DoppelversorgerInnenmodell mit marktvermittelter Kinderbetreuung* und im *sozialdemokratischen* Schweden mit dem *DoppelversorgerInnenmodell mit staatlicher Kinderbetreuung* relativ geschlechteregalitäre Modelle etabliert, und in beiden Staaten wurde auch die *Ehe- und Familienzentrierung* weitgehend überwunden. Dagegen hat sich im *konservativen* Österreich lediglich eine modernisierte Variante des traditionellen geschlechterhierarchischen Modells, das *Vereinbarkeitsmodell der männlichen Versorgerehe* durchsetzen und die *Ehe- und Familienzentrierung* zäher behaupten können.

Geschlechterpolitik: Ausgangslage

Gemeinsame Grundlagen

Bezüglich ihrer Geschlechterordnung haben Österreich, die USA und Schweden gleichermaßen ursprünglich das *ehe- und familienzentrierte, patriarchale Hausfrauenmodell der männlichen Versorgerehe*[1] verankert. Das gilt für Markt-, Haushalts- und Careökonomie, aber auch für die Anfänge der Wohlfahrtsregime, die ihrerseits ihre Sozial- und Familienpolitik an die etablierte Geschlechterordnung anknüpfen und diese auch rückwirkend verstärken.
Dieses geschlechterhierarchisch-patriarchale Modell widerspricht zwar den fundamentalen Prinzipien der Moderne – Freiheit, Gleichheit, Selbstbestimmung; es ist aber insofern ein funktionales Element des modernen Kapitalismus, als es die billige Reproduktion der Arbeitskraft des männlichen Familienernährers und seine Vollverfügbarkeit auf dem Arbeitsmarkt garantiert.[2]

Ländervergleich

a) Österreich

Die *kulturellen Wurzeln* des österreichischen *Hausfrauenmodells der männlichen Versorgerehe* liegen in Österreich in der ausgeprägt katholisch-konservativen Tradition mit folgenden Merkmalen:

- ausgeprägter *Geschlechter-Differenzansatz – Geschlechtscharaktere*[3] gelten als polar und komplementär;
- *ehebezogener Patriarchalismus*[4]: Präferenz für Ehe, eheliche Geburt und „vollständige" Familie.

---

1 Pfau-Effinger (2000), Schunter-Kleemann (1996).
2 Beck (1986), 174.
3 Hausen (2001).
4 Schunter-Kleemann (1996).

Diese Tradition war in Österreich bis in die späten 1960er-Jahre auch in der – für die Entwicklung des Wohlfahrtsstaates in Österreich höchst bedeutsamen – ArbeiterInnenbewegung einflussreich.[5]

Institutionell implementiert wurde dieses Modell im Prozess der *Hausfrauisierung*[6] – komplementär zum Prozess der Industrialisierung. Seinen rechtlichen Ausdruck hat es familienrechtlich in der Bestimmung des Mannes zum Familienoberhaupt (bis 1975!), öffentlich-rechtlich im Ausschluss von Frauen vom Wahlrecht (bis 1918), in der Verweigerung des Zugangs zur Gymnasialbildung (bis 1892)[7] und Universitäten (bis 1901)[8], sowie im beschränkten Zugang für Frauen zum Arbeitsmarkt (bis in die 1930-Jahre)[9] gefunden.

Politisch hat dieses Modell aber auch die Familien- und Sozialpolitik im – bereits Ende des 19. Jahrhunderts in Angriff genommenen, in der ersten Republik weiter ausgebauten und in der zweiten Republik ins Reifestadium gelangten – *konservativen Sozialstaat*[10] Österreich maßgeblich beeinflusst. Im Bereich der Familienpolitik ist hier nur exemplarisch auf die ursprüngliche Familienbesteuerung und Steuerprivilegien für Alleinverdiener, Mutterurlaub (statt Elternurlaub) und das Fehlen von öffentlicher Kinderbetreuung zu verweisen. Sozialpolitisch auf das Prinzip der Mitversicherung, das nicht erwerbstätigen Frauen keinen unabhängigen Zugang zu Versicherungsleistungen ermöglicht, auf die Anrechnung von Partnereinkommen bei Notstandshilfe, Pensionen und Sozialhilfe oder auf den ursprünglichen Ausschluss der (überwiegend weiblichen) Mithelfenden, geringfügig Beschäftigten, WerkvertragsnehmerInnen und freien Dienstverhältnisse aus der Kranken- und Pensionsversicherung. Hier ist aber auch an die Tatsache zu erinnern, dass nicht-eheliche Lebensgemeinschaften lange Zeit familien- und sozialpolitisch nicht zur Kenntnis genommen und dementsprechend unverheiratete Partnerinnen vom Versicherungsschutz und Familienleistungen ausgenommen waren.[11]

---

5 Dackweiler (2003), 80ff.
6 Mies/Bennholdt-Thomsen/ v. Werlhof (1983).
7 Gründung des ersten Mädchengymnasiums, vgl. bm:ukk 2011.
8 Zuerkennung der Hochschulreife, bm:ukk 2011.
9 Doppelverdienerverordnung 1933, vgl. Mairhuber (2000), 82ff.
10 Esping-Andersen (1990, 1997).
11 Dackweiler (2003), 92ff; Mairhuber (2000), 31–133.

Die Auswirkungen dieses Models haben die *Familien- und Geschlechterverhältnisse* in Österreich bis in die 1970er geprägt: hohe Heirats- und geringe Scheidungsraten, Geburtenraten über dem Reproduktionsniveau und über der Sterberate, starkes Engagement von Frauen in Haus- und Sorgearbeit, geringe Bildungs- und Arbeitsmarktpartizipation: 43 % der Männer, aber über 70,5 % der Frauen hatten 1971 nur Pflichtschulabschluss, 86 % der Männer, aber nur 49 % der Frauen waren erwerbstätig.

b) USA

Auch die USA folgten ursprünglich dem traditionellen *Hausfrauenmodell der männlichen Versorgerehe*: nach traditionellem Common Law gingen die Rechte der Frau mit der Heirat an den Gatten über *(coverture)*, Frauen besaßen bis zur Einführung in Wisconsin 1869 in keinem Staat bzw. bis 1920 auf Bundesebene kein Wahlrecht.[12] Auch hier waren Frauen bis Ende des 19. Jahrhunderts von höherer Bildung ausgeschlossen.[13]
Sozialpolitisch lassen sich die USA dem auf die Nothilfe für arbeitsunfähige und mittellose, *deserving poor* beschränkten *liberalen Sozialstaatsregime*[14] zuordnen.
Die USA sind zudem als ein sozialpolitischer Nachzügler anzusehen: Das US-amerikanische Sozialsystem wurde mit einer Verspätung von 50 Jahren gegenüber europäischen Anfängen in Reaktion auf den Schock der Great Depression vom demokratischen Präsidenten Franklin D. Roosevelt unter der Leitformel New Deal 1935 mit Gesetzesakten zum ArbeitnehmerInnenschutz, zur Arbeitslosen- und Rentenversicherung und zur Sozialhilfe (*Aid for Families with Dependent Children – AFDC*) eingeführt. In den 1960er-Jahren wurde es dann vom Demokraten Lyndon B. Johnson im Zuge seines *Great Society Programs* um die Gesundheitsversicherung *Medicare* für ältere Menschen und *Medicaid* (1965) für Bedürftige sowie um zusätzliche Sozialhilfeprogramme (1965: z.B. *Head Start* - Bildungs-, Gesundheitsversorgungs-, Ernährungs- und Elternberatungsprogramme für Familien mit niedrigem Einkommen; *Food Stamps*) erweitert.
Wichtige Schritte der Weiterentwicklung sind dann auch noch in den 1970er-Jahren

12 Vgl. IPU (2012).
13 Women at Work Museum (2012).
14 Esping-Andersen (1990, 1997).

unter dem Republikaner Richard M. Nixon gesetzt worden, z.B. *Planned Parenthood* – ein Programm für Geburtenplanung (inklusive Abtreibung) und perinatale Gesundheit von Mutter und Kind, sowie die Einkommenssicherungsprogramme *Supplement Security Income – SSI* (verbesserte Absicherung bedürftiger Alter, Blinder und Behinderter – das erste nationale garantierte Mindesteinkommen) und *Earned Income Tax Credit – EITC* (eine negative Einkommenssteuer).
Eine allgemeine Gesundheitsversicherungspflicht wurde in den USA nach mehreren vergeblichen Anläufen erst 2010 mit der Gesundheitsreform des demokratischen Präsidenten Barack Obama (*Patient Protection and Affordable Care Act – PPACA*) eingeführt.
Staatliche *Familienpolitik* spielt im liberalen, auf Vermeidung staatlicher Eingriffe in die Privatsphäre bedachten System der USA von Steuerabsetzbeträgen für AlleinverdienerInnen und Kinder und ein paar Wochen unbezahlten Elternurlaub abgesehen kaum eine Rolle.
Das damit etablierte öffentliche Sozialsystem weist nach wie vor einen relativ geringen Deckungsgrad und ein relativ geringes Leistungsniveau auf. Parallel dazu haben sich freilich umfangreiche private Kapital-gedeckte Gesundheits- und Pensionsversicherungssysteme und *Benefit*-Systeme in der Privatwirtschaft entwickelt.[15]
Auch das Sozialsystem der USA war ursprünglich durch das traditionelle Hausfrauenmodell der männlichen Versorgerehe geprägt und zeitigte dementsprechend seinerseits geschlechtsspezifische Auswirkungen:

- Arbeitslosen- und Rentenversicherung kommen primär dem männlichen Familienernährer zugute, zumal ursprünglich überwiegend von Frauen ausgeübte Berufe (Dienstleistungen, Landwirtschaft) davon ausgenommen waren. Auch Privatversicherungen und betriebliche *Benefits* – Pensionen, Gesundheitspläne, Elternurlaub, Unterstützung für Kinderbetreuung, bezahlte Urlaube – kommen bevorzugt „männlichen" Berufsgruppen (qualifizierte, vollbeschäftigte mit gehobenem Einkommen im sekundären Sektor) zugute.
- Die sozialen Hilfesysteme hingegen haben vielfach AlleinerzieherInnen geholfen – freilich um den Preis der Abhängigkeit vom „Vater Staat". Auch die unter Nixon eingeführten Einkommenssicherungssysteme sind vor allem Niedrigverdienenden – und damit vielen Frauen zugute gekommen.

15 Skocpol (1995), Trattner (1998).

Dementsprechend gab es auch in den USA bis in die 1960er-Jahre hinein *traditionelle Familien- und Geschlechterverhältnisse*: steigende Heiratsraten und geringe Scheidungsraten, hohe Geburtenraten über der Sterberate, Haus- und Sorgearbeit als Frauensache und geringe Bildungs- und Erwerbsbeteiligung von Frauen (1960 hatten nur 5 % Frauen, aber 10 % der Männer einen tertiären Bildungsabschluss, und nur 36 % der Frauen, aber 80 % der Männer waren erwerbstätig).[16]

c) Schweden

Das auf hohe Sozialleistungen unabhängig vom Erwerbs- und Familienstatus bedachte *sozialdemokratische Wohlfahrtsregime*[17] hat sich anfänglich ebenfalls am traditionellen *Hausfrauenmodell der männlichen Versorgerehe* orientiert, das Familienrecht war patriarchal geprägt, und Frauen hatten bis 1921 kein Wahlrecht, bis in die 1870er-Jahre keinen gleichen Zugang zu Bildung und bis in die 1930er-Jahre keine Erwerbsfreiheit. Schweden hat aber *sozial- und familienpolitisch* bereits ab den 1960er-Jahren auf Überwindung tradierter Geschlechter- und Familienbeziehungen und gleicher Frauenerwerbsbeteiligung (statt auf Gastarbeiterpolitik) gesetzt:[18]

- 1965: Als erstes Land der Welt erhält Schweden ein Gesetz, das die Vergewaltigung in der Ehe verbietet.
- Seit Mitte der 1960er: Die Kinderbetreuung wird ausgebaut.
- Das neue Familienrecht geht von der Gleichberechtigung der EhepartnerInnen aus, die Scheidung wird erleichtert, nicht-eheliche Lebensformen werden gleich behandelt.
- 1972: Die Haushaltsbesteuerung wird abgeschafft.
- 1974: Die Elternversicherung wird eingeführt.
- 1975: Der Schwangerschaftsabbruch wird neu geregelt.

Indem bereits relativ bald egalitäre Partnerschaftsbeziehungen, hohe Erwerbsbeteiligung von Frauen und Beteiligung von Männern an der Sorgearbeit gefördert, öffentli-

16 Vgl. U.S. Census Bureau.
17 Esping-Andersen (1990, 1997).
18 Vgl.Balassa (2009), Blank et al. (2009), Swedish Institute (2011).

che Kinderbetreuung bereitgestellt und „postfamiliale“ Lebensformen anerkannt wurden, ist schon frühzeitig die Entwicklung zum *Doppelversorgermodell mit staatlicher Kinderbetreuung*[19] eingeleitet worden.

Geschlechterpolitik: Aktuelle Herausforderungen und Reaktionsmuster

Herausforderungen

Im Übergang von der *fordistischen Industriegesellschaft* zur *postfordistischen Risikogesellschaft*[20] haben sich Geschlechterverhältnisse und geschlechtsspezifische Lebensbedingungen infolge demographischer, pharmazeutischer und sozioökonomischer *Push-Faktoren* und kultureller und politischer *Pull-Faktoren* signifikant verändert (vgl. Tabelle 1).

Tabelle 1: Wandel der Familien- und Geschlechterverhältnisse

Indikator	**Österreich**	**Schweden**	**USA**
Lebenserwartung 1960 – 2007	72,8 – 82,9	74 – 83	72,6 – 80,7
Frauenanteil bei den Studierenden 1975 – ca. 2009	37,8 – 53,2	40 – 60,1	34 – 57
Frauenerwerbsquote 1960 – 2010	53 – 69,5	(ca. 50) – 77,7	36 – 58
Scheidungsraten 1970 – ca. 2005	20 – 49,5	23 – 54	angestiegen, hoch
% Ein-Eltern-Familien 1970 – ca. 2005	17 – 24	(ca. 20) – 28	14 – 25
Fruchtbarkeitsraten 1970 – 2009	2,3 – 1,4	2,0 – 1,9	2,5 – 2
% außereheliche Geburten 1980 – 2007	17 – 37	40 – 55	18 – 38

Quellen: Statistik Austria, EUROSTAT, OECD.

19 Pfau-Effinger (2000).

20 Hirsch/Roth (1986), Beck (1986).

Push-Faktoren:

- steigende Lebenserwartungen, die Perspektiven jenseits von “Küche und Kind” für Frauen eröffnen;
- Verfügbarkeit neuer Technologien zur Geburtenkontrolle;
- Ausbau und Öffnung des Bildungssystems – auch und vor allem für Mädchen;
- steigende Erwerbsbeteiligung von Frauen, bedingt durch bessere Ausbildung und zunehmende Notwendigkeit des Doppelverdienens;
- abnehmende Abhängigkeit erwerbstätiger Frauen vom männlichen Familienernährer.

Pull-Faktoren:

- Geschlechtertheoretischer und -politischer Paradigmenwechsel vom Differenz- zum Gleichheitsansatz;
- Engagement der Zweiten Frauenbewegung für mehr Geschlechtergleichheit;
- Verfall von Pflicht- und Akzeptanzwerten zugunsten von Selbstentfaltungswerten.

Reaktionsmuster

a) Österreich

Angesichts der gesellschaftlichen Herausforderungen, aber auch durch die Einführung des *Gender Mainstreaming* durch den Amsterdamer Vertrag sowie durch die Weiterentwicklung der EU-Richtlinien zu Gleichstellung und *Anti-Diskriminierung* musste Österreich reagieren. Dabei wurden in Österreich von den politischen AkteurInnen zwei Optionen ins Spiel gebracht:

Option 1 – Modernisierung des Hausfrauenmodells der männlichen Versorgerehe unter Beibehaltung der Ehe- und Familienzentrierung:

- Teilzeitarbeit für Frauen im Maß der Vereinbarkeit mit der Familie;
- *cash for care* – für Sorgearbeit und entgangenes Erwerbseinkommen;
- fortgesetzte Privilegierung und Förderung von traditioneller Ehe und Familie.

Diese Option wurde von ÖVP und FPÖ/BZÖ favorisiert.

Option 2 – Übergang zu einem DoppelernährerInnenmodell mit staatlicher Kinderbetreuung und Überwindung der Ehe- und Familienzentrierung:

- Förderung von Frauenbildung und -erwerbstätigkeit (um den Preis der Überwälzung von Sorgearbeit auf MigrantInnen);
- Anreize für Männer, Sorgearbeit zu verrichten;
- Ausbau institutioneller Betreuungseinrichtungen;
- gleiche Rechte für neue Partnerschafts- und Familienformen.

Diese Option wurde von SPÖ und Grünen favorisiert.

In der Praxis pendelt Österreich – abhängig von der jeweiligen Parlamentsmehrheit und fraktionellen Zusammensetzung der Regierung – unentschlossen zwischen diesen beiden Positionen (vgl. Übersicht):

Übersicht: Geschlechterpolitik in Österreich seit den 1970er- Jahren

Regierungsperiode	**Dominante geschlechterpolitische Option und geschlechterpolitische Maßnahmen**
1970 – 1979 SPÖ-Alleinregierung	*Option 2:* Liberalisierung des Familienrechts, Straffreiheit der Abtreibung, Aufhebung des Verbots der Homosexualität; Einführung eines Frauen-Staatssekretariats bzw. -Ministeriums; Ausbau der und freier Zugang zu den Hochschulen; Familienförderung: Heirats- und Geburtenbeihilfe, Mutter-Kind-Pass, Einführung der Individualbesteuerung ; Übergang vom Mütter- zum Elternurlaub, Karenzgeld; Witwerpension, erstes Gleichbehandlungsgesetz 1979.
1980 – 1999 SPÖ/ÖVP	*Optionen 1 und 2:* Option 1: Förderung der Teilzeitarbeit von Frauen, Anrechnung von Kindererziehungszeiten für Pension, Einführung der Elternteilzeit, Einführung des Pflegegelds; Beginn der Einbeziehung atypisch Beschäftigter in die Kranken- und Pensionsversicherung. Option 2: Frauenförderung im öffentlichen Dienst; Ausbau der Familienunterstützung, Zugang für Unverheiratete und Patchworkfamilien zur Mitversicherung, zusätzliche Unterstützungen für Alleinerziehende (vorübergehend). Schutz gegen häusliche Gewalt und sexuelle Belästigung;

2000 – 2006 ÖVP/FPÖ	*Wende zu Option 1:* Zwischenzeitige Auflösung des Frauenressorts, Einführung einer Männerabteilung im Familienministerium; Mehr *cash for care*: Einführung von Kindergeld unentgeltliche Hospizkarenz; verbesserte Anrechnung von Erziehungszeiten; Ausbau der Elternteilzeit; Erhöhung der Steuervorteile für Alleinverdiener; Pensionsreform mit besonderen (in der Erwerbsbiographie begründeten) Nachteilen für Frauen; Gesetzgebung gegen „traditionsbedingte Gewalt" (weibliche Genitalverstümmelung, Zwangsheirat – im Fokus islamophob motiviert); Anti-Stalking Gesetzgebung
2006 – ? SPÖ-ÖVP	*Zurück zu Option 1 + 2:* Option 1: Fortsetzung der *cash for care*-Politik: tlw. Erhöhung des Pflegegeldes, Legalisierung und Förderung privater 24-Stunden-Altenpflege → prekäre Beschäftigung vorwiegend weiblicher Migrantinnen; Option 2: Reform des Kindergeldes – neue Varianten eines kürzeren aber höheren Kindergeldes, einkommensabhängige Variante; Papamonat (in Vorbereitung; im öffentlichen Dienst bereits eingeführt); Ausbau der institutionellen Kinderbetreuung; Einbeziehung von Neuen Selbständigen und freien Dienstverhältnissen in die Arbeitslosenversicherung; *Gender Budgeting*, strengere Gleichbehandlungsgesetze: mehr Chancengleichheit durch Einkommenstransparenz, Frauenquoten für Aufsichtsräte, Universitäten, Verwaltung und Parteien; Mehr Rechte für unverheiratete Paare und Patchworkfamilien, *Eingetragene Partnerschaft* für Homosexuelle.

Zusammengestellt auf Basis von Preglau 2009.

Als Resultante dieser uneinheitlichen widersprüchlichen Impulse hat sich in Österreich eine modernisierte Variante des traditionellen Geschlechterarrangements, das *Vereinbarkeitsmodell der männlichen Versorgerehe*[21] durchgesetzt.

21 Pfau-Effinger (2000).

b) USA

Die Politik in den USA hat auf die sozialen Herausforderungen der *postfordistischen Risikogesellschaft* relativ unabhängig von den jeweiligen Mehrheitsverhältnissen im Kongress und von der Parteizugehörigkeit des Präsidenten entsprechend ihrer *liberalen*, marktorientierten sowie auf individuelle Freiheit und formale Gleichheit bedachten Tradition reagiert:[22]

In der *Sozialpolitik* wurde durch einen „neoliberalen" Umbau der Sozialfürsorge zur *Workfare* der Druck zur Erwerbstätigkeit erhöht: Der Republikaner Ronald Reagan hat 1988 mit dem Programm *Job Opportunities and Basic Skills – JOBS* den Bezug von AFDC-Leistungen von der Bereitschaft zur Ausbildung und Erwerbsarbeit abhängig gemacht, der Demokrat Bill Clinton hat 1996 das AFDC-Programm überhaupt durch das *Workfare*-Programm *Temporary Assistance for Needy Families – TANF* ersetzt; damit wurde der Sozialhilfebezug für AmerikanerInnen auf Perioden von maximal zwei Jahren und insgesamt auf fünf Jahre begrenzt und für AusländerInnen gestrichen.

Familienpolitisch wurde auch in den USA das Familienrecht liberalisiert (Gleichberechtigung der PartnerInnen, Erleichterung der Scheidung). Die traditionelle Ehe und Familie blieb als Lebensform privilegiert, es wurden aber in neun Bundesstaaten Heiratsmöglichkeiten und in acht Bundesstaaten zivile Partnerschaften für gleichgeschlechtliche Paare geschaffen;

1993 hat Bill Clinton mit dem *Family and Medical Leave Act – FMLA* einen unbezahlten Urlaub aus medizinischen oder Familiengründen wie Schwangerschaft oder Pflege eingeführt (Betriebe mit weniger als 50 Beschäftigten und Teilzeitbeschäftigte (ca. 38 % der AN) sind davon allerdings ausgenommen; andererseits existieren in einzelnen Staaten und auf Firmenebene günstigere Regelungen). Ansonsten ist die Familienpolitik in den USA unterentwickelt geblieben.

Eine *Gleichstellungs-, Antidiskriminierungs- und Gewaltschutzpolitik* hat in den USA frühzeitig von der Rassen- bzw. Bürgerrechtsfrage ihren Ausgang genommen, wurde aber auf Druck der Zweiten Frauenbewegung auf den Bereich der Geschlechterrechte ausgedehnt. Dabei wurde in liberaler Tradition auf gleichen Zugang zu Bildung und Arbeitsmarkt gesetzt, Interventionen in die „Privatsphäre" von Familie und Privatwirtschaft wurden vermieden.

---

22 Vgl. zum Folgenden Skocpol (1995), Trattner (1998) und Grunow et al. (2011).

Erste Antidiskriminierungsgesetze wurden bereits in den 1960er- und 1970er-Jahren erlassen, der *Education Act 1960* (D.D. Eisenhower), der *Equal Pay Act 1963* (J.F. Kennedy), der *Civil Rights Act 1964* (L.B. Johnson), das *Education Amendment 1972* (R.M. Nixon) und der *Pregnancy Discrimination Act 1978* (J. Carter).[23]
Bereits seit 1961 gibt es darüber hinaus *Executive Orders* für *Affirmative Action* (= kompensatorische positive Diskriminierung, M.P.) für benachteiligte Gruppen (Kennedy 1961, Johnson 1965, Nixon 1971, Carter 1979) sowie entsprechende Programme an einzelnen Universitäten.[24]
Die Gewaltschutzgesetzgebung wurde Ende der 1960er-Jahre im Hinblick auf rassistische Gewalt mit dem *Federal Hate Crimes Law 1969* (Nixon) in Angriff genommen; mit dem *Violence against Women Act 1994* (Clinton) sowie dem *M. Shepard and J. Byrd, Jr. Hate Crimes Prevention Act 2009*[25] (Obama) wurden Gewalt wegen tatsächlicher oder vermeintlicher Geschlechtsidentität oder sexueller Orientierung ins Visier genommen. Auch in der überwiegenden Mehrheit der Bundesstaaten wurden Gewaltschutzgesetze erlassen.[26]
Das Resultat dieser Politik war der Übergang von traditionellen Geschlechterregimen mit männlichem Familienernährer zu einem *Doppelversorgermodell mit marktvermittelter Kinderbetreuung*.[27]

c) Schweden

Schweden hat auf die Herausforderungen der *postfordistischen Risikogesellschaft* seit den 1970er-Jahren auf dem Pfad eines *sozialdemokratischen Wohlfahrtsregimes* reagiert und seine auf Verteilungs- und Geschlechtergleichheit sowie auf individuelle Freiheit der Wahl der Lebensformen bedachte Politik fortgesetzt. Im Mittelpunkt stand dabei weiter der Versuch, die Unabhängigkeit von Frauen durch gleichberechtigte Integration in die Erwerbsarbeit zu fördern, die Väter in die Sorgearbeit einzubeziehen und zugleich beide Elternteile durch Bereitstellung von öffentlichen Betreuungseinrichtungen von Sorgearbeit zu entlasten:

23 Vgl. Infoplease a), Infoplease b).
24 Vgl. Infoplease c).
25 Benannt nach zwei Opfern sexistischer (Shepard) bzw. rassistischer (Byrd) Gewalt.
26 Vgl. Anti-Difamation League.
27 Pfau-Effinger (2000).

Meilensteine in der *Sozial- und Familienpolitik* waren dabei:[28]

- die Verlagerung der Kinderbetreuung in den öffentlichen Sektor (1980);
- Gesetz für Chancengleichheit (im Erwerbsleben) und Einführung einer Ombudsperson (1980);
- die Einführung des Vaterschaftsurlaubs (1995);
- die Neugestaltung des Elternurlaubs: 2 x 240 Tage, 390 Tage davon bezahlt mit 80 % des Erwerbseinkommens, 60 Tage davon nicht an PartnerIn übertragbar (2002);
- der Aktionsplan zum *Gender Mainstreaming* (2004).

Schweden hat auch als eines der ersten europäischen Länder die Möglichkeit einer Zivilpartnerschaft (1995) sowie der Heirat von Homosexuellen (2009) geschaffen. Bahnbrechend und international beispielgebend war aber auch die schwedische *Gewaltschutz- und Antidiskriminierungsgesetzgebung* wie das Gesetz zum Verbot des käuflichen Erwerbs sexueller Dienstleistungen (1999), das Gesetz gegen die Verletzung der Integrität von Frauen (1998), das Gesetz zur Gleichbehandlung von Studierenden (2002), die neue Gesetzgebung, die das uneingeschränkte Recht des Individuums auf sexuelle Integrität und Selbstbestimmung noch deutlicher unterstreicht (2005) und das neue Antidiskriminierungsgesetz, das die sieben älteren Antidiskriminierungsgesetze ersetzt (2009).
Schweden hat damit konsequent den Weg des Ausbaus des *DoppelversorgerInnenmodells mit staatlicher Kinderbetreuung* und dessen Weiterentwicklung zum *DoppelversorgerInnen/DoppelbetreuerInnenmodell (mit staatlicher Kinderbetreuung)* betrieben: [29]

Die Angaben in Grafiken 1 und 2 über öffentliche Ausgaben für Familienpolitik und die Regelungen über Elternschafts-, Mutter- und Vaterurlaub in OECD-Staaten bilden die charakteristischen Unterschiede in den Geschlechterregimes Österreichs, der USA und Schwedens gut ab:

- In den *liberalen* USA liegen die Ausgaben für Familienpolitik weit unter denen im *konservativen* Österreich und im *sozialdemokratischen* Schweden, wo-

28 Vgl. zum Folgenden Balassa (2009), Blank et al. (2009), Grunow et al. (2011) und Swedish Institute (2011).
29 Pfau-Effinger (2000).

bei Steuernachlässe und Geldleistungen (für Bedürftige) den überwiegenden Anteil darstellen, und die USA dank ihrer Interventionsfeindlichkeit in die „Privatsphäre" bei den Elternurlaubsregelungen zu den Nachzüglern zählen. Dank betrieblicher *Benefits* ist die Situation jedoch für qualifizierte, besser verdienende ArbeitnehmerInnen in größeren Betrieben günstiger (vgl. Tabelle 2).

- In Schweden und Österreich sind die Ausgaben dagegen gleichermaßen hoch, wobei das Schwergewicht im *sozialdemokratischen* Schweden auf die Vereinbarkeit von Familie und Beruf fördernden Sachleistungen (wie öffentliche Kinderbetreuung), in Österreich jedoch auf Geldleistungen (*cash for care*) als Anreiz und Kompensation für häusliche Sorgearbeit liegt. Beide Länder haben großzügige Elternurlaubsregelungen, in Österreich geht allerdings, anders als in Schweden, der Kindergeldbezug über die Dauer des Elternurlaubs hinaus, wodurch hierzulande der Wiedereinstieg in den Beruf erschwert wird. Schweden hat auch – anders als Österreich und die USA – zwecks Förderung der Väterbeteiligung an der Kinderbetreuung – einen Vaterurlaub im Programm.

Grafik 1: Öffentliche Ausgaben für Familienpolitik in OECD-Staaten 2007

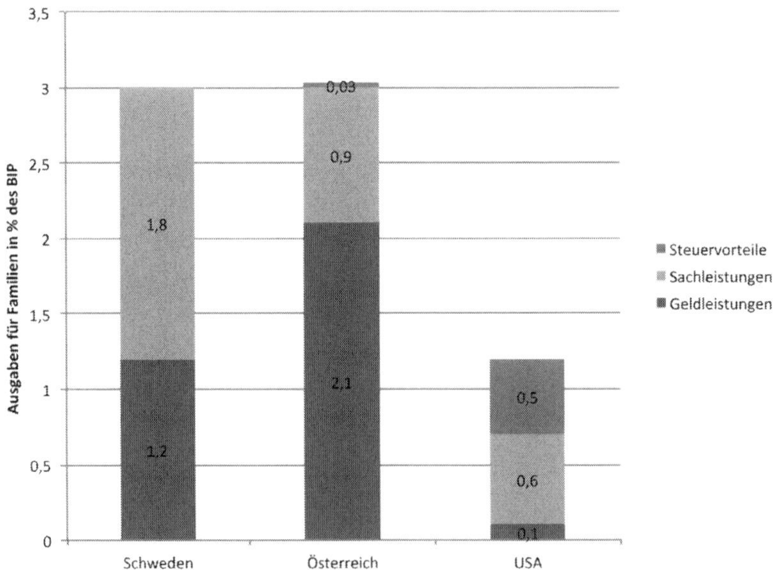

Quelle: OECD 2011, S. 61.

Grafik 2: Mutterschafts-, Eltern- und Vaterschaftsurlaub im internationalen Vergleich 2008

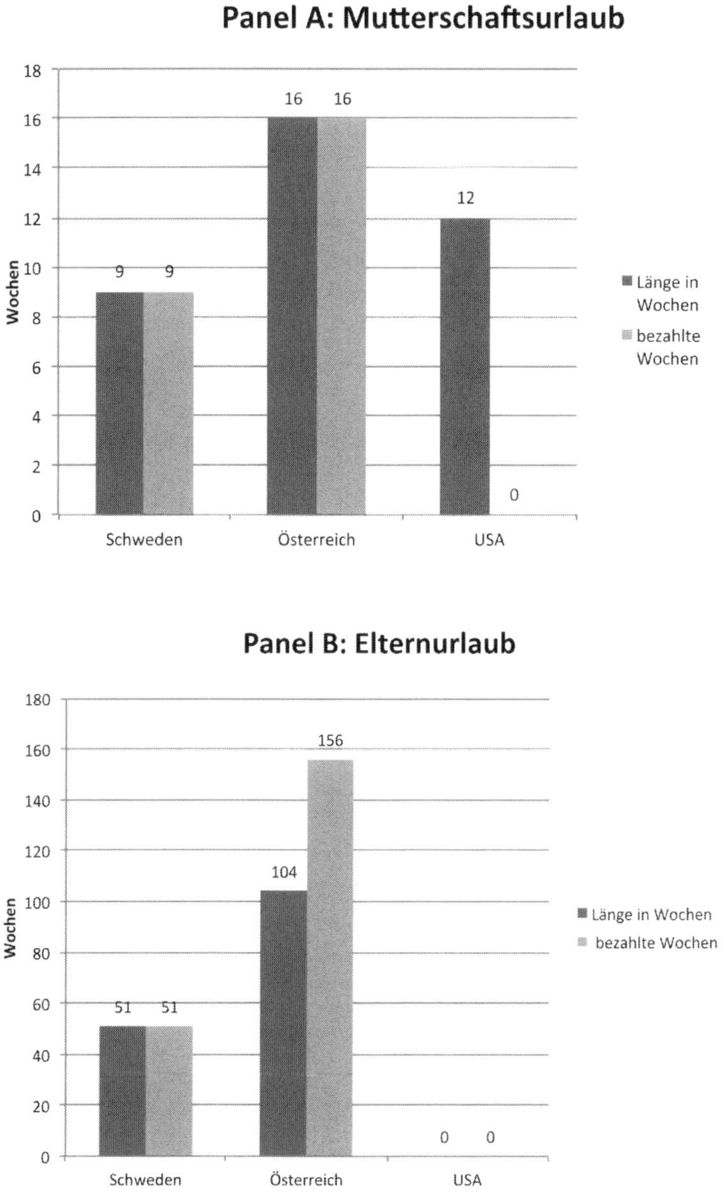

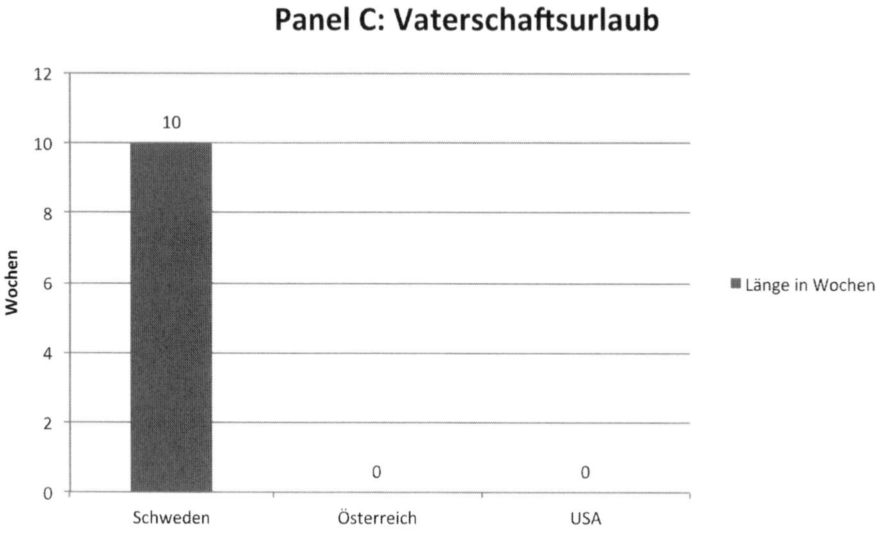

Quelle: OECD 2011, S. 134, 137.

Tabelle 2: Zugang zu Familien-Benefits in der U.S. Privatwirtschaft 2005

Workers Benefits	Total %	White col. %	Blue col. %	Service %	Full time %	Part time %
Family leave						
- paid	7	10	4	5	9	3
- unpaid	81	86	79	72	85	68
Assistance for child care	14	19	8	9	16	8

Quelle: U.S. Bureau of Labor Statistics.

Geschlechterpolitik: Resultate und Zukunftsperspektiven

Die neuen Geschlechterordnungsmodelle

Alle drei Länder haben sich vom ursprünglichen *Hausfrauenmodell der männlichen Versorgerehe* entfernt, allerdings in unterschiedliche Richtungen:

- Im *konservativen* Österreich hat sich eine modernisierte Variante des ursprünglichen Modells, das *Vereinbarkeitsmodell der männlichen Versorgerehe* durchgesetzt, in dem Frauen nur relativ marginal ins Erwerbsleben integriert (laut Statistik Austria arbeiten nur 50 % im Normalarbeitsverhältnis), weiterhin vom „Familienernährer" abhängig und hauptverantwortlich für die Sorgearbeit sind, jedoch durch *cash* (und Anrechnung von Versicherungsjahren) *for care* eine Kompensation für entgangenes Erwerbseinkommen erhalten.
- In den *liberalen* USA hat sich das geschlechtergerechtere *Doppelversorgermodell mit marktvermittelter Kinderbetreuung* durchgesetzt, in dem Frauen stärker ins Erwerbsleben integriert sind, sich dafür jedoch auf dem Markt für Versorgungsleistungen freikaufen oder als „Power-Frau" die Doppelbelastung von Kind und Karriere schultern müssen.
- Im *sozialdemokratischen* Schweden wurde mit dem *Doppelversorgermodell mit staatlicher Kinderbetreuung* das geschlechtergerechteste System verwirklicht, in dem die Erwerbstätigkeit und ökonomische Unabhängigkeit von Frauen durch staatliche Entlastung von Sorgearbeit gefördert wird und zugleich starke Anreize für eine partnerschaftliche Teilung von Sorgearbeit bestehen.

Das Ideal eines *Doppelversorger/Doppelbetreuermodells (mit staatlicher Kinderbetreuung)*, das mit der Fixierung auf Erwerbsarbeit sowie auf staatliche oder marktvermittelte Dienstleistungen bricht und von einer gleichmäßigen Beteiligung beider Genusgruppen an Erwerbsarbeit und Sorgearbeit ausgeht, ist bisher in keinem Land realisiert, Schweden scheint sich jedoch am weitesten in diese Richtung entwickelt zu haben.

Neue Geschlechterverhältnisse: Aufhebung oder Transformation der Geschlechterhierarchie?

Die bedeutendsten Veränderungen der Lebensbedingungen von Frauen wurden bis Mitte der 1990er-Jahre erreicht. Gleichwohl sind alte Geschlechterungleichheiten geblieben und neue hinzugekommen:

- nur relativ marginale Arbeitsmarktintegration: Frauen sind in der Teilzeitarbeit und in atypischen prekären Beschäftigungsverhältnissen überrepräsentiert;
- gläserne Decken und umgekehrte Hierarchien in Bildung und Arbeit;
- hartnäckige Nachteile bei Einkommen und Vermögen;
- Armut bleibt überproportional weiblich;
- Emanzipation inländischer Mittelklassenfrauen und Befreiung inländischer Männer von der Hausarbeit auf dem Rücken einer unteren *Dienstklasse* von MigrantInnen.

Tabelle 3: Resultate der Geschlechterpolitik

Land	**Österreich**	**Schweden**	**USA**
Teilzeitquote F/M 2010	43,3/7,8	39,7/12,2	**25/12**
Gender Pay Gap 2008/10	25,5	**17**	20
Armut- und ausgrenzungsgefährdet (USA: unter der amtl. Armutsgrenze)	18,4 (vs. 14,7)	**16,6 (vs. 13,4)**	*16 (vs. 12,7)*
Frauenanteil in Aufsichtsräten 2008	8	**27**	12
Frauenanteil im Parlament (obere Kammer) in Ministerämtern 2010	29,5 38,5	**46,4** **45**	15,3 33,3
Elternurlaub: Väteranteil in % 2008/10	4,9	**23,9**	9,7
Institutionelle Betreuungsquoten 2006 (2010) 1 < 3 Jährige 3 < 5 Jährige 6 < 11 Jährige 65 + Jährige	 11 (17,1) 76 (90,7) 11 (16,3) 3,1	 **46** **86** **62** **6**	 32 58 17 4,2

Anmerkung: geschlechtergerechtester Wert durch **Fettdruck** hervorgehoben. Quellen: OECD, EUROSTAT, Nordic Statistical Yearbook 2011, Statistik Austria, U.S. Census Bureau, US Labor Statistics.

In Nordischen Staaten wie Schweden und in den USA war der Fortschritt größer als in Österreich, aber auch dort sind „alte" Ungleichheiten nicht verschwunden und „neue" entstanden (vgl. Tabelle 3).
Auch im Bereich der Sorgearbeit ist die Verteilung auf die Genusgruppen nach wie vor ungleich – mit deutlichen Vorteilen für das *sozialdemokratische* Schweden und die *liberalen* USA gegenüber dem *konservativen* Österreich (Grafik 3).

Grafik 3: Anteil der Frauen an der Erwerbs- und Sorgearbeit im internationalen Vergleich

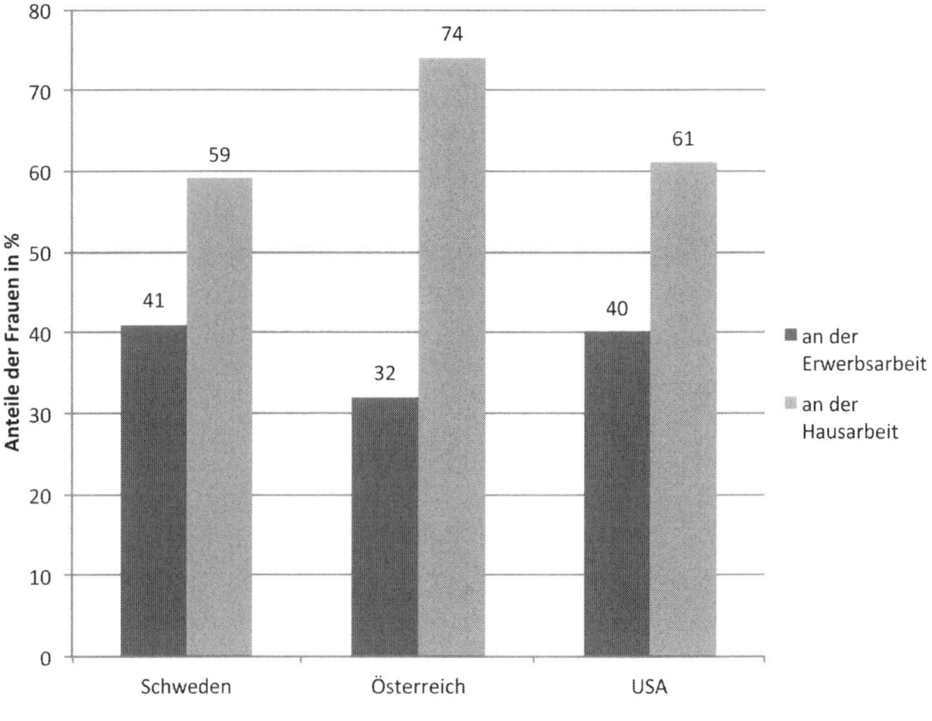

Quelle: World Bank 2011, S. 219.

Grafik 4: Gender Gaps in Österreich, USA und Schweden

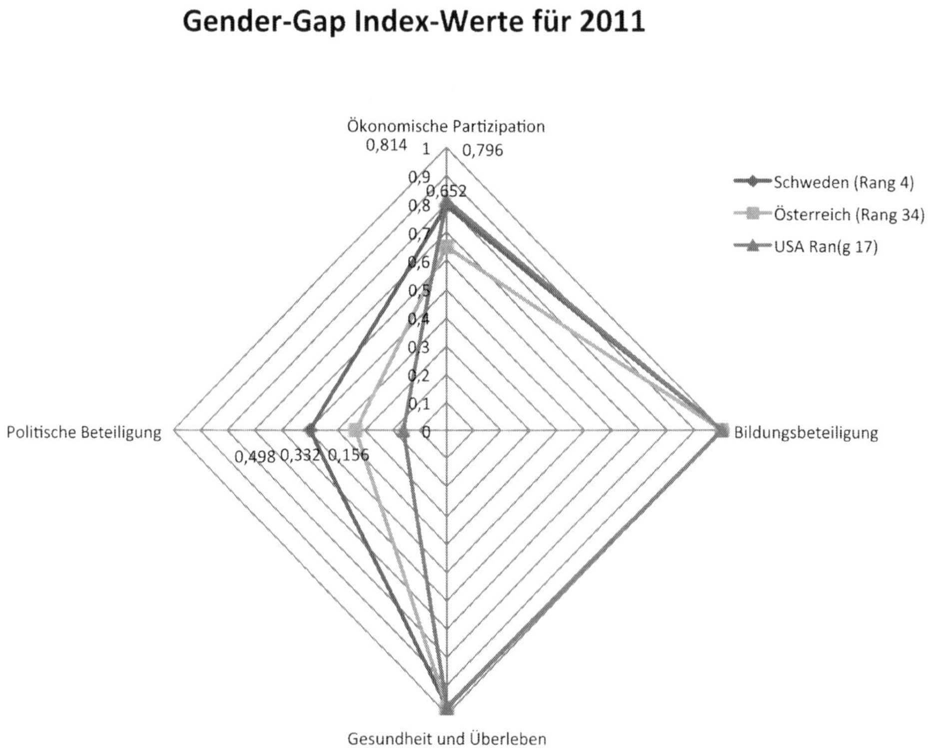

Quelle: World Economic Forum 2011, S. 100, 318, 344.

Unterm Strich klafft daher das *Gender Gap* weiterhin signifikant auseinander, wobei Österreich in dieser Hinsicht von der Gleichheit am weitesten entfernt ist und Schweden diesem Ideal am nächsten kommt (Grafik 4).

Zukunftsperspektiven

Trotz fortbestehender und neuer Ungleichheit scheint Geschlechterpolitik in den letzten Jahren zu stagnieren – in den USA, in Österreich, aber auch in Schweden.[30]

30 England (2010).

Die Gründe:

- Das Gleichgewicht gegenläufiger Kräfte – ÖVP + FPÖ + BZÖ vs. SPÖ + Grüne;
- Differenzen unter Frauen – nach Klasse, Ethnizität sexueller Orientierung usw.;[31]
- Schwächung der Allianz zwischen autonomer Frauenbewegung, institutionalisierter Frauenpolitik und Gleichstellungsfunktionärinnen und -expertinnen („Femokratie");
- *Rhetorische Modernisierung*[32] – strukturelle Ungleichheiten werden durch Zurechnung zu subjektiven Entscheidungen und Präferenzen individualisiert;
- Formierung konservativer und restaurativer Gegenbewegungen;
- Rahmung neuer Arbeits- und Lebensformen durch traditionelle Gender-Stereotype;[33]
- Begrenzte Ressourcen und Akzeptanz für expansive öffentliche Politik im Zeitalter von Finanzkrise und neoliberaler Hegemonie.

Der Stachel der Ungleichheit besteht freilich fort und keiner der genannten Faktoren ist unveränderlich. Die Chance, dass die Bewegung für Geschlechtergerechtigkeit neuerlich an Schwung gewinnt und das heute noch auf eine privilegierte Bildungselite beschränkte und utopisch anmutende, aber geschlechtergerechteste *DoppelversorgerIn/DoppelbetreuerInmodell (mit staatlicher Kinderbetreuung)* flächendeckend realisiert wird, bleiben daher intakt, wobei die Ausgangslage dafür aus kulturellen und institutionellen Gründen in Schweden am günstigsten und in Österreich am schwierigsten ist.

31 Klinger/Knapp/Sauer (2007).
32 Wetterer (2003).
33 Ridgeway (2011).

Bibliographie

Balassa, Kristin (2009): *Vereinbarkeit von Beruf und Familie in Österreich und Schweden unter aktuellen familienpolitischen Maßnahmen*. Diplomarbeit, LFU Innsbruck 2009.

Beck, Ulrich (1986): *Riskogesellschaft. Auf dem Weg in eine andere Moderne*. Frankfurt: Suhrkamp

Blank, Viktoria/Evers, Vanessa/Kienzle, Sonja/Konrath, Katrin (2009): *Komparative Analyse der institutionellen Regelungen zur geschlechtlichen Gleichstellung auf dem Arbeitsmarkt in Deutschland und Schweden*. Projektarbeit HU Berlin, Philosophische Fakultät III, Institut für Sozialwissenschaften, http://www.familienheute.de/index.php?option=com_content&view=article&id=258:komparative-analyse-der-institutionellen-regelungen-zur-geschlechtlichen-gleichstellung-auf-dem-arbeitsmarkt-in-deutschland-und-schweden-14012010&catid=122:heft5&Itemid=109 (Zugriff am 19.07.2012).

Dackweiler, Regina-Maria (2003): *Wohlfahrtsstaatliche Geschlechterpolitik am Beispiel Österreichs: Arena eines widersprüchlich modernisierten Geschlechter-Diskurses*. Opladen: Leske + Budrich.

Esping-Andersen, Gösta (1990): *The Three Worlds of Welfare Capitalism*. Cambridge: Polity Press.

Esping-Andersen, Gösta (1997): *Welfare States in Transition. National Adaptions in Global Economies*. London: Sage.

England, Paula (2010): The Gender Revolution – Uneven and Stalled, in *Gender & Society* 24, 149–166.

Grunow, Daniela/Aisenbrey, Silke/Evertsson, Maria (2011): Familienpolitik, Bildung und Berufskarrieren von Müttern in Deutschland, USA und Schweden, in: *Kölner Zeitschrift für Soziologie und Sozialpsychologie* 63, 395–430.

Hausen, Karin (2001): Die Polarisierung der Geschlechtscharaktere. Eine Spiegelung der Dissoziation von Erwerbs- und Familienleben, in: Hark, Sabine (Hg.): *Dis/Kontinuitäten: Feministische Theorie*. Opladen, 162–185.

Hirsch, Joachim/Roth, Roland (1986): *Das neue Gesicht des Kapitalismus. Vom Fordismus zum Postfordismus*. Hamburg: EVA.

Klinger, Cornelia/Knapp, Gudrun-Axeli/Sauer, Birgit (2007) (Hg.): *Achsen der Ungleichheit. Zum Verhältnis von Klasse, Geschlecht und Ethnizität.* Frankfurt/Main

Mairhuber, Ingrid (2000): *Die Regulierung der Geschlechterverhältnisse im Sozialstaat Österreich*. Frankfurt et al: Peter Lang.

Mies, Maria/Bennholdt-Thomsen, Veronika/v. Werlhof, Claudia (1983): *Frauen – die letzte Kolonie*. Reinbeck: Rowohlt.

Pfau-Effinger, Birgit (2000): *Kultur, Wohlfahrtsstaat und Frauenerwerbstätigkeit im europäischen Vergleich*. Opladen: Leske und Budrich.

Preglau, Max (2009): Geschlechterpolitische Aspekte der österreichischen Familienpolitik, in: Appelt, Erna (Hg.): *Gleichstellungspolitik in Österreich – eine kritische Bilanz*. Innsbruck: Studienverlag, 113–132.

Ridgeway, Cecilia L. (2011): *Framed by Gender. How Gender Inequality Persists in the Modern World*. New York: Oxford University Press.

Schunter-Kleemann, Susanne (1996): Familienpolitik im europäischen Vergleich, in: Helfrich, Hede/Gügel, Jutta (Hg.): *Frauenleben im Wohlfahrtsstaat*. Münster: Daedalus, 166–193.

Trattner, Walter I. (1998): *From Poor Law to Welfare State. A History of Social Welfare in America*. New York: The Free Press.

Skocpol, Theda (1995): *Social Policy in the United States*. New Jersey: Princeton University Press.

Wetterer, Angelika (2003): Rhetorische Modernisierung. Das Verschwinden der Ungleichheit aus dem zeitgenössischen Differenzwissen, in: Knapp, Gudrun-Axeli (Hg.), *Achsen der Differenz*. Münster: Westfälisches Dampfboot, 286–319.

Dokumentationen und Datenquellen (letzter Internetzugriff am 04.08.2013):

Anti-Difamation League, Hate Crime Laws, http://www.adl.org/99hatecrime/print.asp.

bm:ukk - Bundesministerium für Unterricht und Kunst (2011), Meilensteine zur Gleichstellung von Frauen und Männern im österreichischen Bildungswesen, http://www.bmukk.gv.at/schulen/bw/ueberblick/zeittafel_frauen.xml

EUROSTAT, Statistiken, http://epp.eurostat.ec.europa.eu/portal/page/portal/statistics/themes.

Infoplease a, Timeline "Supreme Court and Equal Rights", http://www.infoplease.com/spot/timelinearchive.html.

Infoplease b, Timeline "Women's Rights Movement", http://www.infoplease.com/spot/timelinearchive.html.

Infoplease c, Timeline "Affirmative Action", http://www.infoplease.com/spot/timeline-archive.html.

IPU - Inter-Parliamentary Union: Women's Souffrage. A World Chronology of the Recognition of Women's Rights to Vote and to Stand for Election, http://www.ipu.org/wmn-e/suffrage.htm

OECD, Statistics, http://www.oecd.org/document/0,3746,en_2649_201185_46462-759_1_1_1_1,00.html.

OECD (2011), *Doing Better for Families*, OECD Publishing, http://www.oecd-ilibrary.org/docserver/download/fulltext/8111051e.pdf?expires=1342773064&id=id&accname=ocid56025002&checksum=9B30E84F86BD25CFA09BFC12F2AC74E4.

Statistics Denmark, Nordic Statistical Yearbook 2011. Kopenhagen 2011, http://www.ssb.no/emner/00/00/30/saa_nord/saa_nord_%202011.pdf.

Statistik Austria, Statistiken, http://www.volkszaehlung.at/web_de/statistiken/index.html.

Swedish Institute (2011), Facts about Sweden/Gender Equality: The Swedish Approach to Fairness http://www.sweden.se/upload/Sweden_se/english/factsheets/SI/SI_FS8_Gender%20equality/FS8-Gender-equality-in-Sweden-high-resolution.pdf.

US Bureau of Labor Statistics, Databasis & Tools, http://www.bls.gov/data/.

US Census Bureau, Data Access Tools, http://www.census.gov/main/www/access.html.

Women at Work Museum, Women's Rights Timeline, http://www.womenatworkmuseum.org/Womens-Rights-timeline.pdf.

Worldbank, World Development Report 2012. Gender Equality and Development. Washington 2011. http://wdronline.worldbank.org//includes/imp_images/book_pdf/WDR_2012.pdf.

World Economic Forum (2011), The Global Gender Gap Report. Genf, http://www.uis.unesco.org/Library/Documents/global-gender-gap-report-education-2011-en.pdf.

Geschlechterungleichheiten in Führungspositionen als Gegenstand von Deutungskämpfen[1]

Gertraude Krell

Zum Auftakt: Vielfältige Deutungskämpfe

Geschlechterungleichheiten in Führungspositionen sind in mehrfacher Hinsicht Gegenstand von *Deutungskämpfen*[2] oder *Spiele(n) der Wahrheit*[3]. Das betrifft zunächst die Frage, warum es so wenige Frauen in Führungspositionen gibt. Die Suche nach Antworten auf diese Frage erinnert bisweilen an das Spiel „Schwarzer Peter".[4] Dieser geht an „den Staat", „die Unternehmen bzw. deren Personalpolitik", „die Männer" und landet nicht selten am Ende bei „den Frauen". Umstritten ist auch die Frage, ob es überhaupt mehr Frauen sein sollten. Noch immer gibt es männliche Führungskräfte, die sich ausdrücklich gegen Frauen in (Top-)Führungspositionen aussprechen.[5] Unter denen, die für mehr Frauen in Führungspositionen sind, herrscht wiederum keine Einigkeit über die Begründung dieser Forderung: Während die einen auf die ökonomischen Vorteile von „weiblicher Führung" oder *Mixed Leadership* abstellen,[6] kritisieren

1 Der Vortrag, den ich am 13. März 2012 in Innsbruck gehalten habe, basiert auf Krell (2010) und Krell (2012), zwei Beiträgen, die bei edition sigma erschienen sind. Ich danke dem Verlag bzw. Rainer Bohn für die Genehmigung zu dieser gekürzten Neukomposition.

2 *Deutungskämpfe* lautet der Titel eines Buches zur kritischen Diskursanalyse von Jäger/Jäger (2007).

3 *Spiele der Wahrheit* betiteln Ewald/Waldenfels (1991) ihr Buch über Foucault.

4 Mehr dazu in der Einleitung zu Krell et al. (2012a), 11–13.

5 Wippermann (2010), 45–54. Dazu mehr unter 3.1.

6 Z.B. Szebel-Habig (2009); McKinsey (2010).

die anderen solche Argumente als „Kapitalisierung der Geschlechterdifferenz".[7] Positiv gewendet geht es den Kritiker_innen vor allem um Gerechtigkeit. Höchst kontroverse Positionen gibt es bekanntlich auch zur Frage „Quote oder nicht Quote?".[8]

Die Diskursforschung nach Foucault als Rahmen

Die einleitend verwendeten Etiketten *Deutungskämpfe* und *Spiele der Wahrheit* signalisieren bereits, dass hier aus der Perspektive der Diskursforschung von und im Anschluss an Foucault argumentiert wird. Mit diesem verstehe ich Diskurse „als Praktiken [...], die systematisch die Gegenstände bilden, von denen sie sprechen".[9] Butler spricht von „Performativität" als „ständig wiederholende und zitierende Praxis, durch die der Diskurs die Wirkungen erzeugt, die er benennt".[10] In diesem Sinne betrachte ich „Geschlecht", „Führung", „Karriere" sowie deren Verschränkungen als „fabriziert".[11]

Für die verschiedenen Diskurspositionen, verstanden als die politischen Standorte von Personen oder Medien, fungiert der Diskurs „wie eine Art gemeinsames Spielfeld (ähnlich der Bourdieu'schen ‚Feld'-Kategorie)".[12] Ein anderes Bild ist das einer Arena, in der die Deutungskämpfe oder Spiele der Wahrheit ausgetragen werden.
Die kritische Diskursanalyse[13] lenkt den Blick darauf, dass Diskurse „Teil eines weiteren Macht- und Praxisfeldes"[14] sind. Damit werden Machtverhältnisse als Voraussetzungen und zugleich Effekte von Diskursen betrachtet. Hinsichtlich der Effekte unterscheidet Foucault analytisch zwischen Objektivierung als „Kunst der Verteilungen"[15]

7 Meuser (2009), 103.
8 Vgl. bspw. die Befragungsergebnisse von Wippermann (2010), 14–16, 20–22 sowie Sattelberger (2011) zur Quote bei der Telekom; Schulz-Strelow (2011) zu FidAR – Frauen in die Aufsichtsräte; Hansen et al. (2012) zu den Erfahrungen in Norwegen sowie Oehmichen (2012).
9 Foucault (1981), 74.
10 Butler (1997), 22.
11 Diese Bezeichnung verwendet Butler (1991), 200, mit Blick auf Geschlecht. Dazu mehr im Unterkapitel „Geschlecht und Führung".
12 Link (2006), 420.
13 Nicht alle, die Diskursanalyse als *Methode* betrachten und anwenden, nehmen eine (macht-)kritische Perspektive ein. Diskursforschende wie z.B. Fairclough (1995) und Jäger/Jäger (2007) verstehen und etikettieren dagegen ihre Arbeiten als „kritische Diskursanalyse".
14 Dreyfus/Rabinow (1994), 232.
15 Foucault (1976), 181ff.

(Wem wird welcher Platz und Rang zugeordnet?) und Subjektivierung im doppelten Sinn von ‚Normierungen unterworfen werden' und ‚Identitätsangebote erhalten'[16] (Wem werden welche Eigenschaften, Verhaltensweisen o.Ä. zu- oder auch vorgeschrieben?).

Im Fokus: Unterschiede oder Unterscheidungen?

Geschlecht und Führung

Sowohl in der Geschlechterforschung als auch in der Führungsforschung gibt es zum einen Ansätze, die von (natur-)gegebenen Unterschieden ausgehen und zum anderen Ansätze, die darauf fokussieren, wie und mit welchen Machtwirkungen Unterscheidungen fabriziert werden.

Ansätze, in deren Mittelpunkt steht, *wie unterschiedlich Frauen und Männer sind*, werden im Feld der Geschlechterforschung auch als essentialistische Differenzansätze bezeichnet. Ein Beispiel dafür sind die Arbeiten zur „weiblichen Moral".[17] In der Führungsforschung wird, basierend auf der Modellierung „Führungseigenschaften => Führungsverhalten bzw. -stil => Führungserfolg" im Rahmen der Eigenschaftstheorie der Führung und der Führungsverhaltensforschung nach Unterschieden zwischen Führenden und Geführten oder auch zwischen erfolgreich und weniger erfolgreich Führenden gesucht. Ob es hinsichtlich Führungseigenschaften, -verhalten oder -stilen und -erfolg Geschlechtsunterschiede gibt, wurde und wird in unzähligen empirischen Studien erforscht. Dazu habe ich herausgearbeitet:[18] Erstens sind die Befunde höchst widersprüchlich. So gibt es „Belege" für „Frauen führen anders = schlechter", „Frauen führen anders = besser" und auch und vor allem für „keine Unterschiede"; die einzige Gemeinsamkeit besteht darin, dass „die Männer" zum Maßstab für „die Frauen" gemacht werden. Zweitens erweist sich das für viele verführerische „Frauen führen besser" als ein gleichstellungspolitisches Danaergeschenk. Mit Blick auf die Besetzung von Führungspositionen als „Kunst der Verteilungen" ist damit die Auffor-

16 Foucault (1994), 246.
17 Gilligan (1984); s.a. Nunner-Winkler (2010).
18 Vgl. z.B. Krell (2008); (2011a).

derung verbunden, stereotyp nach Geschlecht zu differenzieren anstatt nach individueller (Nicht-)Eignung. Die Aufwertung von „Weiblichkeit" erfolgt um den Preis der Stereotypisierung oder gar Naturalisierung. Diese Diskursposition bewirkt zum einen Zusatzanforderungen bzw. -erwartungen und damit Zusatzbelastungen für weibliche Führungskräfte und zum anderen die Stigmatisierung oder Ausgrenzung von Frauen, die nicht dem Klischee entsprechend, sondern als „unweiblich" bzw. „wie Männer" wahrgenommen werden.[19]

Konstruktivistische Ansätze im Feld der Geschlechterforschung lenken den Blick darauf, wie solche Unterscheidungen hervorgebracht werden. Dass es auch innerhalb dieser Ansätze noch einmal vielfältige und widerstreitende Diskurspositionen gibt, verdeutlichen bspw. die Sammelbände *The Social Construction of Gender,*[20] *Ein alltägliches Spiel. Geschlechterkonstruktion in der sozialen Praxis,*[21] *Konstruktion von Geschlecht,*[22] under construction?[23] sowie ein Überblicksbeitrag im *Handbuchbeitrag Frauen- und Geschlechterforschung.*[24]

Im Mittelpunkt der konstruktivistisch orientierten Arbeiten zum „Doing Gender" steht die alltägliche (inter-)aktive Herstellung von Geschlecht.[25] Ganz im Sinne eines „Doing Leadership" wird im Rahmen von Attributions- oder auch Kategorisierungstheorien der Führung untersucht, wie Führung mittels Unterscheidungen sozial konstruiert wird. Das Ergebnis lautet in Kürze: Basierend auf sog. Führungsprototypen, verstanden als Merkmalen, die aufgrund von Normen und Erfahrungen als repräsentativ oder typisch für eine Führungskraft gelten, wird eine Person als „richtige" bzw. „gute" Führungskraft (an-)erkannt – oder eben auch nicht. Orientiert an solchen Zuschreibungen kommen zahlreiche Studien zu dem wenig überraschenden Ergebnis, dass die

---

19 So antwortete bspw. der Aufsichtsratsvorsitzende eines Unternehmens mit einem relativ hohen Anteil von Frauen in diesem Gremium auf die Frage nach den Ursachen dafür: „Frauen sind fleißiger, mehr Frauen verändern die Qualität, es gibt mehr Austausch, ein anderes Miteinander [...]. Es gibt aber auch Ausnahmen, Frauen, die sich wie Männer verhalten, aber die brauchen wir nicht als Ergänzung" (FidAR Forum III vom 4. April 2011 in Berlin; eigene Mitschrift).

20 Lorber/Farrell (1991).

21 Dölling/Krais (1997).

22 Pasero/Braun (2001).

23 Heldhuser et al. (2004).

24 Wetter (2010).

25 West/Zimmerman (1991); s.a. Gildemeister (2010).

prototypische Führungskraft eine Person mit als maskulin geltenden Eigenschaften bzw. ein Mann ist. Davon zeugen Titel wie: „Think Manager, think male".[26] Neuere Befragungen aus dem deutschsprachigen Raum zeigen, dass die Bedeutung männlicher Stereotype nicht, wie man vermuten könnte, seit den 1990-er Jahren abgenommen, sondern sogar zugenommen hat.[27] Mehr noch: Von weiblichen Führungskräften wird erwartet, dass sie sogar „mehr stereotyp männliche Attribute aufweisen" als ihre männlichen Kollegen. Deshalb konstatiert Gmür einen „doppelten Benachteiligungsmechanismus" bei der Beurteilung der Eignung von Frauen für Führungspositionen. Wenn weibliche Führungs(nachwuchs)kräfte die von Gmür identifizierte Bedingung erfüllen oder so wahrgenommen werden, dann werfen ihnen aber die männlichen „Hüter der gläsernen Decke" vor, sie seien „unweiblich", „gezwungen männlich", „ein Männerimitat" oder „nicht authentisch".[28] Insofern produzieren diese Unterscheidungen sogar einen dreifachen Benachteiligungsmechanismus. Dass die Erwartungen an eine „richtige Frau" und an eine „richtige Führungskraft" nicht kompatibel sind – und damit für Frauen Rollenkonflikte programmiert – unterstreichen viele Autor_innen.[29]

Anknüpfend an Foucault fokussieren dekonstruktivistische oder auch diskursanalytische Ansätze im Feld der Geschlechterforschung[30] darauf, wie und mit welchen Machtwirkungen Geschlechterunterscheidungen „fabriziert" werden, was sowohl erfunden als auch hergestellt bedeutet. Butler, die diese Bezeichnung verwendet,[31] verdeutlicht auch, wie diese Fabrikationen zugleich „den Effekt des Natürlichen, des Ursprünglichen und Unvermeidlichen erzeugen"[32] – und dekonstruiert sie damit zugleich. Aus einer solchen Perspektive können Eigenschafts-, Führungs- oder Verhaltensstil als diskursive Fabrikationen von („guter") Führung re-interpretiert werden.[33]

---

26 Schein/Davidson (1993).

27 Gmür (2004), 412ff.

28 Wippermann (2010), 54, 56, 68f..

29 Bspw. Rastetter (2006), 224f. oder Müller (1995), 104, die betont, dass es sich dabei nicht um einen Konflikt zwischen dem „Selbstempfinden der Frau" und der Führungsrolle handelt, sondern um einen Konflikt zwischen Frauenrolle und Führungsrolle.

30 Mit Blick auf den deutschsprachigen Raum sind hier vor allem die Arbeiten der Forschungsgruppe um Bublitz zu nennen – z.B. Bublitz (1998); Bührmann (2001); s.a. Margarete Jäger (2010).

31 Butler (1991), 200.

32 Butler (1991), 9. Wie eine Illustration dazu liest sich die Studie „Die Polarisierung der ‚Geschlechtscharaktere' – Eine Spiegelung der Dissoziation von Erwerbs- und Familienleben" (Hausen 1976).

33 Vgl. dazu auch Krell/Weiskopf (2006); Sieben (2007).

Bei den im Rahmen von Attributions- bzw. Kategorisierungsansätzen untersuchten Zuschreibungen von („guter“) Führung sowie den skizzierten Verschränkungen von Geschlechter- und Führungsdiskurs haben wir es mit dem „weiteren Macht- und Praxisfeld“ zu tun.[34] Die schon angesprochenen widersprüchlichen Befunde der geschlechtervergleichenden Forschung zu Führungseigenschaften, -verhalten und -erfolg, die sich auch in den ebenso widersprüchlichen Botschaften in der Ratgeberliteratur niederschlagen,[35] können ganz unterschiedliche subjektivierende Effekte haben. Sie können von Führungs(nachwuchs)kräften als Bedrohung erlebt werden und deshalb den Wunsch nach einer klaren Orientierung verstärken[36] oder auch als Chance, sich zumindest ein Stück weit von Normierungen des (Führungs-)Verhaltens aufgrund des Geschlechts zu befreien.

Und: Dass die Privilegierung „weiblicher Führung“ keinesfalls gleichbedeutend mit einer Privilegierung von Frauen als Führungskräften ist, hat Claudia Weber schon in den 1990-er Jahren betont: am Beispiel der „japanischen Betriebsfamilie“, der ein eher „weibliches“ bzw. „mütterliches“ Führungsmodell zugeschrieben wird, an deren Spitze aber männliche Führungskräfte stehen. Die in westlichen Ländern aufkommende Kritik „männlicher“ und Aufwertung „weiblicher“ Führung deutet – nicht nur – diese Autorin „als kaschierten Appell (vorwiegend an den männlichen Managementnachwuchs), sein ‚Ego‘ in passender Weise zu modellieren“.[37]

Karriere und Geschlecht

Hier möchte ich gleich mit den Diskurs(strang)verschränkungen beginnen[38] – und ebenfalls trennen zwischen Diskurspositionen, die die Unterrepräsentation von Frauen in Führungspositionen mit Geschlechtsunterschieden im Karriereverhalten erklären und solchen, die den Blick auf aufstiegsbezogene oder -relevante Praktiken der Unterscheidung zwischen Frauen und Männern lenken.

---

34 Vgl. dazu auch Sieben/Krell (2007); Krell (2013a).

35 Vgl. dazu auch Bröckling (2002).

36 Das ist auch eine Erklärung für die Renaissance, die seit einiger Zeit biologistische Erklärungen zum Geschlechterverhältnis erfahren, und zwar sowohl generell als auch in Veröffentlichungen zu Geschlecht und Führung (zur Kritik: Krell 2008) oder auch zu Gender Marketing (zur Kritik: Krell 2009).

37 Weber (1993), 170.

38 Zu den vielfältigen Fabrikationen von „Karriere“: Auer (2000); Hitzler/Pfadenhauer (2003).

Auf Unterschiede fokussiert bspw. Henn, wenn sie schreibt, der „Mangel an Frauen in Führungspositionen“ sei „nicht auf fehlende Führungskompetenz [...] zurückzuführen [...], sondern auf [...] mangelnde Aufstiegskompetenz“.[39] Um „Aufstiegskompetenz“ geht es auch in mehreren Forschungsprojekten, die im Rahmen des Programms „Frauen an die Spitze“ des deutschen Bundesministeriums für Bildung und Forschung finanziert werden.[40] Ein Beispiel dafür ist die Förderung „mikropolitischer Kompetenz“ durch Coaching.[41]

Geschlechtsunterschiede werden nicht nur hinsichtlich des Aufsteigen-Könnens erforscht, sondern auch hinsichtlich des Aufsteigen-Wollens. Beispielhaft seien hier zunächst Studien angeführt, in denen es um den Aufstieg von Lehrer_innen zur Schulleitung geht. Hier wird festgestellt, der „Forschungsstand belegt klar, dass sich die Aufstiegsmotivation [...] häufig von der ihrer männlichen Kollegen unterscheidet“[42] oder Lehrerinnen gar „Aufstiegs-Abstinenz“ attestiert.[43] Dagegen polemisieren andere Forscherinnen, die von ihnen befragten 330 Lehrerinnen, für die Schulleitung durchaus eine „weibliche Ambition“ ist, *„existieren in der Forschung nicht“*.[44] Mehr noch: Die beständig wiederholte Behauptung, Lehrerinnen hätten gar kein Interesse an Leitungspositionen, befestigte nur Klischeevorstellungen über nicht-ambitionierte Lehrerinnen und verhindere damit eine differenzierte Betrachtung dieser Gruppe.

Geforscht wird auch zu Geschlechtsunterschieden in der „Führungsmotivation“[45] – in einem der Projekte des Programms „Frauen an die Spitze“ mit dem Ergebnis, „dass Frauen im Durchschnitt eine höhere Ausprägung in den Furchtkomponenten ihrer Motivation aufweisen“.[46] Konkret stimmten mehr Frauen als Männer den Aussagen zu, sie befürchteten den Anforderungen an eine Führungsposition nicht gewachsen zu sein und Fehler zu machen. Das kann ganz unterschiedlich interpretiert werden:[47] (1) Männer äußern ihre Befürchtungen seltener, weil das nicht mit dem herrschenden Bild von Männlichkeit vereinbar ist. (2) Frauen haben die Eigenschaft, sich weniger zuzutrauen.

---

39 Henn (2009), 18.
40 BMBF (2011), 57ff.
41 Cornils/Rastetter (2012).
42 Fahrenwald/Porter (2007), 133.
43 Koch-Priewe (1998), 241; zit.n. Stroot (2004), 251.
44 Winterhager-Schmid et al. (1997), 207; Herv. i.O.; zit.n. Stroot (2004), 258.
45 Vgl. auch dazu Henn (2009).
46 BMBF (2011), 55.
47 Ausführlicher zur langen Diskursgeschichte der „weiblichen Furcht vor Erfolg“ vgl. Krell (2012), 27.

(3) Frauen übernehmen die defizitären diskursiven Zuschreibungen hinsichtlich ihrer Führungskompetenz in ihr Selbstbild. (4) Frauen antizipieren durchaus realistisch, dass an sie als Führungskräfte – aufgrund ihres Status' als Minorität im sozialen und statistischen Sinn – höhere Anforderungen gestellt werden und ggf. ihre Fehler unerbittlich geahndet werden, als dies bei ihren männlichen Kollegen der Fall ist.

Damit sind wir wieder bei den Praktiken der Unterscheidung und deren Effekten angelangt: Einer Studie von Allmendinger zufolge finden junge Frauen „ganz nach oben zu kommen" genauso erstrebenswert wie junge Männer, d.h. sie *wollen* führen. Aber: Die jungen Männer werden in einer Weise gefördert, „dass viele von ihnen berufliche Ambitionen entwickeln, die ihnen früher nicht eigen waren".[48] Befragungen von Bischoff im mittleren Management verdeutlichen die Relevanz der Einkommenshöhe und -gerechtigkeit für die Aufstiegsmotivation von Frauen. Deshalb empfiehlt sie eine leistungsgerechte Vergütung als „‚Selbsthilfeinstrument' zur Gewinnung von Frauen für Toppositionen".[49] Das verdeutlicht zugleich, dass unterschiedliche Perspektiven auf die Aufstiegsmotivation von Frauen und Männern zu völlig verschiedenen Schlussfolgerungen hinsichtlich des Handlungsbedarfs führen.

Auch hier gilt: „Beruflicher Aufstieg von Männern wird [...] als Normalfall konstruiert, der Aufstieg von Frauen erscheint als Abweichung".[50] Ausgehend von der dementsprechenden Annahme, dass es zu „Frauenkarrieren" und „Karrierefrauen" keine männlichen Pendants gibt, habe ich am 15. April 2011 spontan gegoogelt. Zu „Karrierefrauen" habe ich 53.400 Ergebnisse gefunden, zu „Karrieremänner" mit 5.860 zwar nur einen Bruchteil dessen, aber doch mehr als erwartet. Die Eingabe von „Frauenkarrieren" förderte 49.000 Ergebnisse zu Tage, die von „Männerkarrieren" die aufschlussreiche Rückfrage „Meinten Sie Männer Karrieren?" plus 7.620 Ergebnisse.

Eigentlich wollte ich damals nur diese Häufigkeiten eruieren, aber der erste Blick auf die Nennungen zu „Karrierefrauen" verdeutlichte, dass auch aufschlussreich ist, *was* dort jeweils thematisiert wird. Ganz oben stand nämlich: „Karrierefrauen – schön, erfolgreich und ohne Mann",[51] gefolgt von „Partnerschaft: Was Karrierefrauen falsch machen [und deshalb keinen Mann finden; GK]". Von den 21 Ergebnissen auf den ersten beiden Seiten entfielen allein acht auf dieses Thema. Daraufhin habe ich „Kar-

48 Allmendinger (2009), 49ff.
49 Bischoff (2010), 226ff.
50 Hofbauer (2002), 114.
51 Die genauen Angaben zu den Internetseiten finden sich in Krell (2012), 28f.

rierefrauen Partner“ eingegeben, und plötzlich waren es 194.000 Ergebnisse. Auch in Verbindung mit „Tipps“ und „Ratgeber“ spielen die „private Einsamkeit“ der „Karrierefrau“ und die Schwierigkeiten bei der Partnersuche eine wichtige Rolle. Abgesehen davon, dass das für viele Frauen kein attraktives Identitätsangebot darstellt, sondern abschreckend wirkt, werden dadurch die Probleme im Berufsleben de-thematisiert oder zumindest marginalisiert.

Auf den ersten beiden Seiten über „Karrieremänner“ dominieren dagegen mit sechs Ergebnissen berufsbezogene Geschlechtervergleiche mit „Karrierefrauen“ (z.B. hinsichtlich sozialer Kompetenz, Karrierestrategien oder Gehalt), allerdings gefolgt von fünf Nennungen zu Vereinbarkeitsproblemen. Einmal wird schließlich auch hier die Frage aufgeworfen: „Wie attraktiv finden die Damen hier Karrieremänner mit 70-h-Woche?“.

In Zusammenhang mit „Männerkarrieren“ entfallen 5.340 (der 7.620) Ergebnisse auf das Thema „Wie die Frauenquote Männerkarrieren bedroht“. So hatte die Wirtschaftswoche am 8. April 2011 getitelt. Das lässt vermuten, dass die Zahl der „Treffer“ deutlich kleiner gewesen wäre, wenn ich meine Recherche vor dieser diskursiven Skandalisierung „der Frauenquote“ vorgenommen hätte. Es folgen zwei Projekte: „Familienfreundliche Väterkarrieren“ mit 321 Ergebnissen und „VäterVorBilder: Männerkarrieren in Familie und Beruf“ mit 153 Nennungen.

Auch unter „Frauenkarrieren“ geht es schwerpunktmäßig um Hindernisse bzw. Bedrohungen: Mit 20.300 Nennungen stehen die „Vorurteile der Männer“ an erster Stelle, mit großem Abstand folgt mit 1.790 die „Doppelbelastung“. Diese Reihung ist deckungsgleich mit den Ergebnissen von Befragungen weiblicher Führungs(nachwuchs)kräfte zu Karrierehindernissen[52] und verdeutlicht einmal mehr, dass Maßnahmen zur besseren Vereinbarkeit von Familie und Beruf hier zu kurz greifen. „Frauenkarrieren“ behindernde Praktiken sind nicht nur mit Blick auf Männer als Vorgesetzte und Kollegen erforscht, sondern auch als (Ehe-)Partner. Deshalb werden „Frauenkarrieren“ auch als „Hürdenläufe in Partnerschaft und Arbeitswelt“ betrachtet.[53] Im Folgenden möchte ich noch einige Streiflichter auf verschiedene Befunde und Diskurspositionen zur Arbeitswelt werfen.

Nachteilig auf „Frauenkarrieren“ wirken sich zunächst die bereits skizzierten Effekte

---

52 Vgl. z.B. Generation CE♀/forsa (2007) und Bischoff (2010), 89ff.

53 Cornelißen et al. (2011).

von „Think Manager, think male" aus. Deshalb empfehlen Quaquebeke und Schmerling in ihrem Beitrag *Kognitive Gleichstellung: Wie die bloße Abbildung weiblicher und männlicher Führungskräfte unser implizites Denken zu Führung beeinflusst* diese Intervention als Alternative zu Quoten.[54] Dazu passt allerdings nicht, dass sie zu dem Ergebnis kommen, der erwartete Effekt, dass sich nach Vorlage von Bildern weiblicher Führungskräfte das Assoziationsmuster „Frau" & „Führung" dem von „Mann" & „Führung" annähert, zeige sich nur bei den weiblichen Teilnehmenden der Studie.[55] An solchen sozial-psychologisch orientierten Perspektiven, zu denen bspw. auch der auf Basis von Laborexperimenten mit zwei beliebig gebildeten Gruppen generierte und generalisierte Befund der „Eigengruppenfavorisierung" gehört, wird grundsätzlich kritisiert, dass sie diskriminierende Praktiken individualisieren und strukturelle (Macht-) Verhältnisse bzw. Diskriminierungen de-thematisieren.[56]

Um die (Re-)Produktion von Dominanzverhältnissen außerhalb der Labore geht es bspw. in Arbeiten zur „sozialen Schließung" von Weber, zum „Stigma" von Goffman, zu „Distinktion" von Bourdieu, sowie zu den Dynamiken zwischen „Etablierten und Außenseitern", insbesondere zu „Lobklatsch" und „Schimpfklatsch", von Elias und Scotson, die auch für die Erklärung der (Re-)Produktion der Geschlechterungleichheiten in Führungspositionen fruchtbar gemacht werden können.[57] In aller Kürze: Die Mitglieder der dominante Gruppe bzw. die „Etablierten" stellen zum einen in Form von „Distinktion" oder „Lobklatsch" ihre Vorzüge heraus. So sind bspw. den von der German Consulting Group befragten 220 männlichen Führungskräften zufolge „typisch weibliche Eigenschaften" wie Teamfähigkeit, soziale Kompetenz, Begeisterungsfähigkeit u.Ä. für den Aufstieg ins mittlere Management erforderlich, für das für das Top-Management unerlässlich seien dagegen „typisch männliche Eigenschaften" wie Entschlussfähigkeit, Durchsetzungskraft, Risikobereitschaft u.Ä.[58] Eine solche Unterscheidung nehmen auch jene von Wippermann befragten Männer vor, die er der Gruppe „emanzipierte Grundhaltung" zuordnet, wenn sie argumentieren: aber „Vorstand,

54 Quaquebeke/Schmerling (2010), 92.

55 Quaquebeke/Schmerling (2010), 97, 100.

56 Vgl. z.B. Zanoni et al. (2010), 14.

57 Krell (2010), 455ff. mit Bezug auf Max Weber (1922); Goffman (1975); Bourdieu (1987); Elias/Scotson (1993) plus eigener Empirie.

58 German Consulting Group (2005).

das ist eine andere Sportart".[59] Hofbauer untersucht überlange Anwesenheitszeiten als Distinktion.[60] Zum anderen werden die „Außenseiter" bzw. in unserem Fall die „Außenseiterinnen" durch „Schimpfklatsch" stigmatisiert, bspw. wenn Kinder oder Teilzeit als unüberwindliches Handicap oder Hindernis konstruiert werden. Als „Schimpfklatsch" interpretiert werden können auch Unterstellungen, weibliche Führungskräfte hätten ihren Erfolg nicht Eignung und Leistung zu verdanken, sondern „weiblichen Waffen" – oder auch immer wieder gerne gebraucht: Sie seien ja nur eine „Quotenfrau".[61]

In Verbindung mit ihrem Status als Nicht-Etablierte bzw. dominierte Gruppe bewirkt schließlich der Status weiblicher Führungskräfte als Minderheit im numerisch-statistischen Sinn bzw. als „Token": Seitens der Mehrheit der männlichen Kollegen werden ihre Person und ihr Verhalten nicht als individuell wahrgenommen (Frau XY), sondern als „(proto-)typisch" für eine weibliche Führungskraft. Sie steht als (einzige) Frau im „Rampenlicht", wird zum „Testfall" gemacht, argwöhnisch beobachtet und darf sich keine Fehler leisten. Und sie soll in verschiedenen Zusammenhängen „die Frauen" repräsentieren bzw. für „die Frauen" sprechen.[62] Schon diese Skizze verdeutlicht, dass der Token-Status weiblicher Führungskräfte mit erheblichen Belastungen verbunden ist.

Damit verschiebt sich der Fokus von der Suche nach Geschlechtsunterschieden in Führungseigenschaften und -verhalten hin zu (Geschlechter-)Verhältnissen, die sowohl Einstellungen und Verhalten form(ier)en als auch deren Wahrnehmung und Bewertung. Wie verwoben – oder auch vertrackt – diese Verhältnisse sind, möchte ich an zwei weiteren Beispielen verdeutlichen:

Frauen, die aufsteigen wollen, wird immer wieder geraten, sie sollten mehr Impression Management betreiben. Zahlreiche Studien, die Funkten et al. aufbereiten, belegen jedoch:[63] „Frauen müssen sich nachdrücklicher, ausdauernder und prägnanter ins

---

59 Wippermann (2010), 55.

60 Hofbauer (2004).

61 Zu letzterem kommentiert der ehemalige Personalvorstand der Telekom, die eine Quote einführte: „Das Killerwort ‚Quotenfrau' ist eines der hinterhältigsten Worte, um zu verhindern, dass aus einer realen Quote von 10 zu 90 vielleicht eine von 30 zu 70 wird, dass die Schattenseiten der Karrierepolitik vieler Unternehmen ans Tageslicht kommen – oder zu sichern, dass auch im Schatten weiterhin Politik gemacht werden kann. Das spreche ich so offen an, weil ich meiner Herkunftsprofession Personalentwicklung zutiefst verpflichtet bin" (Sattelberger 2011, 432).

62 Vgl. Kanter (1977), 208–242; bei Kanter selbst macht es allerdings keinen Unterschied, ob das Token auch einer soziale Minderheit angehört.

63 Funken et al. (2011), 36ff.

Spiel bringen, um erfolgreich zu sein". Wenn sie aber („zu") zielsicher und selbstbewusst auftreten, dann wird ihr Verhalten als „unweiblich" kategorisiert bzw. stigmatisiert. Insofern bedeutet Impression Management für Frauen einen „Drahtseilakt" zwischen einerseits forciert genug, um überhaupt wirksam zu sein, andererseits nicht zu forciert, um noch kompatibel mit dem gängigen Frauenbild zu sein. Deshalb sprechen Funken et al. von einer großen Herausforderung ohne Erfolgsgarantie, „weil die Optik des Betrachters letztlich von unwägbaren, oftmals unbewussten und oft genug auch unerschütterlichen Vorurteilen durchsetzt sein kann".

Frauen stehen weiters unter dem Verdacht, dass sie sich nicht richtig trauen, um Aufstieg oder Gehaltserhöhungen zu verhandeln. Das war der Ausgangspunkt einer Studie von Ruppert und Voigt.[64] Unter Forschungsstand wird zunächst festgehalten: Aggressives Verhandeln von Frauen und Männern wird von der anderen Seite ganz unterschiedlich bewertet.[65] Und: Verhandlungsstil und -ergebnis werden weniger durch die Variable „Geschlecht" als durch die Variable „Macht der Verhandelnden" beeinflusst.[66] Von den 810 Führungskräften (davon 57 % Frauen), die Ruppert und Voigt selbst befragten, hatten in den letzten fünf Jahren deutlich mehr Frauen als Männer sowohl keine Gehaltsverbesserung als auch keine Beförderung bekommen.[67] Die Frauen hatten jedoch nicht seltener nachgefragt als ihre männlichen Kollegen. Damit widerlegt die Studie zunächst den „Mythos der ängstlichen weiblichen Führungskraft, die sich ganz generell nicht traut".[68] Aber das ist noch nicht alles, denn die Studie zeigt auch, dass Männer öfter als Frauen gar nicht erst nachfragen mussten, sondern von ihren Vorgesetzten gefragt bzw. angesprochen worden waren.[69] Damit sind wir einmal mehr bei der Frage nach Unterschieden gestartet und bei den Praktiken der Unterscheidung gelandet.

Um Missverständnissen vorzubeugen: In den hier angeführten Beispielen spielen zwar Selbst- und Fremdbilder, Kategorisierungen, Vorurteile und darauf basierende Interaktionen eine zentrale Rolle. Damit sollen sie aber nicht individualisiert werden. Vielmehr soll die hier eingenommene Perspektive den Blick auf das „weitere Macht- und

64 Ruppert/Voigt (2009); (2012).
65 Ruppert/Voigt (2009), 36.
66 Ruppert/Voigt (2009), 29.
67 Ruppert/Voigt (2009), 38f.
68 Ruppert/Voigt (2009), 41.
69 Ruppert/Voigt (2009), 42f.

Praxisfeld" lenken, in dem diese Interaktionen stattfinden und die Diskurse, die das Verhalten der Beteiligten formieren.
Als „Kunst der Verteilungen" durch Praktiken der Unterscheidung werden schließlich auch die Kriterien und Verfahren der Personalpolitik untersucht, wobei die Trennlinien sowohl zwischen Führungskräften und Nicht-Führungskräften bzw. Mitarbeiter_innen als auch und damit verschränkt zwischen Frauen und Männern gezogen werden.[70] Durch die Personalpolitik werden Frauen und Männer als Gruppen (re-)produziert und damit zugleich Geschlechtsunterschiede (jetzt im Sinne von Geschlechterungleichheiten) – aber auch gleichstellungpolitische Programme und Maßnahmen, um diesen entgegenzuwirken.[71]

Zum Schluss: Drei Erweiterungen

Erstens ging es bisher fast ausschließlich um diskursive Fabrikationen von „Geschlecht", „Führung", „Karriere" und deren Verschränkungen. Die derzeit existierenden und relativ veränderungsresistenten Geschlechterungleichheiten in Führungspositionen werden aber nicht nur durch Diskurse (re-)produziert – oder auch verändert – sondern dabei spielen auch Dispositive eine wichtige Rolle. Für Foucault ist das Dispositiv ein „heterogenes Ensemble, das Diskurse, Institutionen, architekturale Einrichtungen, reglementierende Entscheidungen, Gesetze, administrative Maßnahmen, wissenschaftliche Aussagen, philosophische, moralische oder philanthropische Lehrsätze, kurz: Gesagtes ebenso wie Ungesagtes umfasst" ein. Er ergänzt: „Soweit die Elemente des Dispositivs. Das Dispositiv selbst ist das Netz, das zwischen diesen Elementen geknüpft werden kann".[72] Weiterhin versteht er unter Dispositiv „eine Art von – sagen wir – Formation, deren Hauptfunktion zu einem gegebenen historischen Zeitpunkt darin bestanden hat, auf einen *Notstand* (urgence) zu antworten. Das Dispositiv hat also eine vorwiegend strategische Funktion".[73] Es handelt sich dabei „um eine bestimmte Manipulation von Kräfteverhältnissen [...] ein rationelles und abgestimmtes

70 Dazu ausführlicher: Kell (2013b).
71 Vgl. zu beidem die Beiträge in Krell et al. (2011).
72 Foucault (1978), 119f.
73 Foucault (1978), 120; Herv. i.O. durch Unterstreichung.

Eingreifen in diese Kräfteverhältnisse [...]. Das Dispositiv ist also immer in ein Spiel der Macht eingeschrieben".[74]

Daran anschließend fokussieren Dispositivanalysen – kurz gesagt – auf die „Formierungsprozesse der unterschiedlichen Praktiken, ihr Zusammenspiel und ihre Auswirkungen".[75] Dabei richtet sich das Erkenntnisinteresse auch auf die „Notstände" als Anlässe für (Neu-)Formierungen und auf die Nebenwirkungen. Aus einer solchen Perspektive wird auch das Geschlechterdispositiv untersucht.[76] In einer ersten expliziten Annäherung an die Dispositivforschung habe ich Frauenquoten zunächst als „Dispositive der (Gegen-)Macht" und dann als Elemente des Geschlechterdispositivs betrachtet.[77] Wenn ich von meiner ersten „expliziten" Annäherung spreche, dann liegt dem folgende These zugrunde: Bevor Foucault das Dispositiv als Begriff „*erfand*"[78] bzw. explizierte, hat er damit implizit schon gearbeitet – bspw. in Zusammenhang mit der Analyse der „Kunst der Verteilungen". Und das gilt gleichermaßen für an Foucault orientierte Arbeiten.[79]
Zweitens sind hinsichtlich der von mir vorgenommenen und als roter Faden durch diesen Beitrag gezogenen Differenzierung zwischen „Unterschieden" und „Unterscheidungen" verschiedene Lesarten möglich:

a) „Unterschiede" und „Unterscheidungen" stehen für antagonistische Diskurspositionen. Das betrifft bspw. die Gegenüberstellung von essentialisierenden oder gar naturalisierenden Differenzansätzen und Ansätzen der dekonstruktivistisch orientierten Geschlechterforschung.
b) „Unterschiede und Unterscheidungen sind keine alternativen Optionen, sondern in tausend Schleifen miteinander verknüpft".[80]
c) „Unterschiede" und „Unterscheidungen" stehen für zwei Perspektiven, auf deren Verknüpfung eine theoretisch reflektierte Gleichstellungspolitik basieren sollte.[81]

---

74 Foucault (1978), 123.
75 Bührmann/Schneider (2008), 86, s.a. ebd., 111.
76 Bührmann/Schneider (2008), 120ff. und die dort genannten Arbeiten von Bührmann.
77 Krell (2011c).
78 Jäger (2001), 75; Herv. i.O.
79 Ausführlicher zum Verhältnis und zur Anwendung von Diskurs- und Dispositivanalysen: Krell (2013b).
80 Ortmann (2005), 127.
81 Vgl. Krell (2011b), 18 mit Bezug auf Knapp (2011), die für eine Verbindung der drei Perspektiven von

Drittens gibt es (nicht nur) mit Blick auf „Führung" oder „Karriere" neben „Geschlecht" noch weitere ungleichheits-relevante Kategorien, wie z.B. „Nationalität", „Rasse", „Klasse" oder auch „soziale Herkunft", die „Gegenstände" ganz unterschiedlicher Forschungskontexte sind. Diese Kategorisierungen können nicht wie „Perlen auf einer Schnur" betrachtet werden, sondern sind bzw. werden vielfältig miteinander verschränkt. Darüber, wie diesen Verschränkungen in der Forschung und in der gleichstellungspolitischen Praxis Rechnung getragen werden kann und soll, gibt es einmal mehr Deutungskämpfe: So konzipieren Walgenbach et al. *Gender als interdependente Kategorie*. Damit soll „die Idee der ‚Verschränkung' [...] radikalisiert [werden], indem Differenzen bzw. Ungleichheiten nicht mehr *zwischen* (distinkt oder verwoben gedachten) Kategorien wirksam sind, sondern *innerhalb* einer Kategorie".[82] Dagegen halten Winker und Degele, damit werde das „Problem der Benennung dessen, was als interdependent gedacht wird" nur verschoben aber nicht gelöst, weshalb diese Autorinnen „beim Begriff der Intersektionalität bleiben".[83] Die vielfältigen Verschränkungen einerseits und Spannungsfelder andererseits zwischen Intersektionalitäts- und Diversityforschung sind Thema eines Sammelbandes mit dem Titel *Intersektionalität zwischen Gender und Diversity.*[84]

Ganz zum Schluss möchte ich noch einmal die Bedeutung der hier thematisierten Deutungskämpfe in der Forschung für die gleichstellungspolitische Praxis unterstreichen.

Bibliographie

Allmendinger, Jutta (2009): *Frauen auf dem Sprung.* München: Pantheon.
Auer, Manfred (2000): *Vereinbarungskarrieren*. München, Mering: Hampp.

„Differenz", „Gleichheit" und „einer pragmatischen Lesart von Dekonstruktion" plädiert.

82 Walgenbach et al. (2007), 24; Herv. i.O. Die Autorinnen unterstreichen zudem, dass dies nicht nur für „Gender" gilt, sondern auch „Klasse", „Ethnizität" oder andere Kategorien bzw. Kategorisierungen als interdependent verstanden werden müssen. Vgl. Dietze et al. (2007), 9.

83 Winker/Degele (2009), 13.

84 Smykalla/Vinz (2011).

Becker, Ruth/Kortendiek, Beate unter Mitarbeit von Budrich, Barbara/Lenz, Ilse/Metz-Göckel, Sigrid/Müller, Ursula/Schäfer, Sabine Hg. (2010): *Handbuch Frauen- und Geschlechterforschung*. 3. Aufl. Wiesbaden: VS Verlag für Sozialwissenschaften.

Bischoff, Sonja (2010): *Wer führt in (die) Zukunft? Männer und Frauen in Führungspositionen der Wirtschaft in Deutschland* – die 5. Studie. Hg. von der Deutschen Gesellschaft für Personalführung e.V. Bielefeld: Bertelsmann.

BMBF – Bundesministerium für Bildung und Forschung Hg. (2011): *Frauenkarrieren in Unternehmen – Forschungsergebnisse und Handlungsoptionen.* Dokumentation der BMBF-Tagung vom 18.–19. November 2010 in Berlin. Berlin, Bonn: o.V.

Bourdieu, Pierre (1987): *Die feinen Unterschiede*. Frankfurt a.M.: Suhrkamp

Bröckling, Ulrich (2002): Das unternehmerische Selbst und seine Geschlechter: Gender-Konstruktionen in Erfolgsratgebern, in: *Leviathan* 30 (2), 175–194.

Bublitz, Hannelore Hg. (1998): *Das Geschlecht der Moderne*. Frankfurt, New York: Campus.

Bührmann, Andrea D. (2001): Geschlecht und Subjektivierung, in: Kleiner (2001), 3–136.

Bührmann, Andrea D./Schneider, Werner (2008): *Vom Diskurs zum Dispositiv. Eine Einführung in die Dispositivanalyse*. Bielefeld: transcript.

Butler, Judith (1991): *Das Unbehagen der Geschlechter*, Frankfurt a.M.: Suhrkamp

Butler, Judith (1997): *Körper von Gewicht*, Frankfurt a.M.: Suhrkamp

Cornelißen, Waltraud/Rusconi, Alessandra/Becker, Ruth Hg. (2011): *Berufliche Karrieren von Frauen: Hürdenläufe in Partnerschaft und Arbeitswelt*. Wiesbaden: VS Verlag für Sozialwissenschaften.

Cornils, Doris/Rastetter, Daniela (2012): „…und schon gar nicht Tränen einsetzen“: Gender, Emotionsarbeit und Mikropolitik im Management, in: Krell/Rastetter/Reichel (2012b), 157–178.

Dietze, Gabriele/Hornscheidt, Antje/Palm, Kerstin/Walgenbach, Katharina (2007): Einleitung, in: Walgenbach et al. (2007), 7–22.

Dölling, Irene/Krais, Beate Hg. (1997): *Ein alltägliches Spiel. Geschlechterkonstruktion in der sozialen Praxis*. Frankfurt a.M.: Suhkamp.

Dreyfus, Hubert L./Rabinow, Paul (1994): *Michel Foucault. Jenseits von Strukturalismus und Hermeneutik*, 2. Aufl., Weinheim: Beltz.

Ewald, Francois/Waldenfeld, Bernhard Hg. (1991): *Spiele der Wahrheit. Michel Foucaults Denken*. Frankfurt a.M.: Suhrkamp.

Fahrenwald, Claudia/Porter, Maureen (2007): Weiterbildung als Cultural Change – Transatlantische Studie über Frauen in pädagogischen Führungspositionen, in: Macha, Hildegard/Fahrenwald, Claudia Hg.: *Gender Mainstreaming und Weiterbildung*. Opladen, Farmington Hills: Barbara Budrich, 31–147.

Fairclough, Norman (1995): *Critical Discourse Analysis*. London: Arnold.

Foucault, Michel (1976): *Überwachen und Strafen*. Frankfurt a.M.: Suhrkamp.

Foucault, Michel (1978): *Dispositive der Macht*. Berlin: Merve.

Foucault, Michel (1981): *Archäologie des Wissens*. Frankfurt a.M.: Suhrkamp.

Foucault, Michel (1983): *Der Wille zum Wissen*. Sexualität und Wahrheit 1. Frankfurt a.M.: Suhrkamp.

Foucault, Michel (1994): Das Subjekt und die Macht, in: Dreyfus/Rabinow (1994), 243–261.

Funken, Christiane/Stoll, Alexander/Hörlin, Sinje (2011): *Die Projektdarsteller. Karriere als Inszenierung. Paradoxien und Geschlechterfallen in der Wissensökonomie*. Wiesbaden: VS Verlag für Sozialwissenschaften.

Generation CE♀/forsa (2007): „Frauen in Führungspositionen: Erfahrungen, Einschätzungen, Erwartungen, Wünsche". online unter: www.heinerthorborg.com/generation_ceo/Praesentation%20Forsa%20gekuerzt.pdf (Zugriff am 10.4.2009).

German Consulting Group (2005): „Studie beweist: Weibliche Eigenschaften sind in Chefetagen unerwünscht! ‚Männer bleiben lieber unter sich'", online unter: www.gcg.ag/gcg_sharedpages/pdf/artikel_frauen.pdf (Zugriff am 4.4.2009).

Gildemeister, Regine (2010): Doing Gender: Soziale Praktiken der Geschlechterunterscheidung, in: Becker/Kortendiek (2010), 137–145.

Gilligan, Carol (1984): *Die andere Stimme. Lebenskonflikte und Moral der Frau*. München: Piper.

Gmür, Markus (2004): Was ist ein ‚idealer Manager' und was ist eine ‚ideale Managerin'? Geschlechtsrollenstereotypen und ihre Bedeutung für die Eignungsbeurteilung von Männern und Frauen in Führungspositionen, in: *Zeitschrift für Personalforschung* 18 (4), 396–417.

Goffman, Erving (1975): Stigma. Frankfurt a.M.: Suhrkamp.

Hansen, Katrin/Bührmann, Andrea/Heidenreich, Vibeke (2012) „Women on Boards": Wie kann Deutschland von Norwegen lernen? in: Krell/Rastetter/Reichel (2012b), 99–121.

Hausen, Karin (1976): Die Polarisierung der „Geschlechtscharaktere" – Eine Spiegelung der Dissoziation von Erwerbs- und Familienleben, in: Conze, Werner Hg.: *Sozialgeschichte der Familie in der Neuzeit Europas*. Stuttgart: Klett, 363–393.

Heldhuser, Urte/Marx, Daniela/Paulitz, Tanja/Pühl, Katharina Hg. (2004): *under construction? Konstruktivistische Perspektiven in feministischer Theorie und Forschungspraxis*. Frankfurt, New York: Campus.

Henn, Monika (2009): *Die Kunst des Aufstiegs*. Frankfurt/New York: Campus.

Hitzler, Ronald/Pfadenhauer, Michaela (2003): Politiken der Karriere oder: Heterogene Antworten auf die Frage, wie man den Karren durch den Dreck zieht, in: Dies. Hg.: *Karrierepolitik*. Opladen: Westdeutscher Verlag, 9–23.

Hofbauer, Johanna (2002): Ambivalente Geschöpfe – zur Konstruktion von „Karrierefrauen", in: Michalitsch, Gabriele/Nairz-Wirth, Erna Hg.: *Frauen – Außer Konkurrenz?* Frankfurt a.M. et al.: Peter Lang, 101–131.

Hofbauer, Johanna (2004): Distinktion – Bewegung an betrieblichen Geschlechtergrenzen, in: Pasero, Ursula/Pridat, Birger P. Hg.: *Organisationen und Netzwerke. Der Fall Gender*. Wiesbaden: VS Verlag für Sozialwissenschaften, 45–64.

Jäger, Margarete (2010): Diskursanalyse: Ein Verfahren zur kritischen Rekonstruktion von Machtbeziehungen, in: Becker/Kortendiek (2010), 386–391.

Jäger, Margarete/Jäger Siegfried (2007): *Deutungskämpfe. Theorie und Praxis kritischer Diskursanalyse*, Wiesbaden: VS – Verlag für Sozialwissenschaften.

Jäger, Siegfried (2001): Dispositiv, in: Kleiner (2001), 72–89.

Kanter, Rosabeth Moss (1977): *Men and Women of the Corporation*, New York: HarperCollins.

Kleiner, Marcus S. Hg. (2001): *Michel Foucault. Eine Einführung in sein Denken*. Frankfurt, New York: Campus.

Knapp, Gudrun-Axeli (2011): Gleichheit, Differenz, Dekonstruktion und Intersektionalität: Vom Nutzen theoretischer Ansätze der Frauen- und Geschlechterforschung für die gleichstellungspolitische Praxis, in: Krell/Ortlieb/Sieben (2011), 71–82.

Koch-Priewe, Barbara (1998): Schulentwicklung geht von Frauen aus, in: Lutzau, Mechthild von Hg.: *Frauenkreativität Macht Schule*. 11. Bundeskongreß Frauen und Schule. Weinheim: Deutscher Studien Verlag, 237–243.

Krell, Gertraude (2008): „Vorteile eines neuen, weiblichen Führungsstils": Ideologiekritik und Diskursanalyse, in: Dies. Hg.: *Chancengleichheit durch Personalpolitik*. 5. Aufl. Wiesbaden: Gabler, 319–330.

Krell, Gertraude (2009): Gender Marketing: Ideologiekritische Diskursanalyse einer Kuppelproduktion, in: Diaz-Bone, Rainer/Krell, Gertraude Hg.: *Diskurs und Ökonomie*. Wiesbaden: VS Verlag für Sozialwissenschaften, 203–224.

Krell, Gertraude (2010): Führungspositionen, in: Projektgruppe GiB: *Geschlechterungleichheiten im Betrieb*. Berlin: edition sigma, 423–484.

Krell, Gertraude (2011a): Geschlechterungleichheiten in Führungspositionen, in: Krell/Ortlieb/Sieben (2011), 403–422.

Krell, Gertraude (2011b): Grundlegend: Ecksteine, Gleichstellungscontrolling, Verständnis und Verhältnis von Gender und Diversity, in: Krell/Ortlieb/Sieben (2011), 3–24.

Krell, Gertraude (2011c): Diskurs- und Dispositivanalyse am Beispiel „(Frauen-)Quote" – eine erste Erkundung. Vortrag anlässlich des 2. Workshop des Forums für Kritische Organisationsforschung „Foucault und Organisation" vom 18.–20. Mai 2011 TU Chemnitz.

Krell, Gertraude (2013a): Emotionen, Frauen, Arbeit und Führung: Diskursive Fabrikationen und Verschränkungen in der Managementforschung. Erscheint in: Jarzebowski, Claudia/Kwaschik, Anne Hg.: *Performing Emotions*. Göttingen: Vandenhoeck & Ruprecht.

Krell, Gertraude (2013b): Wie und mit welchen Machtwirkungen werden Wirtschaft(ende) und Arbeit(ende) fabriziert? – Inspektionen von Ökonomie aus diskurs- und dispositivanalytischen Perspektiven, erscheint in: Maeße, Jens Hg.: *Ökonomie, Diskurs, Regierung: Interdisziplinäre Perspektiven*. Wiesbaden: VS Verlag für Sozialwissenschaften.

Krell, Gertraude (2012): Geschlecht, Führung, Karriere und deren Verschränkungen als diskursive Fabrikationen, in: Krell/Reichel/Rastetter (2012), 117–40

Krell, Gertraude/Ortlieb, Renate/Sieben, Barbara Hg. (2011): *Chancengleichheit durch Personalpolitik*. 6. Aufl. Wiesbaden: Gabler.

Krell, Gertraude/Rastetter, Daniela/Reichel, Karin (2012a): Einleitung, in: Dies. (2012b), 11–16.

Krell, Gertraude/Rastetter, Daniela/Reichel, Karin Hg. (2012b): *GESCHLECHT MACHT KARRIERE IN ORGANISATIONEN*. Berlin: edition sigma.

Krell, Gertraude/Weiskopf, Richard (2006): Die Anordnung der Leidenschaften. Wien: Passagen.

Link, Jürgen (2006): Diskursanalyse unter besonderer Berücksichtigung von Interdiskurs und Kollektivsymbolik, in: Keller, Reiner/Hirseland, Andreas/Schneider, Werner/Viehöver, Willy Hg.: *Handbuch Sozialwissenschaftliche Diskursanalyse*. Band 1: Theorien und Methoden. 3. Aufl. Wiesbaden: VS Verlag für Sozialwissenschaften, 407–430.

Lorber, Judith/Farrell, Susan A. Hg. (1991): *The Social Construction of Gender*. Newbury Park et al.: Sage.

McKinsey&Company (2010): "Women matter 3: Women leaders, a competitive edge after the crisis", online unter: www.mckinsey.de/html/publikationen/women_matter (Zugriff am 1.3.2011).

Meuser, Michael (2009): Humankapital Gender. Geschlechterpolitik zwischen Ungleichheitssemantik und ökonomischer Logik, in: Andresen, Sünne/Koreuber, Mechthild/Lüdke, Dorothea Hg.: *Gender und Diversity: Albtraum oder Traumpaar?* Wiesbaden: VS Verlag für Sozialwissenschaften, 95–109.

Müller, Ursula (1995): Frauen und Führung. Fakten, Fabeln und Stereotypisierungen in der Frauenforschung, in: Wetterer, Angelika Hg.: *Die soziale Konstruktion von Geschlecht in Professionalisierungsprozessen*. Frankfurt, NewYork: Campus, 101–117.

Nunner-Winkler, Gertrud (2010): Weibliche Moral: Geschlechterdifferenzen im Moralverständnis?, in: Becker/Kortendiek (2010), 81–87.

Oehmichen, Jana (2012): Frauen in Aufsichtsräten: Status quo, Erklärungen, Implikationen, in: Krell/Rastetter/Reichel (2012b), 123–137.

Ortmann, Günther (2005): Tausend Schleifen. Über Geschlecht, Sprache und Organisation, in: Krell, Gertraude Hg.: *Betriebswirtschaftslehre und Gender Studies*. Wiesbaden: Gabler, 105–137.

Pasero, Ursula/Braun, Friederike Hg. (2001): *Konstruktion von Geschlecht*. 2. Aufl. Herbolzheim: Centaurus.

Quaquebeke, Niels van/Schmerling, Anja (2010): Kognitive Gleichstellung: Wie die bloße Abbildung weiblicher und männlicher Führungskräfte unser implizites Denken zu Führung beeinflusst, in: *Zeitschrift für Arbeits- und Organisationspsychologie* 54 (3), 91–104.

Rastetter, Daniela (2006): Vertrauen in weibliche Führungskräfte, in: Bendl, Regine Hg.: *Betriebswirtschaftslehre und Frauen- und Geschlechterforschung*. Teil 1: Verortung geschlechterkonstituierender (Re-)Produktionsprozesse. Frankfurt a.M. et al.: Peter Lang, 217–241.

Ruppert, Andrea/Voigt, Martina (2009): *Gehalt und Aufstieg: Mythen – Fakten – Modelle erfolgreichen Verhandelns.* Aachen: Shaker.

Ruppert, Andrea/Voigt, Martina (2012): Geschlechtsunterschiede in der Verhandlungsführung – Schlüssel für die Karriere?, in: Krell/Rastetter/Reichel (2012b), 139–155.

Sattelberger, Thomas (2011): Praxisbeispiel Telekom: Die Frauenquote – Qual der Entscheidung und der schwierige Weg vor uns, in: Krell/Ortlieb/Sieben (2011), 429–437.

Schein, Virginia E./Davidson, Marilyn J. (1993): Think manager, think male, in: *Management Development Review*, 6 (3), 24–28.

Schulz-Strelow, Monika (2011): FidAR e.V.: Mehr Frauen in die Aufsichtsräte – nicht nur ein Gebot wirtschaftlicher Notwendigkeit, in: Krell/Ortlieb/Sieben (2011), 551–554.

Sieben, Barbara (2007): Management und Emotionen. Frankfurt, New York: Campus.

Sieben, Barbara/Krell, Gertraude (2007): Emotionen und Geschlecht als Managementthema: Politikorientierte und andere Perspektiven, in: Neumayr, Agnes Hg.: *Kritik der Gefühle. Feministische Positionen*, Wien: Milena, 188–213.

Smykalla, Sandra/Vinz, Dagmar Hg. (2011): *Intersektionalität zwischen Gender und Diversity*. Münster: Westfälisches Dampfboot.

Stroot, Thea (2004): *Praktiken der Sexierung in Führungspositionen: Geschlechterkonstrukte in der Schulleitung*. Wiesbaden: VS Verlag für Sozialwissenschaften.

Szebel-Habig, Astrid (2009): Mixed Leadership: eine Kosten-Nutzen-Anlayse, in: Fröse, Marlies W./ Szebel-Habig, Astrid Hg.: *Mixed Leadership: Mit Frauen in die Führung!* Bern et al.: Haupt, 59–83.

Walgenbach, Katharina/Dietze, Gabriele/Hornscheidt, Antje/Palm, Kerstin (2007): *Gender als interdependente Kategorie. Neue Perspektiven auf Intersektionalität, Diversität und Heterogenität*. Opladen, Farmington Hills: Barbara Budrich.

Weber, Claudia (1993): Die Zukunft des Clans. Überlegungen zum japanischen Organisationstyp und Managementstil, in: Krell, Gertraude/Osterloh, Margit Hg.: *Personalpolitik aus der Sicht von Frauen – Frauen aus der Sicht der Personalpolitik*. 2. Aufl., München, Mering: Hampp, 148–172.

Weber, Max (1922): *Wirtschaft und Gesellschaft*. Tübingen: J.C.B. Mohr (Paul Siebeck).

West, Candace/Zimmerman, Don H. (1991): Doing Gender, in: Lorber/Farrell (1991), 13–37.

Wetterer, Angelika (2010): Konstruktion von Geschlecht: Reproduktionsweisen der Zweigeschlechtlichkeit, in: Becker/Kortendiek (2010), 126–136.

Winker, Gabriele/Degele, Nina (2009): *Intersektionalität: Zur Analyse sozialer Ungleichheiten*. Bielefeld: transcript.

Winterhager-Schmidt, Luise/Pauselius, Anke/Hiller, Ute/Trenn, Martina (1997): *Berufsziel Schulleiterin: Professionalität und weibliche Ambition*. Weinheim, München: Juventa.

Wippermann, Carsten (2010): *Frauen in Führungspositionen. Barrieren und Brücken*. Hg. vom BMFSFJ – Bundesministerium für Familie, Senioren, Frauen und Jugend. Berlin: o.V.

Zanoni, Patrizia/Janssens, Maddy/Benschop, Yvonne/Nkomo, Stella (2010): Unpacking diversity, grasping inequality: Rethinking difference through critical perspectives, in: *Organization* 17 (1), 9–29.

Aus der Praxis

Frauenpolitik in Tirol. Ein Erfahrungsbericht aus vier Jahren im Tiroler Landtag

Christine Baur

Allgemeines vorweg

Am 6. Dezember 2011 habe ich im Rahmen der Innsbrucker Gender Lectures über „Frauenpolitik in Tirol" gesprochen. Mein Vortrag war ein Bericht über meine Eindrücke und meine Tätigkeit im Tiroler Landtag, dem ich seit 1. Juli 2008 angehöre. Der Tiroler Landtag wird im April 2013, also gute vier Monate nach Abschluss dieses Beitrages, neu gewählt werden. Ein guter Zeitpunkt also, um aus einer Frauenperspektive heraus, den Blick auf die vergangene Legislaturperiode zu werfen. In der hier vorliegenden schriftlichen Fassung orientiere ich mich im Wesentlichen am Vorgetragenen, ergänzt um die Erfahrungen eines weiteren Jahres im Tiroler Landtag und einem Bericht über die grün-interne Frauenpolitik.

Frauenpolitik ist für mich in erster Linie Gleichstellungspolitik. Ziel echter Gleichstellungspolitik ist der Abbau von Diskriminierungen, ein Los-Kommen von einengenden Rollenbildern und die Trennung von Frauen- und Familienpolitik. Jede Frau und jeder Mann soll unabhängig vom Geschlecht die Möglichkeit haben, eigene Talente und Wünsche zu verwirklichen.

Vermischte Zahlen und Daten aus Tirol

In Tirol leben mehr Frauen als Männer. Mehr Frauen als Männer haben keinen Pflichtschulabschluss. Viel mehr Männer schließen eine Lehre ab, aber deutlich mehr Frauen als Männer absolvieren eine berufsbildende mittlere Schule. Deutlich mehr junge

Frauen als junge Männer maturieren an einer AHS bzw. an einer Kaufmännischen (sic) Höheren Schule; letztere schließen überwiegend eine Technische Höhere Schule ab. Deutlich mehr Männer als Frauen haben in Tirol einen Universitätsabschluss. Viel mehr Frauen als Männer besuchen Kurse an der Volkshochschule. An der Universität gibt es nur sehr wenige Professorinnen. Seit einigen Jahren gibt es jedoch die Interfakultäre Forschungsplattform Geschlechterforschung.

In Tirol sind weniger Frauen als Männer erwerbstätig. Die Frauenerwerbsquote liegt bei rund 48 %, die Männererwerbsquote bei rund 59 %. 75 % der Teilzeitbeschäftigten am Erwerbsmarkt sind Frauen. Umgekehrt sind 71 % der Vollzeitbeschäftigten am Erwerbsmarkt Männer. Rund 14 % der Tirolerinnen und rund 0,1 % der Tiroler sind ausschließlich haushaltsführend. Viel weniger Frauen als Männer gründen Unternehmen. Männer sind wesentlich häufiger in Führungspositionen vertreten als Frauen. In Tirol sind die Einkommen der unselbständig Erwerbstätigen besonders niedrig. Laut Einkommensbericht 2012 des Rechnungshofes lag Tirol bei den mittleren Bruttojahreseinkommen von unselbständig Erwerbstätigen im Jahr 2011 an letzter Stelle im Bundesländervergleich.[1] Der *gender-pay-gap* beträgt bei Vollzeitbeschäftigten 31 % und bei Teilzeitbeschäftigten 28,4 %. Die Akzeptanz (oder die Unwissenheit) über diese strukturellen Ungleichheiten ist in Tirol erschreckend hoch. Feminismus ist immer noch ein Reizwort und wird von den verantwortlichen PolitikerInnen nicht als politischer Auftrag verstanden. Die Einstellung, dass Frauen in Tirol „eh schon alles erreichen können“, ist in Tirol weit verbreitet.

Rechtliche Rahmenbedingungen

Der Landtag ist die gesetzgebende Instanz auf regionaler Ebene. Die wesentlichen gesetzlichen Vorgaben für die Gleichbehandlung und die Gleichstellung von Männern und Frauen sind im Recht der Europäischen Union sowie im österreichischen Verfassungsrecht festgeschrieben. Gesetzliche Regelungen müssen auf der Ebene der Länder umgesetzt werden und dürfen den bundesrechtlichen und europarechtlichen Vorgaben nicht widersprechen.

1 Rechnungshof (2012), 12.

EU-Recht und Bundesrecht

Frauen kämpfen seit über hundert Jahren für eine rechtliche Gleichstellung; in Österreich gibt es auf gesetzlicher Ebene nur mehr wenige Ungleichbehandlungen aufgrund des Geschlechts. Das Europarecht und die Rechtsprechung des Europäischen Gerichtshofes waren und sind ein wesentlicher Motor für die rechtliche Gleichstellung und den Abbau der Ungleichbehandlung der Geschlechter. Aus dem EU-Recht ergibt sich ein klarer Auftrag zur Gleichstellung. In Art. 3 des EU-Vertrages bekennt sich die EU zur Förderung der Gleichstellung von Frauen und Männern. Die österreichische Bundesverfassung enthält die Verpflichtung zur Gleichstellung von Frauen und Männern sowie ein Diskriminierungsverbot aufgrund des Geschlechtes. Besondere Bedeutung kommt der Umsetzung von Gender Budgeting zu. Art. 13 Abs. 3 B-VG lautet: „Bund, Länder und Gemeinden haben bei der Haushaltsführung die tatsächliche Gleichstellung von Frauen und Männern anzustreben."

Allgemeines zum Verhältnis von Bundes- und Landesrecht

Das in Österreich verwirklichte Modell des Bundesstaates ist weitgehend zentralistisch geprägt. Die Gesetzgebungskompetenz der Länder ist aufgrund der verfassungsrechtlichen Kompetenzverteilung in Österreich sehr eingeschränkt. Landesrechtliche Materiengesetze sind vor allem das Baurecht, die Raumordnung, der Grundverkehr, der Naturschutz, das Jagd- und Fischereiwesen.[2] Die für die Gleichstellungspolitik wesentlichen Regelungsfelder wie Arbeitsmarkt, Arbeitsrecht und Zivilrecht liegen beim Bund. Für die Frauen- und Gleichstellungspolitik wesentliche Gesetzesmaterien finden wir auf Länderebene im Dienstrecht der Länder, der örtlichen Sicherheitspolizei (Regelung der Sexarbeit) und vor allem in der Förderverwaltung.

Umsetzung in Tirol

Im Dienstrecht für Landes- und Gemeindebedienstete wurden die europarechtlichen Vorgaben auf gesetzlicher Ebene umgesetzt. Die Wirkung dieser gesetzlichen Vorgaben bedarf allerdings der Umsetzung durch gezielte Maßnahmen zur Frauenförderung

2 Pürgy, (2012), Vorspann.

in der Personalverwaltung der Gebietskörperschaften. Hier gibt es in Tirol noch viel zu tun. Es gibt zwar mittlerweile eine beim Haus der Anwaltschaften eingerichtete Gleichbehandlungs- und Antidiskriminierungsstelle, jedoch mangelt es an der Ausstattung mit personellen und finanziellen Ressourcen.[3] Trotz des gesetzlichen Auftrages zur Frauenförderung und Gleichstellung im Tiroler Landes-Gleichbehandlungsgesetz sind lediglich 17 % der Führungskräfte in der Landesverwaltung Frauen.[4] Trotz der Bestimmungen im Gemeinde-Gleichbehandlungsgesetz gibt es in Tirol nur in der Landeshauptstadt Innsbruck einen Frauenförderplan für die Gemeindebediensteten. Das Tiroler Landespolizeigesetz regelt die Rahmenbedingungen für SexarbeiterInnen. Andere Bundesländer haben dieses Regelungsfeld aus dem Sicherheitsbereich herausgenommen und kennen eigene Prostitutionsgesetze. In Wien wurde 2011 ein neues Prostitutionsgesetz erlassen und es gibt Beratungsstellen für SexarbeiterInnen.[5] Auf das Thema Frauenförderung in Tirol werde ich im Folgenden genauer eingehen.

Politische Rahmenbedingungen

Tirol ist ein patriarchales Land, das sich aber den gesellschaftlichen Veränderungen nicht gänzlich verschließen kann. Die Tiroler Landesordnung ist die „Verfassung" Tirols. Die Worte Gleichstellung oder Diskriminierungsfreiheit kommen in der Landesordnung nicht vor. Es wird jedoch in der Präambel auf Gott und das geschichtliche Erbe und auf die Familie Bezug genommen. Als letzte Bestimmung wird dann angeordnet, dass in den Landesgesetzen geschlechtsspezifische Bezeichnungen zu verwenden sind:

Präambel:

> *„Der Landtag hat in Anerkennung des Beitrittes des selbständigen Landes Tirol zum Bundesstaat Österreich, in Anerkennung der Bundesverfassung, im Bewußtsein, daß die Treue zu Gott und zum geschichtlichen Erbe, die geistige und kulturelle Einheit des ganzen Landes, die Freiheit und Würde des Men-*

---

3 Amt der Tiroler Landesregierung, (2012), 2.

4 Amt der Tiroler Landesregierung, (2013), 23.

5 Vgl. Wiener Prostitutionsgesetz 2011 – WPG 2011, LGBL 24/2011.

schen, die geordnete Familie als Grundzelle von Volk und Staat die geistigen, politischen und sozialen Grundlagen des Landes Tirol sind, die zu wahren und zu schützen oberste Verpflichtung der Gesetzgebung und der Verwaltung des Landes Tirol sein muß ...".

Artikel 81 Geschlechtsspezifische Bezeichnungen:

> *„Soweit in diesem Landesverfassungsgesetz oder in anderen Landesgesetzen für die Bezeichnung von Funktionen die männliche Form verwendet wird, ist für den Fall, daß eine Frau eine solche Funktion innehat, für die Bezeichnung der Funktion die entsprechende weibliche Form zu verwenden. Gleiches gilt umgekehrt für den Fall, daß für die Bezeichnung von Funktionen die weibliche Form verwendet wird. Diese Grundsätze gelten gleichermaßen für die Verwendung sonstiger personenbezogener Bezeichnungen.“*

Das politische System in Tirol ist wesentlich durch die Vormachtstellung der ÖVP gekennzeichnet. Dies wirkt sich auch deutlich auf den Frauenanteil im Tiroler Landtag aus. Erst seit 1989 – mit dem Einzug der Grünen in den Tiroler Landtag – ist die Anzahl der weiblichen Abgeordneten im Steigen begriffen. 2003 waren von 36 Abgeordneten 11 Frauen, zu Beginn dieser Legislaturperiode sank die Zahl der weiblichen Mandatarinnen auf 9, derzeit sind es 10.[6] Auf Gemeindeebene hat sich der Anteil der Bürgermeisterinnen nach der Gemeinderatswahl 2010 vervierfacht (!). Jetzt sitzen immerhin acht Frauen auf einem Bürgermeistersessel, davor waren es zwei. Das sind 2,87 % gegenüber 0,72 % vorher.[7] Schon vor mehr als 10 Jahren, im Oktober 2001 hat die Tiroler Landesregierung und im Februar 2002 der Tiroler Landtag beschlossen, die Strategie des Gender Mainstreamings umzusetzen.[8] In Tirol wurden die Mittel des Frauenreferates in den vergangenen Jahren allerdings immer wieder gekürzt; betrachtet man die letzten 10 Jahre, betragen die Kürzungen insgesamt 50 %.

---

6 Schiestl, (2013), 77ff.

7 Ausführlich dazu Schiestl, (2012), 77ff.

8 Im Sinne des Beschlusses der Tiroler Landesregierung vom 30. Oktober 2001, in dem die Gender-Mainstreaming-Strategie als Leitziel der Landespolitik verankert wurde, bekennt sich auch der Tiroler Landtag zur Gender-Mainstreaming-Strategie und wird künftig der legislativen Umsetzung dieser Strategie besonderes Augenmerk schenken, das geltende Tiroler Landesrecht schrittweise unter diesem Gesichtspunkt prüfen und notwendige Anpassungen einleiten.“ Der Antrag der Abg. Wilfriede Hribar wurde einstimmig angenommen (vgl. Tiroler Landtag Evidenz GZ 448/01).

Frauenpolitik seit 2008

Nun möchte ich über meine Arbeit auf Landtagsebene berichten. Ich verstehe es als meine Aufgabe als Abgeordnete, sowohl die Anliegen der Zivilbevölkerung im Landtag zu Gehör zu bringen und zu diskutieren als auch die gesetzlichen Vorgaben in der Verwaltung einzufordern und zu kontrollieren.

Der Kampf um autonome Fraueneinrichtungen

„Politische Willensbildung als Voraussetzung gesellschaftlicher Veränderungsprozesse zugunsten von Frauen, braucht einen Ort, an dem kontroversielle Diskussionen jederzeit durch Momente der Selbst- und Strukturreflexion neu orientiert werden können." So beschreibt Miriam Wischer die notwendigen Rahmenbedingungen für Frauenorte, an denen Demokratie im Allgemeinen und Geschlechtergerechtigkeit im Besonderen entwickelt werden kann.[9] Auch ich bin der Meinung, dass es für eine nachhaltige Veränderung zugunsten einer geschlechtergerechten Gesellschaft Orte geben muss, an denen darüber nachgedacht wird, wie es zu einer Veränderung der alten, patriarchalen Macht- und Gewaltverhältnisse kommen kann. Solche Orte waren und sind in Tirol unter anderem die autonomen Fraueneinrichtungen.
Landesrätin Patrizia Zoller-Frischauf (ÖVP) hat kurz nach ihrem Antritt 2008 als Landesrätin die Subvention für das Autonome Frauen Lesben Zentrum (AFLZ) in Innsbruck ohne Angabe von Gründen gestrichen. Anderen Einrichtungen wurden die Subventionen drastisch gekürzt. Geht es nach ihr, dann sollte es wohl autonome Räume für Frauen in Tirol nicht mehr geben dürfen. Gegen alle diese Subventionskürzungen gab es massiven Widerstand seitens der Zivilgesellschaft – die Plattform „Zornige Frauen" wurde gegründet und organisierte mehrere Protestveranstaltungen. Auch andere Vereine solidarisierten sich mit den Protestkundgebungen.[10] Die Frauenministerin richtete einen offenen Brief an die zuständige Landesrätin. Der Innsbrucker Gemeinderat fasste einen einstimmigen Beschluss, an die Landesrätin zu appellieren, diese wichtigen Einrichtungen weiter zu unterstützen.
Im April 2010 brachte ich den ersten Antrag zur Absicherung bewährter Fraueneinrich-

9 Wischer, (2008), 9ff.
10 AEP Informationen 2/2010; Gensluckner/Weiss, (2010), 52ff.

tungen ein. Dieser Antrag wurde bis zur Beschlussfassung über das Budget im Dezemberlandtag ausgesetzt. Die Proteste der Plattform fanden österreichweit mediale Aufmerksamkeit. Im Hintergrund liefen Gespräche mit der zuständigen Landesrätin, mit den Frauensprecherinnen der Parteien und mit dem für Soziales zuständigen Landesrat Gerhard Reheis von der SPÖ. Vor allem die SPÖ kam unter Zugzwang, weil sie einerseits an das Einstimmigkeitsprinzip der Koalitionsvereinbarung gebunden war und andererseits massive Kritik am Vorgehen der Landesrätin aus den eigenen Reihen kam. Im Dezember 2010 wurde mein Antrag im Landtag mit den Stimmen der Regierungsparteien ÖVP und SPÖ und den Stimmen der Freiheitlichen abgelehnt. Es war allerdings mit Landesrat Reheis vereinbart, dass es aus seinem Ressort die für das Überleben des AFLZ notwendige Summe von 7.500 Euro geben werde. Ich kann mich noch sehr gut an die „Überlebensfeier" im Vereinslokal des AFLZ erinnern. Dieses Spiel wiederholte sich 2011. Wiederum kein Geld aus dem offiziellen Frauenbudget des Landes, wiederum massive Proteste, mediale Berichterstattung und ein Antrag von mir im Landtag. Der wurde wiederum abgelehnt. Diesmal kam das Geld zur Rettung des Vereins aus dem Budget des Sport- und Naturschutzlandesrates Hannes Gschwentner von der SPÖ. Auch im Jahr 2012 wurde der schon obligate Antrag von mir auf Absicherung bewährter Fraueneinrichtungen abgelehnt. Rettung aus einem sozialdemokratischen Ressort gab es aber keine mehr.[11] Auf dem Verhandlungsweg ist es also immer wieder gelungen, dass fast alle Einrichtungen „überlebt" haben, der Einsatz dafür hat aber nicht zu einer langfristigen Absicherung geführt.

Widerstand aus den ÖVP-Reihen

Noch eine weitere Plattform gegen die Frauenpolitik der ÖVP wurde gegründet. Gretl Patscheider, die ehemalige Vorsitzende der ÖVP Frauen in Tirol, gründete gemeinsam mit Vertreterinnen der Grünen, der SPÖ, der Liste FRITZ, des BZÖ und der FPÖ im Juni 2009 die unabhängige Plattform „Starke Frauen – starkes Land". Auch diese Plattform hatte sich zum Ziel gesetzt, der Frauenpolitik der ÖVP in Tirol entgegenzutreten. Mehrere gemeinsame Veranstaltungen fanden sehr wohl mediale Aufmerksamkeit, es kam aber zu keiner gemeinsamen Arbeit auf Landtagsebene. Zu groß war der Graben zwischen der ehemaligen und der neuen Frauenchefin in der Tiroler ÖVP.

11 Weiss, (2010), 64.

Die Zusammenarbeit wurde 2012 einvernehmlich beendet und die finanziellen Ressourcen, die es noch gab, wurden als Spende an die Tiroler Frauenhäuser übergeben.

Frauenpolitik im Landtag

Frauenpolitik, vor allem, was welche Partei darunter versteht, war in der vergangenen Legislaturperiode zwar Thema in jeder Landtagssitzung, jedoch war es für die SPÖ Tirol schwierig, sich gegen den Koalitionspartner zu stellen und aufgrund der Regierungsvereinbarung konnte die SPÖ nur wenige Anträge im Frauenbereich einbringen. Für die FPÖ und die Liste FRITZ war Frauenpolitik kein vorrangiges Anliegen. Es blieb daher bei den GRÜNEN, das Thema aktiv zu spielen und jeweils um Unterstützung bei den anderen Fraktionen zu werben.
Das zeigt sich an der Geschichte über die Subventionsstreichungen und spiegelt sich in den eingebrachten Anträgen wider: Der Bürgerklub Tirol, eine Abspaltung der Liste FRITZ hat einen Antrag zu Altenhelferinnen und Tagesmüttern eingebracht. Die frauenspezifischen Themen der FPÖ finden sich z. B. im Antrag auf die Durchsetzung eines Burka-Verbots in Österreich. Untertitelt war dieser Antrag mit „Keine Instrumente der Unterdrückung von islamischen Frauen“(!). Im Juni 2010 brachte die FPÖ einen Antrag zum Thema „Grüß Göttin ist keine Tiroler Grußformel“ ein. Der Antrag zielte darauf ab, die bei Kufstein aufgestellte Tafel der Künstlerin Ursula Beiler zu entfernen. Ich möchte hier einige Sätze aus der Begründung zitieren: „Diese gegenderte Begrüßungsformel ist ein Unsinn und stößt auf völliges Unverständnis seitens des Großteils der Autofahrer. Viele Personen machen sich schon über Tirol lustig, weil unterstellt wird, dass wir in unserem Bundesland wohl keine anderen, wichtigeren Sorgen hätten und dies wirft auf unser Land wirklich kein positives Image. Die Tafel ist schlichtweg tourismusfeindlich, Werbemaßnahmen schauen anders aus. Andere sehen diese Tafel wieder als eine Provokation an. Jene, die meinen, im Rahmen der Freiheit der Kunst könne man alles tun und lassen, wie auch die Aufstellung dieser Tafel, werden nur milde ob dieses Schwachsinns belächelt. Auf jeden Fall ist es für Tirol, aber auch für Österreich ein sehr negatives Entree, weil Hunderttausende Autofahrer diese Stelle passieren und diese Tafel sehen müssen...“
Ein weiterer Antrag der FPÖ verlangte „Mehr Rente für Mütter“. Allerdings fanden alle diese Anträge keine Mehrheit im Landtag. Die Liste FRITZ beantragte im Februar 2012 eine Stärkung der Rolle von Frauen in den Aufsichtsräten der Gesellschaften

des Landes. Auch dieser Antrag fand keine Unterstützung der Regierungsparteien. Die ÖVP hat ein Tiroler Suchtkonzept für suchtkranke Frauen durchgesetzt und ein Pilotprojekt zur Prävention gegen sexuellen Missbrauch initiiert. Die SPÖ hat in einer Entschließung die Landesregierung aufgefordert, Maßnahmen zu ergreifen, um in allen Tiroler Bezirken die Förderung von Frauengesundheit zu forcieren. Dieser Antrag wurde einstimmig beschlossen.
Wir GRÜNE haben neben den jährlich wiederkehrenden Anträgen für die Absicherung der Fraueneinrichtungen noch einige weitere frauenspezifische Themen eingebracht:

- Gleichstellung und Frauenförderung durch Maßnahmen in derWirtschaftsförderung und bei der Vergabe von öffentlichen Aufträgen
- Anträge zu Gender Budgeting
- Ausstattung der Anti-Diskriminierungsstelle
- Gleichbehandlung in den Gemeinden
- Grundsicherung bei Lebensgemeinschaften
- Anonyme Anlaufstelle für Sexarbeiterinnen
- Maßnahmen gegen Gewalt an Frauen
- verpflichtende Umsetzung der Empfehlungen der Gleichbehandlungsbeauftragten
- Genderkriterien beim öffentlichen Wohnbau
- Handlungsleitfaden für den Budgetvoranschlag 2013 für alle Abteilungen der Landesverwaltung zum Thema Gender Budgeting auszuarbeiten und vorzulegen
- Überprüfung bei allen Regierungsvorlagen ihrer Auswirkungen auf das Geschlechterverhältnis (sog. Gender Check) vorzunehmen
- Verpflichtung zu gendersensiblem und barrierefreiem Bauen in allen öffentlichen und aus öffentlichen Mitteln subventionierten Gebäuden
- personelle Aufstockung des Frauenreferates in der Landesverwaltung
- Schulungen und Training für alle Lehrerinnen und Lehrer im Pflichtschulbereich geschlechtergerechte Pädagogik

Alle diese Anträge fanden auf Grund der gegeben Machtverteilung keine Mehrheit.

Gemeinsam das Mögliche im Landtag erreichen

Die Zusammenarbeit und die Vernetzung der FrauensprecherInnen der im Landtag vertretenen Parteien war und ist mir ein großes Anliegen. Dafür braucht es vor allem eine persönliche Vertrauensbasis. Am Rande der Ausschusssitzungen, der Landtagssitzungen und bei diversen Veranstaltungen finden viele persönliche Gespräche statt. Wir Frauen im Tiroler Landtag lernten uns besser kennen und diskutierten immer wieder ausführlich miteinander. In der Vizepräsidentin des Tiroler Landtages, Gabi Schiessling von der SPÖ, fand ich bald eine Verbündete und auch Sonja Ledl von der ÖVP und Andrea Haselwanter-Schneider von der Liste FRITZ haben sich uns angeschlossen. In einem ersten Schritt haben wir uns wiederholt zum gemeinsamen Austausch getroffen und unsere Positionen zu Themen wie Frauenquote, Gender Mainstreaming, Einkommensgerechtigkeit, Gewalt gegen Frauen und natürlich zur Absicherung von autonomen Einrichtungen besprochen. Weitere Schritte waren nötig, um den gemeinsamen Nenner auch in gemeinsamen Anträgen formulieren zu können. Die gemeinsamen Anträge aller FrauensprecherInnen der im Landtag vertretenen Parteien sind meiner Ansicht nach durchaus als Erfolg zu werten. Da in den Reihen der FPÖ Abgeordneten keine Frau zu finden ist, hat diese wichtige Funktion der Klubobmann Gerald Hauser selbst übernommen. Auch der Bürgerklub Tirol – eine Abspaltung der Liste FRITZ – besteht ausschließlich aus Männern. Die gemeinsamen Anträge haben die beiden Männer dieses Klubs immer mitgetragen.

Der erste gemeinsame Antrag, der dann auch einstimmig angenommen wurde, hat die Erstellung eines periodischen Berichtes zur Lage der Frauen in Tirol verlangt. Der erste Bericht über die Lage der Frauen in Tirol – angelehnt an die Frauenberichte des Bundes – wird hoffentlich noch in diesem Jahr erstellt werden. Ein zweiter Antrag bezog sich auf konkrete Maßnahmen bei der Umsetzung von Gender Budgeting. Die Arbeitsgruppe Gender Mainstreaming in der Landesverwaltung hat hier schon gute Arbeit geleistet. Der dritte gemeinsame Antrag beauftragte die Landesregierung eine Homepage zum Thema häusliche Gewalt zu erstellen. Die Homepage ist bereits online und bietet Informationen und Hilfe bei Gewalt im sozialen Nahbereich.[12] Als einen weiteren Erfolg sehe ich auch die Eröffnung des ersten Mädchenzentrums in Tirol.

12 http://www.tirol.gv.at/gewaltfrei/.

Im Sommer 2012 wurde mit Unterstützung der Stadt Innsbruck und des Landes Tirol in Innsbruck das Mädchenzentrum Aranea eröffnet.

Gemeinsam noch mehr möglich machen?

Im Frühjahr 2012 haben sich mehrere Frauen- und Sozialeinrichtungen zu einem „Aktionskomitee Schwangerschaftsabbruch Tirol" zusammengefunden. Das erklärte Ziel ist es, dass es endlich auch in Tirol möglich sein soll, einen Schwangerschaftsabbruch an öffentlichen Krankenhäusern vornehmen zu lassen. Die Veranstaltungen in der Aktionswoche im November waren sehr gut besucht. Das einstimmige Ergebnis der öffentlichen Podiumsdiskussion war, dass die Politik am Zug ist.

Kooperative Konkurrenz – grün-interne Frauenpolitik

Politik besteht in einer Demokratie auch immer darin, Mehrheiten zu erreichen. Bei den GRÜNEN werden die Listen für die Landtagswahlen von der Parteibasis gewählt. Das heißt für die Kandidatinnen und Kandidaten, dass man sich einer Wahl stellen und gegeneinander antreten muss. Für die Listenerstellung für die kommende Landtagswahl habe ich gemeinsam mit meiner Kollegin Ingrid Felipe ein Modell ausgearbeitet, das wir „kooperative Konkurrenz" nennen. Es war uns wichtig, dass es uns gelingt, ohne persönliche Beleidigungen oder Untergriffe in eine sachliche Konkurrenz zu gehen und so das Ergebnis der Listenwahl zu respektieren. Das sollte die Basis dafür sein, dass die von der Parteiversammlung gewählten KandidatInnen auch ein erfolgreiches Team für den Wahlkampf bilden können.
Bei der Ausarbeitung dieses Konzeptes haben wir uns professionell begleiten lassen und diesen Ansatz auch innerhalb der Partei kommuniziert. Wir haben uns regelmäßig getroffen, um offen über unsere Ziele und Vorstellungen zu sprechen und auch die Grenzen der Kooperation festzulegen. Es handelt sich um eine Art Abkommen für einen fairen und offenen „Wahlkampf". Damit haben wir uns beide auf ein Experiment eingelassen und sind dabei seitens der Parteimitglieder und MitarbeiterInnen auch immer wieder mit Skepsis beobachtet worden. Schlussendlich wurde Ingrid Felipe als

Spitzenkandidatin und ich auf den zweiten Listenplatz gewählt. Die Wahlversammlung war spannend und das Ergebnis für uns beide in Ordnung.
Derzeit sind bei den Tiroler Grünen alle Verantwortungsfunktionen mit Frauen besetzt. Ich wurde als Nachfolgerin von Georg Willi einstimmig zur Klubobfrau im Landtag gewählt, Ingrid Felipe ist Spitzenkandidatin und Landessprecherin. Die Geschäftsführung der Tiroler GRÜNEN liegt in den Händen von Alexandra Medwedeff und in der Stadt Innsbruck ist der Posten der Vizebürgermeisterin mit Sonja Pitscheider und jener der Klubobfrau mit Uschi Schwarzl besetzt. Wir alle haben ein gemeinsames Ziel und die Grünen Frauen und Männer unterstützen uns dabei. Möge die Übung gelingen!

Bibliographie:

AEP Informationen, 2/2010.

Amt der Tiroler Landesregierung, Hg. (2012): Servicestelle Gleichbehandlung und Antidiskriminierung, Bericht der Antidiskriminierungsbeauftragten Juli 2010 bis Juni 2012.

Amt der Tiroler Landesregierung, Hg. (2013): Servicestelle Gleichbehandlung und Antidiskriminierung, Bericht der Gleichbehandlungsbeauftragten 2009/10 der Allgemeinen Verwaltung und TILAK GmbH.

Gensluckner, Lisa/Weiss, Alexandra, (2010): Zornige Frauen. Politisierung, Demokratie, Widerstand, in: Weiss, Alexandra/Gensluckner, Lisa/Haselwanter, Martin/Jarosch, Monika/Schreiber, Horst, Hg.: in bewegung. Gaismair-Jahrbuch 2011, Innsbruck / Wien / Bozen 2010, 52–61.

Pürgy, Erich, Hg. (2012): Das Recht der Länder, Wien: Jan Sramek Verlag, Vorspann.

Rechnungshof, Einkommensbericht 2012, Kurzfassung: http://www.rechnungshof.gv.at/fileadmin/downloads/2012/berichte/einkommensbericht/Kurzfassung_Einkommensbericht_2012.pdf .

Schiestl, Gisela (2011): Frauen in Innsbrucks Politik, in: Karlhofer, Ferdinand/Pallaver, Günther, Hg.: Politik in Tirol, Innsbruck: StudienVerlag, 77–99.

Schiestl, Gisela (2013). Frauen in der Tiroler Politik, Innsbruck: StudienVerlag.

Weiss, Alexandra, (2010): Zornige Frauen, in: Kulturrisse, 2/2010, 64.

Wischer, Miriam (2008): Ein Haufen Frauen, in: Krondorfer, Birge/Wischer, Miriam/Strutzmann, Andrea, Hg.: Frauen und Politik, Wien: Promedia, 9-12.

Autor_innen und Herausgeberinnen

Erna Appelt, Mag. Dr., Universitätsprofessorin am Institut für Politikwissenschaft der Universität Innsbruck. 2004–2013: Sprecherin bzw. Leiterin des interfakultären Forschungsschwerpunktes bzw. der Forschungsplattform „Geschlechterforschung: Identitäten – Diskurse – Transformationen". Obfrau des Vereins „Netzwerk Geschlechterforschung". Vorstandsmitglied der Österreichischen Gesellschaft für Geschlechterforschung. Forschungsschwerpunkte: politikwissenschaftliche Geschlechterforschung, Vergleich europäischer Care-Regime. Aktuelle Publikation: Appelt, Erna/Aulenbacher, Brigitte/Wetterer, Angelika, Hg. (2013): Gesellschaft. Feministische Krisendiagnosen. Westfälisches Dampfboot.

Christine Baur, Mag. Dr., LL.M, Landesrätin im Tiroler Landtag, Lehrbeauftragte für Gender und Recht an der Universität Innsbruck, Mediatorin, ehemalige Gleichbehandlungsanwältin für Westösterreich. Forschungsschwerpunkte: Gender und Recht, Gleichstellung. Publikationen u.a.: Die Anwältin für Gleichbehandlung, in: Barta, Heinz/ Radner, Thomas/ Held, Linda/Scharnreitner, Heidi-Theresa, Hg. (2010): Analyse und Fortentwicklung im Arbeits-, Sozial- und Zivilrecht. Linde; Baur, Christine/Fleischer, Eva/Schober Paul (2005): Gender Mainstreaming in der Arbeitswelt: Grundlagenwissen für Projekte, Unternehmen und Politik. Studienverlag.

Anna Bergmann, Dr., außerplanmäßige Professorin an der Fakultät für Kulturwissenschaft der Europa-Universität Viadrina Frankfurt (Oder) und Senior Lecturer an der Universität Innsbruck. Stipendiatin u.a. des Hamburger Instituts für Sozialforschung, des Instituts für die Wissenschaft vom Menschen (Wien), der FU Berlin und Humboldt Universität zu Berlin. Gastprofessuren in Wien, Graz, Braunschweig, Klagenfurt und Innsbruck. Forschungsschwerpunkte: Geschichte der Geschlechterverhältnisse, Kulturgeschichte des Körpers und der Kindheit. Publikationen u.a.: Töten und Getötetwerden in der deutschen Berichterstattung des Afghanistan- und Irakkrieges, in: Töten: Affekte, Akte, Formen. Special Edition of Paragrana. Internationale Zeitschrift für Historische Anthropologie 20 (2011), H. 2; Überleben um jeden Preis. Das Dilemma der Organspende. Hans Huber Verlag 2013.

Doris G. Eibl, Mag. Dr., Vertragsassistentin für Literaturwissenschaft am Institut für Romanistik der Universität Innsbruck. Forschungsschwerpunkte: französische und frankophone Literaturen im 20. Jh., Frauenliteratur im 20. Jh. (Frankreich und Québec), Surrealismus, Kunst und Literatur, Historiographie und Literatur. Publikationen u.a.: Eibl, Doris G./Rosenthal, Caroline, Hg. (2009): Space and Gender. Spaces of Difference in Canadian Women‘s Fiction. Innsbruck: iup; Eibl, Doris G./Fuchs, Gerhild/ Mertz-Baumgartner, Birgit, Hg. (2010): Cultures à la dérive – cultures entre les rives. Grenzgänge zwischen Kulturen, Medien und Gattungen. Königshausen & Neumann; Eibl, Doris G./Jarosch, Marion/Schneider, Ursula A./Steinsieck, Annette, Hg. (2012): Innsbrucker Gender Lectures I. iup.

Sabine Gatt, Mag. Mag., DOC-Stipendiatin der Österreichischen Akademie der Wissenschaften an der Interfakultären Forschungsplattform „Geschlechterforschung: Identitäten – Diskurse – Transformationen“ der Universität Innsbruck. Dissertationsprojekt: „Symbolic Politics matter“. Forschungsschwerpunkte: geschlechterkritische Migrationsforschung, symbolische Politikforschung, politische Kommunikationsforschung. Publikationen u.a.: Gatt, Sabine (in Veröffentlichung): Rot-Weiß-Rot exklusiv? Dialektische Diskriminierungen im Namen der Nation(alsprache), in: Mecheril, Paul/ Thomas-Olalde, Oskar/Melter, Claus/Arens, Susanne/Romaer, Elisabeth, Hg.: Migrationsforschung als Kritik? Spielräume kritischer Migrationsforschung. Springer VS; Gatt, Sabine (in Veröffentlichung): Stimmen im Widerstand. Der Protest der Asylsuchenden im Kontext der österreichischen Sprachenpolitik, in: Femina Politica. Zeitschrift für feministische Politikwissenschaft 13/1.

Encarnación Gutiérrez Rodríguez, Dr., Universitätsprofessorin für Allgemeine Soziologie am Institut für Soziologie der Universität Gießen. Sie war Senior Lecturer in Transcultural Studies an der School of Arts, Languages and Cultures der Universität Manchester. Forschungsschwerpunkte: Kultur- und Gesellschaftstheorie, Feminisierung und Kolonialität der Arbeit, Affekt und Arbeit, Migration, Stadt und Konvivialität,

ICT und Migrantinnen, Transkulturalität, Kreolisierung und Europa. Publikationen u.a.: Migration, Domestic Work and Affect. A Decolonial Approach on Value and the Feminization of Labor. Routledge 2010; Gutierrez Rodriguez, Encarnacion/Boatca, Manuela/ Costa, Sergio, Hg. (2010): Decolonizing European Sociology. Transdisciplinary Approaches. Ashgate; Self-Defence IT – Migrantinnen wehren sich gegen Gewalt in Neuen Medien, 2013 http://www.selfdefenceit.eu/sites/default/files/IT_DEUTSCH_voll.pdf.

Barbara Holland-Cunz, Dr., Universitätsprofessorin am Institut für Politikwissenschaft der Universität Gießen und Leiterin der Arbeitsstelle Gender Studies. Forschungsschwerpunkte: Politische Theorie, Politik und Geschlecht, Wissenschafts- und Naturtheorie. Publikationen u.a.: Soziales Subjekt Natur. Natur- und Geschlechterverhältnis in emanzipatorischen politischen Theorien. Campus 1994; Die alte neue Frauenfrage. edition suhrkamp 2003; Die Regierung des Wissens. Wissenschaft, Politik und Geschlecht in der „Wissensgesellschaft". Barbara Budrich 2005; Gefährdete Freiheit. Über Hannah Arendt und Simone de Beauvoir. Barbara Budrich 2012.

Marion Jarosch, Mag., Koordinatorin der Interfakultären Forschungsplattform „Geschlechterforschung: Identitäten – Diskurse – Transformationen" der Universität Innsbruck. Psychologin, Mediatorin und in Ausbildung zur Gesprächspsychotherapeutin bei der Österreichischen Gesellschaft für wissenschaftliche, klientenzentrierte Psychotherapie und Personorientierte Gesprächsführung. Vorstandsmitglied des Vereins „Netzwerk Geschlechterforschung". Publikation: Eibl, Doris G./Jarosch, Marion/ Schneider, Ursula A./Steinsieck, Annette, Hg. (2012): Innsbrucker Gender Lectures I. iup.

Manfred Kienpointner, Dr., Universitätsprofessor am Institut für Sprachen und Literaturen (Bereich Sprachwissenschaft) der Universität Innsbruck. 1990–1991: Forschungsjahr an der Univ. Amsterdam. Nov. 2001–Jan. 2002: Visiting Scholar an der University of Arizona. 2005–2007: Gastprofessor an der Universität Wien. Publikationen u.a.: Argumentationsanalyse. Verlag des Instituts für Sprachwissenschaft der Universität Innsbruck 1983; Alltagslogik, Struktur und Funktion von Argumentationsmustern. frommann-holzboog 1992; Vernünftig argumentieren. Regeln und Techniken der Diskussion. Rowohlt 1996; Latein – Deutsch kontrastiv. Vom Phonem zum Text. Julius Groos 2010.

Nina Kogler, Mag. Mag. Dr., Universitätsassistentin am Institut für Bibelwissenschaften und Historische Theologie der Universität Innsbruck. Studium der Theologie, Klassischen Philologie (Latein) und Geschichte in Graz und Rom, danach Mitarbeiterin am Institut für Kirchengeschichte sowie am Institut für Geschichte im Rahmen des Doktoratsprogramms „Interdisziplinäre Geschlechterforschung" in Graz. Forschungsschwerpunkte: Kirchen- und Religionsgeschichte des 19. und 20. Jahrhunderts, Frömmigkeitsgeschichte, historische Geschlechterforschung. Publikationen u.a.: Katholische Kirche und Politik im Austrofaschismus. Die Katholische Aktion in Pfarren der Diözese Seckau als Aktionsraum einer komplexen Beziehung, in: Schweizerische Zeitschrift für Religions- und Kulturgeschichte 106 (2012), 219–240; Religiös fundierte Geschlechterverhältnisse im austrofaschistischen Österreich, in: Femina Politica. Zeitschrift für feministische Politikwissenschaft 21/1 (2012), 29–40.

Gertraude Krell, Dr., pensionierte Universitätsprofessorin für Betriebswirtschaftslehre mit dem Schwerpunkt Personalpolitik, Freie Universität Berlin. Forschungsschwerpunkte: Chancengleichheit der Geschlechter, insbesondere hinsichtlich Entgelt und Führungspositionen, Verständnis und Verhältnis von Gender und Diversity als Konstrukte und Konzepte, Emotionen in Organisationen sowie diskursive (De-)Konstruktionen von „Ökonomie". Publikationen u.a.: Krell, Gertraude/Rastetter, Daniela/Reichel, Karin, Hg. (2012): Geschlecht Macht Karriere in Organisationen. Chancengerechtigkeit für Fach- und Führungs(nachwuchs)kräfte?!. edition sigma; Krell, Gertraude/Ortlieb, Renate/Sieben, Barbara, Hg. (2011): Chancengleichheit durch Personalpolitik, 6. Aufl., Gabler.

Elisabeth Mairhofer, Dr., Senior Scientist am Institut für Sprachen und Literaturen (Bereich Sprachwissenschaft) der Universität Innsbruck. Studium der Philosophie und Psychologie. Forschungsschwerpunkte: Philosophie und Sprache, Feministische Linguistik. Publikationen u.a.: Ein Heer von Metaphern, poetisch und rhetorisch geschmückt. Sprache als Wahrheitskritik bei Friedrich Nietzsche, in: Anreiter, Peter/Hajnal, Ivo/Kienpointner, Manfred, Hg. (2012): In Simplicitate Complexitas. Festgabe für Barbara Stefan zum 70. Geburtstag. Edition Praesens, 213–228; Mairhofer, Elisabeth/Posch, Claudia (2012): Wie männlich ist das Maskulinum? Eine Frage der Ökonomie, in: Anreiter/Hajnal/Kienpointner, In Simplicitate Complexitas, 327–340; Mairhofer, Elisabeth/Ender, Andrea (2005): Nur ein Streit um Worte? Überlegungen zum generischen Maskulinum, in: AEP Informationen. Feministische Zeitschrift für Politik und Gesellschaft, 7–11.

Claudia Posch, Dr., Universitätsassistentin für feministische Linguistik am Institut für Sprachen und Literaturen der Universität Innsbruck. Forschungsinteressen: feministische Linguistik und Theorien, politische Rhetorik und Argumentation, Korpus- und Computerlinguistik, Onomastik. Publikationen u.a.: Mairhofer, Elisabeth/Posch, Claudia (2012): Wie männlich ist das Maskulinum? Eine Frage der Ökonomie, in: Anreiter/Hajnal/Kienpointner, In Simplicitate Complexitas; Posch, Claudia/Stopfner, Maria/Kienpointner, Manfred (2012): German Post-war Discourse of the Extreme and ‚Populist' Right, in: Wodak, Ruth/ Richardson, John E., Hg: Analysing Fascist Discourse: European fascism in talk and text. Routledge.

Max Preglau, Dr., Universitätsprofessor am Institut für Soziologie an der Universität Innsbruck. Forschungsschwerpunkte: Kritische Theorie und Geschlechtertheorie, Sozialstruktur und gesellschaftlicher Wandel, Familien-, Sozial-, Gleichstellungs- und Integrationspolitik, Rechtspopulismus, Regierungspolitik und politische Kultur in Österreich. Publikationen u.a.: Morel, Julius/Bauer, Eva/Meleghy, Tamas/Niedenzu, Heinz-Jürgen/Preglau, Max/Staubmann, Helmut (2007): Soziologische Theorie. Abriß der Ansätze ihrer Hauptvertreter. Oldenbourg; Appelt, Erna/Heidegger, Maria/Preglau, Max/Wolf, Maria A., Hg. (2010): Who Cares? Betreuung und Pflege in Österreich. Eine geschlechterkritische Perspektive. Studienverlag.

Kordula Schnegg, Dr., Assistenzprofessorin am Institut für Alte Geschichte und Altorientalistik der Universität Innsbruck. Studienbeauftrage des interfakultären Masterstudiums „Gender, Culture and Social Change" an der Universität Innsbruck. Forschungsschwerpunkte u.a.: Geschlechterforschung in den Altertumswissenschaften, Römische Historiographie. Publikationen u.a.: Der narrative Körper. Die Entmannten der Dea Syria, in: Mauritsch, Peter, Hg. (2010): Körper im Kopf. Antike Diskurse zum Körper (Nummi et Litterae 3). Graz, Universitätsverlag, 29–51; Schnegg, Kordula/Grabner-Niel, Elisabeth, Hg. (2010): Körper er-fassen. Körpererfahrungen, Körpervorstellungen, Körperkonzepte. Studienverlag.